PRÉSENCE DE L'HISTOIRE

COLLECTION HISTORIQUE
dirigée par ANDRÉ CASTELOT

DOMINIQUE
PALADILHE

LES PAPES
EN AVIGNON
OU
L'EXIL DE BABYLONE

DOMINIQUE PALADILHE

LES PAPES EN AVIGNON

OU

L'EXIL DE BABYLONE

LIBRAIRIE ACADÉMIQUE PERRIN
PARIS

LE PAPE
LE ROI
ET LES TEMPLIERS

PLAN D'AVIGNON

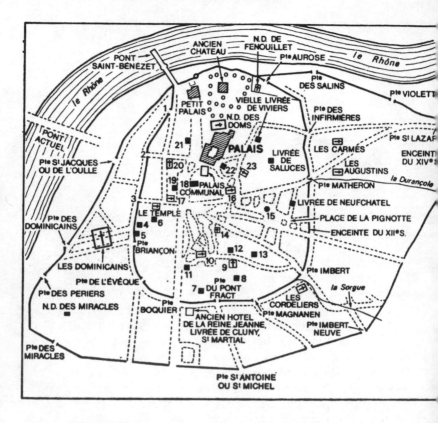

1. - PORTE EYGUIERE.
2. - PORTE PERTHUIS.
3. - PORTE DE SAINT-AGRICOL.
4. - LIVREE DE LA JUGIE.
5. - LIVREE D'AMIENS.
6. - LIVREE DE POITIERS, DE GIFFON, DE LUNA.
7. - LIVREE DE VENISE OU ORSINI.
8. - LIVREE D'ALBORNOZ OU PETRAMALE.
9. - COUVENT DE SAINTE-CLAIRE.
10. - EGLISE SAINT-DIDIER.
11. - LIVREE DE LA VERGNE OU DE CECCANO.
12. - LIVREE DE PAMPELUNE.
13. - LIVREE DE VIVIERS OU DE LA MOTHE.
14. - N.D. LA PRINCIPALE.
15. - COMMANDERIE DE SAINT-JEAN OU LIVREE CORSINI.
16. - EGLISE SAINT-PIERRE.
17. - EGLISE SAINT-AGRICOL.
18. - LIVREE DE THURY.
19. - LIVREE COLONNA, AUBERT, GRIMOARD, D'ALBANO.
20. - ANCIENNE EGLISE SAINT-ETIENNE.
21. - LIVREE DE TALLEYRAND OU DE MUROL.
22. - LIVREE DE PELLEGRUE OU DE SAINT-MARTIAL.
23. - EGLISE SAINT-SYMPHORIEN.

Depuis plusieurs mois déjà, Bertrand de Got visitait le nord de son archevêché de Bordeaux. Arrivant de Fontenay-le-Comte, il s'était arrêté dans la petite ville de Lusignan, célèbre par sa fée Mélusine et ses seigneurs, devenus rois de Jérusalem et de Chypre. C'est là, le 20 juin 1305, dans la maison bourgeoise où il logeait, que lui parvint, par un messager accouru d'Italie, l'extraordinaire nouvelle qui devait bouleverser sa vie et le monde chrétien : son élection comme souverain pontife.

La surprise ne fut pas totale. Il savait que son nom avait déjà été prononcé au conclave. Mais il y avait si longtemps que celui-ci s'était assemblé à Pérouse — près d'un an — et les passions y avaient été si vives, qu'il n'y songeait plus.

Bertrand de Got, né aux confins des Landes, non loin des rives opulentes de la Garonne, à Villandraut, était issu d'une famille d'assez bonne noblesse, possédant les villages de Villandraut, d'Uzeste, de Grayan et de Livran (1). Très marqué par ses origines, un des traits le plus saillant de son caractère fut l'amour qu'il portait à sa famille et à son pays.

Il commença ses études aux Deffends, de l'ordre de

(1) Département de la Gironde.

13

Grandmont, dans le diocèse d'Agen où son oncle, nommé Bertrand comme lui, était évêque. Pour parfaire son droit, il se rendit à Orléans et à Bologne, y demeura peu et revint vite à Bordeaux où il était nommé chanoine. Ensuite ce fut Agen, avec un petit exil à Tours, avant de rejoindre à Lyon, comme vicaire général, son frère qui était devenu archevêque. Enfin il retrouva son cher pays en tant qu'évêque de Comminges, avant d'obtenir le titre très convoité d'archevêque de Bordeaux.

Bertrand, qui avait alors la cinquantaine et était de santé fragile, pensait avoir atteint le but de sa carrière. Aussi le nouveau et redoutable honneur que le Sacré Collège lui décernait ne manqua pas de le troubler.

Sans interrompre sa visite pastorale, il reprit sa route en direction de Bordeaux, allant par petites étapes, visitant abbayes et monastères. Tout en chevauchant à travers les doux et verts paysages de l'Angoumois, il ne pouvait s'empêcher de songer au lourd fardeau qui venait de lui échoir.

Depuis quelque temps, l'Eglise ne coulait plus des jours sereins. Son élection même était une preuve de l'inquiétude qui régnait. Son prédécesseur, Benoît XI, était mort le 18 juillet 1304 et il avait fallu onze mois pour qu'à force de pressions et de tractations le Sacré Collège se mette d'accord sur son nom. Le malaise profond qui séparait les cardinaux n'était pas dû à son humble personne. Il remontait plus haut.

Bertrand avait encore en mémoire les tragiques événements qui s'étaient déroulés, quelque temps plus tôt, à Anagni, dramatiques conséquences du duel sans merci que s'étaient livré le pape Boniface VIII et le roi de France. Ce roi de France était Philippe le Bel, une des figures les plus passionnantes de notre histoire, dont la personnalité devait dominer toute son époque. Discret, taciturne, d'une volonté inflexible, il avait une conception de son devoir et de son droit très en avance sur son époque. Il n'était plus le prince féodal se disant le premier de ses barons, c'était déjà un chef d'Etat. Bien que catholique fervent, il n'admettait pas que dans son royaume, dont il était la personnification, il y eût une autre autorité que la sienne.

Tel était le prince que Bertrand de Got allait devoir affronter car le conflit déclenché par Boniface VIII n'était pas entièrement terminé.

Tout avait commencé par des doléances émanant de membres du clergé et de certains ordres monastiques se plaignant de voir les agents du roi prélever sur eux des sommes indues. Voulant mettre fin à ces exactions dans un domaine qui lui appartenait, Boniface VIII crut bien faire en promulgant, le 24 février 1296, une bulle excommuniant « ipso pacto » tous ceux qui exigeraient des subsides extraordinaires. Il n'en fallut pas plus pour irriter Philippe le Bel qui se voyait frustré de ressources dont malheureusement il avait toujours le plus pressant besoin. Pour riposter, selon un procédé qui lui était cher, il retourna la situation avec une mauvaise foi certaine en reprochant aux clercs de refuser de payer le droit féodal contribuant à la dépense du royaume. Jamais, évidemment, ceux-ci ne s'étaient opposés à pareille contribution, mais en répandant ce bruit, il jetait la suspicion sur les clercs et rangeait tout le peuple à ses côtés. C'était l'action psychologique. Sur le plan matériel, il fit plus. Il interdit toute sortie d'or et d'argent hors des frontières, privant de cette façon la cour romaine de ses revenus français.

Boniface voulut s'expliquer dans une nouvelle bulle, précisant qu'il condamnait les levées extraordinaires et non le droit féodal. Philippe fit semblant de ne rien entendre. Par une propagande habilement menée, il présenta l'attitude du pape comme une odieuse ingérence dans les affaires du royaume. Boniface, il est vrai, d'un caractère orgueilleux, était très imbu de ses fonctions pontificales. Il se considérait, suivant en cela le principe féodal institué par Grégoire VII, comme la plus haute autorité de l'univers chrétien. Il va sans dire qu'un Philippe le Bel, jaloux de ses prérogatives, ne pouvait que se heurter à lui.

L'affaire de l'évêque de Pamiers, Bernard Saisset, fit rebondir la querelle. Le roi, que Bernard Saisset avait osé braver, l'obligea de comparaître à Senlis au mépris du droit canonique, stipulant qu'un évêque ne relevait que du pape. Prenant la défense de son évêque, Boniface promulga la bulle *Ausculta fili* du 5 décembre 1301, disant à Philippe le Bel : « Ceux qui te persuadent que tu n'as pas de supérieurs et que tu n'es pas soumis au suprême hiérarque de l'Eglise, te trompent et sont hors du bercail du Bon Pasteur. » Et concluant qu'il agissait ainsi par souci de son salut.

La contre-attaque royale ne se fit pas attendre. Philippe eut recours à l'arme dangereuse de la calomnie. Pour discréditer le pape et exalter un certain sentiment national, il fit publier la bulle soigneusement tronquée et circuler dans le pays des pièces apocryphes, dans lesquelles la personne royale était bafouée. On ne s'en tint pas là. Selon un procédé qui devait se révéler efficace et qui consistait à compromettre tous les représentants du royaume, une créature de Philippe le Bel, Pierre Flote, réunit en avril 1302 les états généraux pour dénoncer devant eux la menace que faisait peser le pape sur l'indépendance du pays.

Boniface, dont le caractère n'était pas particulièrement paisible, s'emporta tout de bon en stigmatisant ceux qui avaient déformé ses dires, menaçant de déposer le roi « comme un petit garçon ». Ne s'arrêtant pas là, il convoqua à Rome, pour le 1ᵉʳ novembre 1302, tous les prélats français, afin d'examiner les sanctions qu'il y avait lieu de prendre. La réunion de ce concile jeta quelques troubles. Cependant, malgré les pressions exercées par le pouvoir royal, beaucoup s'y rendirent et Bertrand de Got fut de ceux-là. A cette occasion, celui-ci fit preuve d'une certaine volonté, bien que son suzerain direct ne fut pas le roi de France, mais le duc de Guyenne, c'est-à-dire le roi d'Angleterre, Edouard 1ᵉʳ.

Durant ce concile, l'attitude de Bertrand fut des plus modérées. Comme il le fit souvent par la suite, il manifesta son désir d'être bien avec tout le monde. Son avis fut d'ailleurs écouté. Le roi n'encourut que quelques remontrances touchant l'administration de l'Eglise et du royaume. Elles étaient si minimes que Philippe ne réagit point, et tout en serait peut-être resté là si, Pierre Flote étant mort, un nouveau personnage ne l'avait remplacé, Guillaume de Nogaret : singulière et troublante figure dont les sourdes menées allaient ébranler l'Eglise.

Il était né vers 1260, à Saint-Félix-de-Lauragais, en plein pays cathare, dans une famille quelque peu contaminée puisque son grand-père avait été brûlé comme tel. Ceci expliquera pour une grande part son étrange politique. Car s'il n'était pas cathare, et il s'en défendait bien, il avait gardé au fond de son cœur une haine tenace contre ceux qui avaient martyrisé sa famille.

Brillant et habile, Nogaret avait rapidement gravi les honneurs pour être bientôt admis parmi les familiers de Philippe le Bel. Docteur ès lois en 1287, juge-mage de Beaucaire en 1293, il entrait au Parlement deux ans plus tard et dès lors soutenait avec zèle la politique du roi qui le remerciait en l'anoblissant (1302). Après la mort de Pierre Flote, il se chargera de reprendre la lutte contre Boniface et la papauté et l'on peut dire qu'en épousant les intérêts du roi c'était sa propre vengeance qu'il poursuivait.

Sa tactique était simple : accabler son ennemi sous les injures et la calomnie. « Comment, disait-il, le pape nous menace ! Mais le pape est un usurpateur, n'a-t-il pas chassé Célestin V (1) : c'est un simoniaque aux mœurs infâmes, il hait le roi et de plus il est hérésiarque ! » Ces trois accusations : simonie, mœurs déréglées, hérésie, avaient déjà été dressées contre Bernard Saisset et elles allaient encore servir.

Dans deux Assemblées générales réunies en mars et juin 1303, Nogaret n'avait pas craint d'accuser Boniface de cette manière, réclamant un concile pour le juger et le déposer. Bien plus, fort de l'appui royal, il décida de s'emparer de la personne du pape, pour le ramener en France et le faire condamner. Aidé de Sciarra Colonna (2), ennemi acharné de Boniface comme tous les Colonna, il pénétra en Italie avec une troupe armée, semant l'or pour se faire seconder par les gibelins (3). Il parviendra de la sorte jusqu'au sud de Rome, à Anagni, où le pape s'était retiré devant la menace. Le 7 septembre 1303, Nogaret et ses hommes investissent la ville et pénètrent de force dans la résidence papale. Boniface impuissant les attend revêtu de ses ornements pontificaux. Une scène d'une violence inouïe se déroule alors. Nogaret somme le pape de le suivre pour être jugé par le concile. Sans se démonter, Boniface rétorque par cette attaque directe : qu'il lui est égal d'être condam-

---

(1) Célestin V, prédécesseur de Boniface, avait été poussé à donner sa démission.

(2) Puissante famille romaine qui avec les Caetani et les Orsini se disputaient les honneurs.

(3) Les gibelins partisans de l'empereur opposés aux guelfes partisans de la papauté.

né par des patarins (1). Le ton monte. Bientôt, Sciarra Colonna le presse de se démettre et, devant son ferme refus, s'emporte, le frappe au visage avec son gantelet de fer et l'aurait tué, dit-on, sans l'intervention de Nogaret.

Les habitants d'Agnani, qui avaient peu réagi à l'arrivée des troupes, se révoltent en apprenant les odieuses violences subies par Boniface et obligent Nogaret à quitter précipitamment la ville et à abandonner son prisonnier. Celui-ci, bouleversé, ne survivra que peu de jours à cet attentat scandaleux.

La mort de Boniface VIII n'apaisa pas Nogaret qui voulut faire condamner sa mémoire. Le nouveau pape, Benoît XI, ne se laissera pas impressionner et excommuniera tous ceux qui avaient participé à l'expédition. Or, Benoît XI ne régna qu'un an à peine, laissant une Eglise troublée par ce vent de violence et des cardinaux divisés entre partisans et adversaires de Boniface.

Telle était la situation dont héritait Bertrand de Got et l'on comprend quelle fut son inquiétude, le long de cette route paisible qui le ramenait à Bordeaux. Connaissant ses faibles forces et sa santé délicate, il ne pouvait manquer de s'interroger sur ce que lui réservaient Philippe le Bel et surtout le redoutable Nogaret.

Parvenu aux abords de la Saintonge, il eut le plaisir de voir le sénéchal de Gascogne accourir à sa rencontre pour lui présenter les vœux que le roi Edouard d'Angleterre formait pour lui, ainsi que quelques présents pour cette heureuse élection, dont l'honneur rejaillissait sur toute l'Aquitaine. Enfin,

---

(1) La scène a été rapportée par l'archevêque de Florence Antonin. Patarin était un terme couramment employé pour désigner les cathares, car leur seule prière était le Pater.

le 23 juillet 1305, il rentra dans Bordeaux où, malgré la forte chaleur, l'enthousiasme fut général. Tous les prélats et barons étaient là pour l'accueillir au milieu des acclamations de la foule. Un léger nuage vint troubler son triomphant retour : ce fut la lecture des lettres lui apprenant officiellement son élection. Les cardinaux, en effet, ne manquaient pas d'y faire une description des plus sombres de la situation en Italie : partout l'anarchie et les Etats pontificaux ruinés par la guerre.

Il était à peine depuis deux jours à Bordeaux quand arriva la brillante ambassade du roi de France, conduite par son frère cadet, le comte d'Evreux, son confesseur Gilles Aicelin, archevêque de Narbonne, le duc de Bourgogne et le comte de Dreux. Le lendemain, en la cathédrale Saint-André parée de son chœur tout récent, devant une délégation de cardinaux, les ambassadeurs et la foule des Bordelais, Bertrand de Got donna officiellement son acceptation pour la charge qu'on avait bien voulu lui confier. Son nouveau nom serait, désormais, celui de Clément.

S'il avait choisi ce nom ce n'était pas pour honorer le pape français Clément IV, mais parce qu'il voulait que son action fût *clémente*. Au milieu de tant d'intrigues, de querelles et de haine, en se montrant *clément,* il allait tenter d'apaiser et de réconcilier. Beau programme, bien difficile à réaliser. Toutefois, c'est dans cet esprit, en espérant sincèrement résoudre un des problèmes les plus importants, d'alors, la réconciliation du roi de France et du roi d'Angleterre, qu'il fixa son couronnement à Vienne, sur le Rhône.

Cette ville avait plusieurs avantages ; tout d'abord elle était sur le chemin de l'Italie, ensuite elle était en terre d'empire et de ce fait neutre pour les deux rois. Enfin, n'étant pas trop éloignée Clément espérait pouvoir les y faire venir et profiter de l'euphorie générale pour les amener à la paix.

Les détracteurs du nouveau pape n'ont pas manqué de voir en cette entrevue un simple prétexte pour retarder son départ en Italie. Or, si Clément n'était pas pressé, il était néanmoins bien décidé de s'y rendre.

Tandis qu'on s'apprêtait à célébrer le couronnement à Vienne, l'on vit arriver, le 22 août, avec une nombreuse escorte, l'aîné des frères du roi, Charles de Valois. Il témoignait du désir royal de « patronner » ce pape français, et pour Clément les difficultés allaient commencer. Charles de Valois le pressa, en effet, de renoncer à se faire couronner à Vienne pour fixer son choix sur une ville française. Clément ne pouvait acquiescer sans se donner l'apparence d'être sous la dépendance directe du roi. Par ailleurs, il lui était bien difficile de mécontenter un prince qui, apparemment, lui manifestait tant de sollicitude. D'un autre côté, il n'oubliait pas les violences d'Agnani, et Charles de Valois ne manqua pas de lui rappeler qu'un procès de Boniface VIII était toujours possible. Après maintes discussions, on transigea en se mettant d'accord sur la ville de Lyon. Cette ville était, elle aussi, en terre d'empire, seulement l'influence du roi y était prépondérante, car il en possédait les faubourgs. L'important était que les apparences soient sauves. La date fut alors fixée pour le mois de novembre suivant.

Avant de partir, Clément eut une première déconvenue en apprenant que le roi Edouard d'Angleterre ne pourrait se rendre à son invitation. Le grand rapprochement projeté était donc remis.

Le 4 septembre, entouré d'une petite cour d'amis, de parents et de prélats, Clément se met en route. Il n'est guère pressé. Il lui faudra quatre jours pour faire les quelque cinquante kilomètres qui séparent Bordeaux de Bazas. C'est, il est vrai, le pays de son enfance, toute sa famille vient à sa rencontre pour lui dire adieu et partout on le fête. Et puis la chaleur de cet été très sec est encore excessive. Après Bazas, il prendra huit jours pour gagner Agen où réside son oncle l'évêque. Le 21 septembre sera pour lui un jour teinté de mélancolie car il quitte les terres amies de l'Aquitaine. Le sénéchal de Gascogne qui l'a escorté jusque-là lui fait alors présent en signe d'adieu d'une croix d'or et de 20 tonneaux de vin, de 20 bœufs, 20 porcs, 20 béliers, 12 butors, 12 hérons, 2 esturgeons ; de quoi se nourrir aux mornes étapes.

Le voyage se poursuivit par l'abbaye de Grandselve, non loin de Castelsarrasin, puis par le couvent de Saint-Dominique, à Prouilhe. Un mois s'était écoulé et il avait tout juste parcouru deux cent cinquante kilomètres. Lenteur voulue ? Sans doute, car il allait mettre le même temps pour accomplir le reste du trajet qui représentait le double de kilomètres. Pourtant, cette lenteur ne s'explique pas uniquement par l'attachement qu'il portait à son pays, un autre facteur l'incitait à ne point se presser. La région qu'il devait traverser était les anciennes terres des comtes de Toulouse, ce Languedoc que la fièvre de la révolte avait encore agité récemment.

Le grand trouble suscité par la croisade contre les cathares était loin, mais des séquelles continuaient à se faire sentir à cause de l'Inquisition. Celle-ci, créée pour démasquer et confondre les hérétiques, loin de voir diminuer son influence, ne l'avait vue que grandir. Bénéficiant d'un pouvoir sans contrôle, elle avait été amenée à commettre des abus. On avait pu assister au spectacle d'honnêtes chrétiens, traînés devant les tribunaux simplement parce qu'ils avaient été dénoncés par un voisin malveillant. Tout le monde se trouvait à la merci de la moindre suspicion.

Un grand mécontentement avait donc gagné toute la région, allant d'Albi à Carcassonne. Ce ressentiment avait été entretenu, encouragé, attisé par un moine franciscain nommé Bernard Délicieux. Il n'avait pas hésité à prêcher la révolte ouverte contre l'Inquisition et surtout contre ceux qui l'exerçaient : les dominicains. Commencée pour des raisons religieuses, cette agitation devait bien vite dégénérer en mouvement régionaliste. Philippe le Bel, qui avait dans son Conseil Nogaret, était favorable aux revendications relatives à l'Inquisition (garantie contre l'arbitraire, amélioration du régime des prisons, etc.), par contre, il ne put admettre certains écarts de langage touchant son autorité auxquels des notables de Carcassonne s'étaient laissés aller lors d'un de ses voyages dans le Midi. Se voyant abandonnés par le roi, les amis de Bernard Délicieux ne crurent mieux faire qu'en se jetant dans les bras du roi d'Aragon ou, plus exactement, de son fils, don Fernand. Comme les comtes de Toulouse au temps de la croisade, ils cherchaient des appuis en Espagne. Ce fut une erreur insigne. Don Fernand ne put rien faire et le complot fut découvert, provoquant la colère du roi.

Avant de quitter Bordeaux, Clément avait reçu de Philippe le Bel une lettre lui demandant de s'assurer personnellement de Bernard Délicieux. Il le fit mettre aux arrêts dans un couvent de Paris, où celui-ci s'était rendu pour plaider sa cause. Plus tard, Bernard Délicieux devait le rejoindre à Lyon et, dès lors, le suivre comme prisonnier libre.

En somme, le principal instigateur s'en sortait bien. Il n'en alla pas de même pour les autres conspirateurs. Le 28 août 1305, seize des accusés avaient été pendus à Carcassonne tandis qu'à Limoux quarante prisonniers attendaient un sort semblable.

On comprend les hésitations de Clément. En s'arrêtant chez les dominicains de Prouilhe, il montrait sa confiance dans l'ordre et restait en dehors des affaires royales.

Ayant repris sa route, il se dépêcha de traverser

le Languedoc, pour atteindre Montpellier où le roi Jaime II d'Aragon, seigneur de la ville, l'attendait pour lui rendre hommage.

Ce long voyage se termina le 1er novembre à Lyon. Dans la vieille cité, riche de souvenirs chrétiens, dans cette ancienne capitale de la Gaule lyonnaise, sise sur ses deux fleuves à la frontière du royaume et de l'empire, on accourait de tous côtés pour assister à cette cérémonie exceptionnelle, le sacre d'un pape français en terre presque française. Parmi les princes, on remarquait le duc de Bretagne, le comte de Foix, Henri de Luxembourg, futur empereur, et Philippe le Bel avec ses deux frères. Les cardinaux étaient arrivés d'Italie. Si le roi d'Angleterre était absent, il s'était fait représenter par des ambassadeurs chargés de somptueux cadeaux dont une étonnante batterie de cuisine en or !

Le couronnement devait avoir lieu dans l'abbatiale du monastère fortifié de Saint-Just où résidait Clément. Cette abbaye se dressait en haut d'une colline non loin des ruines romaines de Fourvière (1). C'est là que, le 15 novembre 1305, Bertrand de Got fut couronné, devenant ainsi Clément V, le premier pape d'Avignon.

Napoléon Orsini, un des cardinaux les plus influents qui avait œuvré pour son élection, lui déposa la tiare en tant que doyen du Sacré Collège.

Après la cérémonie religieuse, Clément V voulut selon la coutume se rendre à travers la ville envahie par la foule. Il montait un cheval blanc que Charles de Valois et le duc de Bretagne tenaient par la bride. Derrière venait Philippe le Bel suivi des dignitaires et des prélats. La foule tout en joie se pressait sur le parcours, saluant ce pape qui venait se faire cou-

---

(1) Les huguenots devaient démolir ce précieux souvenir. L'église qui porte encore ce nom est une reconstruction du xvie siècle.

ronner de façon inattendue dans leur cité. Le cortège descendait solennellement le Gourguillon, alors seul chemin menant vers la ville et la Saône. Le long de la voie, un vieux mur avait été pris d'assaut par les badauds. Au moment où Clément passait, resplendissant de la blancheur papale, étincelant de l'or de sa tiare, le vieux mur surchargé s'écroula. Au milieu des cris d'effroi, parmi les pierres et les hommes qui roulaient en tous sens, le palefroi blanc fut renversé, entraînant son illustre cavalier, faisant choir la précieuse tiare dans le ruisseau (1). Ce fut un moment d'horreur et de désordre indescriptible. Douze morts gisaient à terre, parmi les nombreux blessés on releva Charles de Valois et le duc de Bretagne, celui-ci, gravement atteint, devait succomber deux jours après.

Ce dramatique et sanglant incident fut interprété par tous comme un bien fâcheux présage pour le nouveau pontificat. De fait, il n'allait pas être le seul. Huit jours plus tard, un autre événement devait endeuiller ce séjour lyonnais. Le 23 novembre, alors qu'on célébrait partout la Saint-Clément, une rixe éclata entre les Gascons de la suite pontificale et les gens des cardinaux italiens. Un frère de Clément V, Gaillard de Got, y fut même tué.

Ces Gascons turbulents, et sans doute rendus insolents par cette promotion inattendue, devaient plus d'une fois être la source de graves ennuis. Après s'être battus avec la suite des cardinaux, c'est avec les Lyonnais qu'ils allaient à nouveau se quereller. Leur attitude arrogante et surtout l'inconduite d'un neveu du pape, grand coureur de filles — il « décevait » la bourgeoise, dit-on — seront la cause de nouveaux affrontements. Dans la bagarre, le neveu de Clément sera tué et les Gascons, poursuivis par les

---

(1) Celle-ci perdit un très beau rubis d'une valeur de 6 000 florins qu'on ne retrouva jamais.

Lyonnais, seront obligés de se mettre à l'abri des murs de Saint-Just. On frisa même une crise plus grave car le pape prit la défense de ses compatriotes tandis que l'archevêque soutenait les Lyonnais. Philippe le Bel ramena heureusement tout le monde à la raison. Cependant, le roi n'était pas demeuré à Lyon uniquement pour apaiser des querelles d'écuyer. Il désirait s'entretenir avec Clément V sur d'importants sujets.

Avant d'y venir, les deux interlocuteurs crurent bon de se faire des amabilités, chacun pensant ainsi obtenir davantage. Le roi combla d'honneurs le frère aîné de Clément, Arnaud-Garsie de Got, le faisant chevalier et lui accordant la vicomté de Lomagne et d'Auvillars (1). Clément V fit davantage. Il permit le transfert du chef et d'une côte de Saint Louis dans la Sainte-Chapelle du palais, accorda le dixième des églises et les annuals pendant trois ans, autorisa le roi et ses frères à pourvoir leurs chapelains des premiers bénéfices vacants. Mais le fait le plus important, et qui correspondait aux vœux de Philippe le Bel, fut la nomination de dix nouveaux cardinaux, le 15 décembre 1305. Cette nomination, en bouleversant entièrement la composition du Sacré Collège, eut par la suite des conséquences considérables. En effet, à la mort de son prédécesseur, Benoît XI, le Sacré Collège était composé de 15 cardinaux italiens, 2 français, 1 anglais et 1 castillan. Sur les dix nouveaux cardinaux, neuf étaient français. De cette façon, si l'on note que deux cardinaux italiens étaient morts, les français prenaient une importance égale à celle des italiens.

Le détail de cette promotion est d'ailleurs symptomatique. Le seul étranger était un Anglais, Thomas Jorz, pour faire plaisir au roi Edouard dont il était

(1) La Lomagne, capitale Lectoure. Auvillars, arrondissement Castelsarrasin, Tarn-et-Garonne.

le confesseur. Deux cardinaux seront les représentants du roi, Nicolas de Freauville, son confesseur, et Etienne de Suisy, vice-chancelier du royaume. Les sept autres appartiendront tous au midi de la France. Le plus nordique sera Pierre de la Chapelle, originaire du Limousin. Quatre d'entre eux feront partie de la famille du pape : son neveu Raymond de Got, ses parents, Arnaud de Pellegrue, Arnaud de Canteloup et Guilhem Ruffat.

Ce népotisme, que Clément V allait poursuivre de plus en plus, n'était au début que de la prudence. Pensant toujours au malheureux Boniface VIII, il voulait avoir auprès de lui quelques amis sûrs.

Ainsi la nouvelle composition du Sacré Collège supprimait la prépondérance italienne pour la remplacer par une majorité française, qui devait durer plus de soixante-dix ans et donner à la France sept papes.

Devant tant de bonne volonté, Philippe crut pouvoir ouvrir son cœur à Clément. L'affaire était grave, il s'agissait de bruits qu'on lui avait rapportés concernant les Templiers. Ils étaient extravagants. Leur origine même ne manquait pas d'être suspecte.

Selon le biographe de Clément V, Amalrich Auger, c'est du pays cathare que vinrent les premières accusations et ceci au début de cette année 1305, où Bernard Délicieux prêchait la révolte. Le dénonciateur était un certain Esquieu de Floyran, originaire de la région de Saint-Pons. C'était un homme de peu, comme le qualifiera lui-même Guillaume de Plaisians, l'ennemi juré des Templiers. Sa présence dans la prison de Béziers le confirme, car c'est en prison qu'il recueillit, soi-disant, les confidences d'un Templier chassé de son ordre, accusant le Temple d'hérésie, de mœurs infâmes, de débauches. Fort de cette extraordinaire révélation, Esquieu de Floyran voulut s'adresser, tout d'abord, au roi d'Aragon. Nous

Généalogie simplifiée de la famille de Got

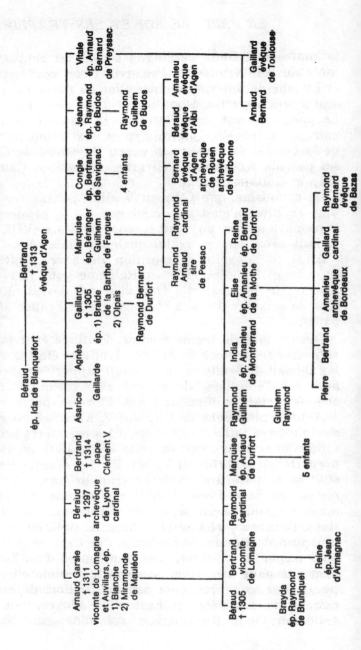

connaissons cette démarche par une lettre qu'il écrivit un peu plus tard, rappelant les faits.

« Sachez Votre Majesté que je suis celui qui manifesta le fait des Templiers au roi de France et sachez Monseigneur que vous fûtes le premier prince du moment à qui je manifestai ledit fait à Lerida en présence de frère Martin Datecha votre confesseur... Monseigneur souvenez-vous que vous m'avez promis quand je sortis de vos appartements, à Lerida, que si le fait des Templiers était avéré, vous me donneriez 1 000 livres de rentes et 3 000 livres en argent sur lesdits biens. Et voici que c'est avéré ; n'oubliez pas en temps et lieu. 21 janvier 1303. »

Cette épître dénote bien la bassesse du personnage. Le roi d'Aragon du reste ne lui donna rien, par contre Philippe le Bel lui octroya les dépouilles du Temple de Montricoux.

C'est, en effet, après sa vaine tentative de Lerida qu'il s'adressa au roi de France. Cette fois on l'écouta. Il faut dire que, dans l'ombre du roi, il y avait encore et il y aura toujours Guillaume de Nogaret. N'est-il pas troublant de penser que Nogaret était passé avec le roi dans le Languedoc juste avant la dénonciation d'Esquieu de Floyran ? N'oublions pas non plus qu'il était excommunié et comme tel demeurait marqué d'une sorte d'opprobre. Certes, le roi lui gardait sa confiance, mais il ne faisait plus entièrement partie de la société, il était redevenu un peu comme ses ancêtres cathares. Quelle belle vengeance que d'abattre cette chevalerie qui fut la plus brillante et la plus respectée de la chrétienté ! Si même il ne parvenait pas à la détruire, quelle arme il avait pour forcer le pape à le laver de l'excommunication et à poursuivre le procès de Boniface ! Ayant déjà fait une vaine tentative auprès de Clément V pour lui demander de l'absoudre, faut-il s'étonner si alors, brusquement, on parle des Templiers et du procès de Boniface !

C'est cette menace de procès qui inquiète le plus Clément. Condamner Boniface serait condamner en même temps tout ce qu'il a fait, ce serait se condamner lui-même. Pour l'affaire du Temple, les faits qu'on lui présente sont trop incroyables pour qu'il y prête foi. Par égard pour le roi, il accepte d'en reparler plus tard lorsque celui-ci aura quelques preuves. De toute façon, il tient maintenant un prétexte pour ne point aller à Rome tout de suite. Il est d'ailleurs malade et souffre d'un catarrhe. Comme chaque fois que sa santé est mauvaise, un irrésistible besoin de revoir son pays l'étreint. Il décide donc de regagner son ancien archevêché et se met en route au début de février 1306.

Il passe par Cluny, Nevers, Bourges probablement pour y assouvir une vieille rancune. Un conflit l'avait opposé à l'archevêque de Bourges, à propos de la primauté de leur cité en Aquitaine, chacun voulant la détenir. L'archevêque de Bourges, Gilles Colonna, avait demandé à son ami l'évêque de Poitiers d'intervenir en excommuniant Bertrand de Got. Devenu pape, celui-ci ne l'oublia pas. Pour punir l'évêque de Poitiers, Gauthier de Bruges, il le destituera. Quant à Gilles Colonna, il lui réservait une déplaisante surprise. Clément voyageait, en effet, avec une nombreuse cour qui aimait ses aises et l'hébergement de celle-ci coûtait fort cher aux villes et aux abbayes ayant l'honneur de le recevoir. Ainsi, après son passage à Saint-Gilles, lors de sa venue à Lyon, l'abbé, pour renflouer ses caisses vides, fut obligé d'imposer tous ses prieurs d'un double décime. A Nevers, l'évêque se vit contraint de réclamer 10 000 livres tournois aux maisons religieuses. On peut s'imaginer qu'à Bourges Clément ne prêcha pas l'économie et prit plaisir à y demeurer quelque temps. Lorsqu'il partit,

Gilles Colonna était ruiné et dut gagner sa vie comme un simple chanoine.

Satisfait de sa vengeance, il regagna enfin son cher Bordeaux où il arriva le 14 mai.

L'air de son pays ne semble pas lui avoir apporté l'apaisement recherché car, au mois d'août, son état de santé allait subitement s'aggraver. On le crut perdu. Il était atteint d'un cancer à l'estomac ou des intestins et ses crises n'étaient soulagées que par des vomissements ou des diarrhées. Pendant plusieurs mois, il s'enferma derrière ses murs de Villandraut, presque seul, cessant toute activité. Un léger mieux se fit sentir au mois d'octobre, mais il ne se remit qu'en novembre.

Dès l'annonce de son rétablissement, Philippe le Bel lui écrivit afin de décider de l'entrevue dont ils étaient convenus, avant de se séparer à Lyon. Soucieux de ne pas trop s'éloigner et de ménager sa santé, Clément proposa de se rencontrer à Toulouse au mois de mai. Philippe, voulant un peu trop marquer sa supériorité, le pria de venir jusqu'à lui. Clément, qui avait une sainte horreur de s'aventurer au nord de la Loire, résista. Le roi, qui désirait le plus cette rencontre, dut céder en partie. Tours éliminé, on choisit Poitiers, que le pape accepta à contrecœur.

Celui-ci, bien que fatigué par la maladie et ne voyageant pas vite, arriva le premier, le 18 avril 1307. Philippe, par souci de prouver son autorité, avait fait en sorte d'être le second. Il était suivi de nombreux princes qui avaient eux aussi à s'entretenir avec le Saint-Père. Ainsi le roi de Naples, Charles II, était venu solliciter une remise de dettes, le comte de Flandre régler sa paix avec le roi, Charles de Valois et son neveu Louis, alors roi de Navarre et futur Louis X, préparer une croisade. Tout ceci n'était que subsidiaire. Le véritable but était les entretiens que le roi voulait avoir à propos de Boniface et des Templiers. Ces derniers surtout avaient pris dans son esprit une importance particulière. Il est vrai que depuis la dénonciation d'Esquieu de Floyran, bien des événements s'étaient produits, Nogaret ayant pris sérieusement les choses en main.

Sans vouloir faire l'histoire de l'ordre, il est bon de la rappeler brièvement. Fondé par Hugues de Payns en 1118, il avait alors deux cents ans d'existence. Voué à la défense de la Terre sainte, il s'était illustré en maintes occasions. Son ascension fut prodigieuse. Mais la gloire, la renommée allaient ternir ses vertus originelles. L'orgueil devint son principal défaut, entraînant notamment une sourde lutte avec l'ordre de l'Hôpital, rivalité qui devait être un des facteurs de l'abandon de la Terre sainte. Après s'être admirablement battu une dernière fois à Saint-Jean-d'Acre, le chef de l'ordre dut se replier à Chypre. Dès lors, ses nombreuses maisons, implantées un peu partout en Europe et particulièrement en France, perdirent leur raison d'être qui était de travailler pour les combattants de Palestine. Seul un vague espoir de reprendre un jour la lutte les animait encore, bien que prédominât de plus en plus chez eux une vie quotidienne et terre à terre.

L'ordre, comme d'autres, était souverain, c'est-à-dire qu'il ne relevait que du pape. Ses terres étaient des alleux que le roi ne pouvait frapper d'aucun impôt. Des legs, des donations l'avaient rendu et continuaient à le rendre riche, au point qu'il pouvait servir de banque aux souverains eux-mêmes. Cette richesse n'était pas toutefois exceptionnelle. Ainsi l'ordre de l'Hôpital et celui de Cîteaux devaient se révéler bien mieux nantis.

En France, le Temple possédait environ une centaine de maisons. D'après les inventaires qui nous sont parvenus, c'étaient dans l'ensemble de petites exploitations agricoles qui vivaient bien, sans luxe particulier. Chaque maison employait un personnel nombreux, dont des personnes qui ne faisaient pas partie de l'ordre.

Devant ces maisons et ces terres vouées pour beaucoup à nourrir seulement des Templiers oisifs, bien des seigneurs et le roi lui-même ne pouvaient manquer de les regarder avec envie. Le comportement même des Templiers avait attiré sur eux une certaine hostilité. Soldats sans combat, gardant une méprisante supériorité, parfois pleins de morgue, ils se laissaient aller aux mollesses de la vie de caserne. L'expression « boire comme un Templier » et le mot allemand *Tempelhaus* (lieu mal famé) en sont les dernières survivances. Devant l'inconduite notoire de certains de ses membres, l'ordre avait été obligé de les destituer et de les chasser. Souvent l'un de ceux-ci, par rancœur, ne se privait pas de le vilipender et devenait son ennemi. Esquieu de Floyran en avait rencontré un. Nogaret, pour étayer son accusation, allait minutieusement et secrètement en chercher d'autres.

Malgré les bruits qui couraient contre eux, les Templiers ne se sentaient nullement menacés, se croyant toujours au-dessus de tout et protégés par les règles de l'ordre qui les rendaient pratiquement intouchables. Qu'avaient-ils à redouter du roi ! Ils ne dépendaient pas de lui et, lors du conflit avec Boniface, ils l'avaient même soutenu. Bien plus, tout récemment encore, au mois de décembre 1306, soit quelques mois avant Poitiers, ils l'avaient recueilli et protégé contre l'émeute qui grondait dans Paris. Or, cette circonstance que les Templiers pensaient devoir leur être favorable fut peut-être ce qui détermina le roi à agir personnellement contre eux.

Jusque-là, Nogaret conduisait pratiquement seul l'affaire, de ce jour Philippe se sentit lui aussi engagé et cela pour plusieurs raisons. Un affront avait été fait à la personne du roi et d'autant plus cuisant que l'idée qu'il se faisait de sa charge était haute. Cet affront, les Templiers en avaient été les témoins presque indifférents lorsqu'ils l'avaient recueilli derrière les murs de ce Temple, véritable citadelle dans la ville. Philippe avait compris alors combien l'ordre était une sorte d'Etat dans l'Etat. De plus, cette émeute était survenue à propos d'une de ces misérables questions d'argent, maladie chronique du pouvoir royal. Quelque temps auparavant, Philippe, devant le besoin, n'avait pas hésité à spolier les juifs pour tenter de remettre à flot ses finances. Or, il savait que les Templiers étaient riches. Pourquoi toutes ces maisons de l'ordre qui semblaient le narguer ne lui appartiendraient-elles pas ? Enfin, tous ces bruits qui couraient contre eux n'étaient-ils point l'occasion qu'il fallait saisir ?

A Poitiers, le roi était décidé. Il demanda expressément la condamnation de l'ordre. Clément, qui n'était pas du tout convaincu, usa de son arme préférée, l'inertie. N'osant affronter le roi, il temporisa, promit de se renseigner. De fait, s'il ne croyait pas aux accusations, il savait l'ordre malade, malade de vieillissement et d'inactivité. Déjà ses prédécesseurs avaient pensé lui donner un regain de vie en le fondant avec un autre, par exemple l'ordre de l'Hôpital. Cette union aurait créé une grande force capable de prendre la tête d'une nouvelle croisade. Lui-même y avait songé et avait fait revenir de Chypre le grand maître, Jacques de Molay, pour lui en parler. Malheureusement la réponse de celui-ci, infatué de la supériorité du Temple, fut négative.

Après l'entrevue de Poitiers, le roi ne se contenta pas longtemps des moyens dilatoires employés par Clément et sans répit le pressa d'agir. Celui-ci, bousculé, finit, en accord avec Jacques de Molay, par ordonner, le 24 août 1307, suivant toutes les règles du droit canonique, une enquête afin de mettre à jour la vérité.

Ce n'était pas ce que désiraient Philippe et Nogaret.

Dès lors, sans se préoccuper du pape, ils allaient précipiter les événements. Le 23 septembre 1307, Guillaume de Nogaret était nommé garde du Sceau en remplacement de l'archevêque de Narbonne. Le 26 septembre, le pape s'adressait au roi pour lui demander des renseignements concernant les accusations. Le 12 octobre, Jacques de Molay assistait avec le roi et les princes à l'enterrement de la femme de Charles de Valois et tenait même un cordon du poêle. Le lendemain, le vendredi 13 octobre, le royaume se réveillait dans la stupeur. La nouvelle avait éclaté comme un coup de tonnerre : partout, dans toute la France, les Templiers étaient arrêtés, au mépris de toute règle qui les faisait dépendre du pape seul. Jamais on ne vit opération de police, car c'en était une, de pareille ampleur ni si parfaitement montée et aussi efficace. Le décret d'arrestation avait été dédigé le 14 septembre, soit un mois avant. Depuis longtemps le piège était prêt. Les sénéchaux et les baillis avaient reçu des instructions secrètes et précises leur enjoignant de se préparer à exécuter des ordres dont ils ne connaîtraient la teneur qu'au dernier moment.

L'ordre du roi prévoyait la confiscation et la mise sous séquestre de tous les biens du Temple. Quant aux personnes, après les avoir arrêtées, elles devaient être interrogées sans attendre les gens de l'Inquisition. Comme le précisait l'ordonnance, les commissaires royaux devraient « examiner la vérité avec soin, par la torture s'il est besoin ; et s'ils confessent la vérité, ils consigneront leurs dépositions par écrit... Ils leur promettront le pardon s'ils confessent la vérité en revenant à la foi de la Sainte Eglise ou qu'autrement ils seront condamnés à mort ».

On ne pouvait être plus clair, ou les Templiers se déclaraient coupables et ils seraient pardonnés, ou bien ils refusaient et on les faisait périr. Quant à la « vérité » qu'ils devaient reconnaître, elle était déjà précisée dans les lettres royales. Elle se résumait en deux points, semblables aux accusations portées contre Boniface VIII : hérésie et mœurs dépravées.

Les mauvaises mœurs qui leur étaient ici reprochées étaient la sodomie, élevée, prétendait-on, à l'état de règle. Quant à l'hérésie, elle aurait consisté à renier par trois fois Jésus-Christ et à cracher trois fois sur le crucifix le jour de la réception dans l'ordre. Ceci ne manque pas d'être troublant, car justement un des griefs que l'on faisait aux cathares était de ne point croire à la vie terrestre de Jésus-Christ, à sa crucifixion, et de refuser la vénération de cette croix qu'ils jugeaient infamante. A tel point que les inquisiteurs, pour démasquer les cathares, leur demandaient de faire le signe de la Croix. Leur refus témoignait de leur culpabilité. Accuser les Templiers de ces pratiques, c'était les ranger parmi les hérétiques et les comparer aux cathares.

N'oublions pas que c'est Esquieu de Floyran, né en pays cathare, qui est le premier dénonciateur, que c'est Guillaume de Nogaret, dont le grand-père a été brûlé, qui a mené l'enquête et en a tiré les chefs d'accusation. Est-ce un hasard ou n'est-ce pas plutôt la vengeance de Nogaret, le fils de patarin, l'excommunié d'Anagni qui démasque les Templiers, les premiers défenseurs de l'Eglise, comme des hérétiques qui n'ont rien à envier aux cathares ?

Devant ces arrestations massives et le scandale qu'elles déchaînèrent, Clément V ne manqua pas de réagir, car contrairement à ce que Philippe le Bel avait fait croire dans ses ordres, il n'avait ni donné son consentement ni même été consulté.

Le 27 octobre, il écrivait au roi : « Très cher fils, ce que nous disons avec douleur, au mépris de toute règle pendant que nous étions loin de vous, vous avez étendu la main sur les personnes et les biens des Templiers ; vous avez été jusqu'à les mettre en prison et, ce qui est le comble de la douleur, vous ne les avez pas relâchés ; même à ce qu'on dit, allant plus loin, vous avez ajouté à l'affliction de la captivité, une autre affliction que par pudeur pour l'Eglise et pour vous, nous croyons à propos de passer sous silence (1)... Nous avions signifié à Votre Sérénité par nos lettres, que nous avions pris en main cette affaire et que nous voulions rechercher diligemment la vérité... Malgré cela, vous avez commis ces attentats sur la personne et les biens de gens qui sont soumis immédiatement à nous et à l'Eglise romaine. Dans ce procédé précipité tous remarquent, et non sans cause raisonnable, un outrageant mépris de nous et de l'Eglise romaine. »

Tout ceci n'était que trop vrai, mais n'empêcha point les interrogatoires de se poursuivre. Ceux-ci, menés avec précision et décision, les promesses alternant avec la torture, portèrent leurs fruits. Et c'est là que l'on peut vraiment mesurer la décadence du Temple, car presque toutes les personnes interrogées de la sorte avouèrent. A Paris, sur cent quarante, quatre seulement eurent le courage de se proclamer innocents. Plus pénibles encore furent les aveux publics que fit le grand maître Jacques de Molay, devant l'Université de Paris, demandant pardon et incitant ses frères à confesser leurs crimes ! Cette lâcheté, car c'en était une, ne peut s'expliquer que dans la mesure où il espérait gagner du temps, pré-

(1) Il s'agit de la torture.

server l'ordre d'une extermination immédiate en attendant l'intervention du pape en sa faveur.

Malheureusement, comme il fallait s'y attendre, ces aveux produisirent un effet déplorable et Clément se crut obligé de publier, le 22 novembre, une bulle enjoignant à tous les princes d'arrêter les Templiers et de séquestrer leurs biens en son nom, ceci pour qu'ils n'imitent point Philippe le Bel. Presque tous d'ailleurs refusèrent d'obéir et attendirent.

Cette bulle fit croire au roi que le pape entrait dans son jeu, aussi autorisa-t-il deux cardinaux, qui lui étaient cependant dévoués, Béranger Frédol et Etienne de Suisy, à interroger de nouveau les prisonniers.

Jacques de Molay et le visiteur de France, Hugues de Pairaud, entre autres, croyant que la papauté venait enfin à leur secours, revinrent catégoriquement sur leurs déclarations, faisant état des tortures subies et rapportant l'affreux dénuement dans lequel on les avait jetés. Trente-six chevaliers auraient succombé sous la torture, d'autres seraient morts en prison, privés des sacrements, car tous étaient déjà traités comme des excommuniés.

Mis au courant, Clément V comprit alors que les membres de l'Inquisition, qui avaient remplacé les premiers interrogateurs, suivaient, eux aussi, les ordres du roi. Faisant pour une fois preuve d'autorité, il cassa le pouvoir de l'Inquisition pour se réserver personnellement la poursuite de l'affaire (février 1308).

Philippe le Bel, voyant sa politique gravement compromise, s'adressa pour y remédier aux maîtres théologiens de Paris, leur demandant d'approuver son action. La réponse ne fut pas celle qu'il espérait. Selon eux, toute action séculière était condamnable, sauf si elle était réclamée par l'Eglise. Ils ajoutaient même que les biens du Temple ne pouvaient être utilisés que pour une campagne en Terre sainte.

Philippe prit très mal cette condamnation de ses actes, mais il n'était pas homme à se laisser abattre. Comme au temps de Boniface, il eut recours aux grands moyens qui lui avaient si bien réussi.

Il fit organiser une véritable campagne de presse contre Clément V, cette fois, qui était accusé de protéger l'hérésie. Pour compléter son action, il voulut prendre à témoin tout le royaume et convoqua pour le 5 mai 1308 les états généraux à Tours.

L'avocat Pierre Dubois s'y déchaîna contre les Templiers porteurs de tous les maux et surtout contre le pape qu'il accusa de népotisme (1) et, citant Job, il s'écria : « Les indécis sont les nerfs des testicules de Léviathan ! » Pierre Dubois, émanation de la volonté royale, eut l'astuce de présenter ses discours comme l'expression de la pensée du peuple. Il supplia presque le roi d'intervenir contre ces affreux Templiers, malgré le mauvais serviteur de Dieu qu'était Clément V.

Fort de l'appui populaire qu'il s'était ainsi concilié, Philippe voulut rencontrer à nouveau le pape. C'est encore à Poitiers que l'entrevue eut lieu. Le roi y arriva entouré de toute sa puissance. Princes, barons, évêques, procureurs des états généraux lui faisaient une escorte imposante. Devant ce déploiement de force, déjà profondément atteint par les attaques dirigées contre lui, le malheureux Clément craignit de subir, à son tour, les violences infligées à Boniface VIII. Sa résistance aux volontés royales allait, vite, être mise à rude épreuve.

Ce fut Guillaume de Plaisians, le complice de Nogaret qui, le 29 mai, lança le premier assaut, faisant

---

(1) A juste raison. Cinq cardinaux et cinq évêques étaient de sa famille.

un violent réquisitoire contre les Templiers et sommant le pape d'agir sans délai. Sa conclusion était bien caractéristique : « Ainsi la cause de la foi, que protègent toutes les lois, doit être secondée spécialement par le pontife romain ; et dans ce procès, toutes les règles du droit sont trompeuses. Il ne faut pas s'inquiéter de savoir comment, de quelle façon, en présence de qui la vérité est découverte, pourvu qu'elle soit découverte, comme elle l'est, et le pontife romain doit s'en inquiéter moins que tout autre, lui qui n'est lié par aucun lien. »

On demeure effaré devant cet invraisemblable raisonnement. Peut-on parler de justice ! Les autres orateurs reprendront, hélas ! le même style. Devant cette démonstration de force et d'iniquité, Clément V opposera un silence plein de réserve. Il ne dira pas non, il ne se révoltera pas non plus contre ces propos, car il se sait le plus faible, mais il ne cédera pas.

Pour venir à bout de sa résistance, le 14 juin, Guillaume de Plaisians redoublera ses efforts. Il accusera le pape de favoriser les Templiers et lui enjoindra de rendre leur pouvoir aux inquisiteurs et de condamner l'ordre tout entier. Il aura, entre autres, ce mot époustouflant : « C'est conserver les formes juridiques que de ne pas les observer dans un pareil procès. »

Clément demeurait impavide. Philippe changea alors de moyen de pression et usa du bon vieux procédé de la carotte et du bâton. Pour la carotte, il lui abandonna officiellement la personne des Templiers, se réservant Jacques de Molay et les dignitaires sous prétexte qu'ils étaient malades. Pour le bâton, il annonça son intention de reprendre le procès de Boniface et d'étaler au grand jour les plaintes portées contre lui. Enfin, pour emporter la décision et montrer quelle mauvaise cause défendait l'Eglise, il fit venir soixante-douze Templiers soigneusement choisis par Nogaret, à qui on avait promis la liberté s'ils renouvelaient leurs accusations.

Clément, qui ne savait le crédit qu'il fallait accorder à de tels témoins, fut vivement frappé et céda aux exigences royales. A contrecœur, il rendit, le 15 juillet 1308, ses pouvoirs à l'Inquisition, assortissant cependant cette mesure de conditions. Une enquête diocésaine serait chargée d'examiner le cas des personnes des Templiers, tandis qu'une enquête pontificale se chargerait de l'ordre en général. Quant aux biens du Temple, ils seraient administrés par des curateurs nommés moitié par le roi, moitié par les évêques. Par ailleurs, il avait été prévu qu'un concile se réunirait ultérieurement à Vienne.

Il y avait maintenant trois ans que Bertrand de Got était devenu souverain pontife et cela faisait trois ans que le départ pour Rome était sans cesse remis. Les différentes entrevues avec Philippe le Bel en avaient été la cause. L'affaire des Templiers menaçait de durer longtemps. D'autre part, les rudes scènes de Poitiers avaient clairement montré qu'il n'était plus possible à la papauté de demeurer en territoire français. Il fallait partir, mais où, puisque l'Italie était trop lointaine ? On envisagea Lyon, puis Vienne où devait s'ouvrir le concile. Après en avoir longuement discuté, avec ses cardinaux, le choix de Clément V se porta sur la ville d'Avignon. Son premier avantage était de n'être pas en France, sans en être éloignée. De plus, elle était située dans le comtat Venaissin qui appartenait déjà au Saint-Siège. La ville quant à elle dépendait alors, comme la Provence, des rois de Naples issus de la Maison d'Anjou. Ces rois de Naples étaient de fidèles serviteurs de la cour romaine, car, par un de ces jeux bizarres de la féodalité, ils étaient vassaux du pape pour le royaume de Naples. Enfin, Avignon était une grande ville susceptible d'accueillir toute une cour. En outre, elle était bien desservie par de nombreuses routes et par deux beaux fleuves, le Rhône et la Durance, dont deux ponts reliaient les rives.

Lorsque épuisé, harcelé, Clément put enfin quitter Poitiers le 13 août 1308, ce fut pour se diriger sur Avignon. Parti pour y demeurer quelque temps, la papauté n'en devait pas sortir avant soixante-dix ans.

La route qu'il emprunta passait par Lusignan, Saint-Jean-d'Angély. Comme chaque fois, il s'attarda dans les lieux qui lui étaient chers. Il séjourna à Lormont près de Bordeaux, puis dans le beau et puissant château familial de Villandraut qu'il venait de rénover. C'est là, avant son départ en novembre pour Toulouse, que Philippe le Bel fut pour lui une nouvelle source de tracas. Il s'agissait, cette fois, de l'empire. Albert de Hasbourg, le dernier empereur, venait d'être assassiné et Philippe, dont la puissance dominait l'Europe, crut pouvoir briguer la couronne impériale en faveur de son frère, Charles de Valois. Pour y parvenir, il comptait sur l'appui du pape. Il pensait le tenir suffisamment pour que celui-ci ne puisse rien lui refuser. Or, Clément avait beau être faible et mal portant, il ne manquait pas de jugement et avait très vite compris le danger qu'il y aurait d'avoir le frère de ce terrible roi sur le trône impérial. Sans jamais refuser, il éludera donc le plus longtemps possible et les coups se perdront comme dans un édredon trop mou. La tactique était la bonne, lorsqu'il n'aura plus d'échappatoire et sera forcé d'agir, il sera trop tard. Henri de Luxembourg était élu le 27 novembre 1308.

Après cette petite péripétie, Clément V put reprendre calmement son voyage par Toulouse, Saint-Bertrand-de-Comminges (1) et l'abbaye de Boulbonne. Ce

---

(1) Il s'y arrêta pour la translation des reliques de saint Bertrand. Ses largesses furent nombreuses et permirent la construction d'un nouveau sanctuaire.

n'est qu'au début du mois de mars qu'il arriva en vue du rocher des Doms.

Avignon était une belle et grande ville qui, sans rapport avec la cité industrieuse d'aujourd'hui répandant au loin ses hauts blocs de ciment, recouvrait près de quarante-cinq hectares tout entourés de murs. Sur la haute butte de calcaire gris dominant le Rhône, se dressait le château des comtes de Provence. Juste au-dessous, la cathédrale Notre-Dame-des-Doms, qui devait son nom au palais épiscopal (« de domo épiscopali »), s'élevait à côté de l'église Saint-Etienne. Cette appellation de Doms s'était étendue à tout le rocher. Plus au sud, dans le prolongement rocheux qui se situe aujourd'hui de l'autre côté de la rue de la Peyrolerie, se tenait le palais communal. Tout autour de ces lieux fortifiés, s'étaient agglomérées des maisons dessinant des rues petites et souvent capricieuses, presque toutes contenues à l'intérieur des remparts (1). Ces remparts, démantelés en 1251, étaient protégés par des douves alimentées par les eaux de la Sorgue et de la Durançole (déviation des eaux de la Durance) (2). Sur le Rhône, au pied du rocher des Doms, partait le célèbre pont de Saint-Bénezet. A son extrémité, sur l'autre rive, pointait déjà la tour Philippe-le-Bel qui en défendait l'accès. Premier pont depuis la mer, c'était un lieu de passage d'une grande importance et une source de richesse pour Avignon.

La population, à l'époque, n'était pas excessive, certains l'ont estimée à 6 000 habitants, vivant à l'aise dans l'enclos des murailles. On y comptait sept paroisses, Saint-Etienne, Saint-Agricole, Saint-Symphorien,

_____

(1) On peut suivre la ligne de ces remparts avec les rues Joseph-Vernet, des Lices, Paul-Saïn et des Trois-Colombes.

(2) Ces deux arrivées d'eau existent encore sous le nom de canal de Vaucluse et canal de l'Hôpital.

Saint-Pierre, Saint-Genies, Notre-Dame-la-Principale et Saint-Didier. Les deux ordres du Temple et de l'Hôpital y avaient chacun leur commanderie. Si le couvent de Sainte-Claire, qui allait bientôt devenir célèbre, se trouvait à l'intérieur de l'enceinte, la plupart des grands monastères avaient leurs maisons aux portes de la ville. Les dominicains occupaient un très vaste terrain près de la porte de Briançon. Au bord de la Sorgue, près de la porte Imbert, étaient les franciscains ou cordeliers. Les augustins s'étaient établis au-delà de la porte Matheron avec, tout à côté, le couvent des Carmes. Enfin, près du Rhône, au pied du rocher, les frères de la pénitence du Christ avaient construit le couvent et l'hôpital de Notre-Dame-de-Fenouilhet.

Telle était la ville dont Clément V et sa curie allaient prendre possession. Ce fut le matin du 9 mars 1309 qu'il arriva en vue du célèbre rocher. Le vent, du souffle puissant de ses rafales glacées, lavait un ciel bleu. L'hiver qui avait été rude s'attardait dans la plaine malgré le soleil clair. Le Rhône roulait bruyamment des eaux grises. Clément allait lentement au pas de sa monture, au milieu des arbres qui agitaient leurs pâles nervures, comme pour saluer sa venue. Lorsque, arrivé à la tour Philippe-le-Bel, il s'avança sur le frêle pont Saint-Bénezet, suivi des quelques cardinaux amis et parents qui l'accompagnaient, il ne se doutait pas qu'il allait river l'Eglise pour près d'un siècle sur ce roc dressé en face de lui. Pour ceux qui ne pouvaient concevoir que la papauté pût un instant s'éloigner de Rome, l'exil de Babylone allait recommencer, comme au temps où la nation juive fut emmenée captive dans la cité de perdition.

Après avoir franchi la large frontière du Rhône, il fut accueilli par toute la ville, clergé, dignitaires et bourgeois venus saluer ce pape qui fixait sa résidence chez eux. La réception fut chaleureuse et l'on conduisit le nouvel hôte au milieu des acclamations jusqu'au palais épiscopal.

Clément le jugeant sans doute trop petit n'y resta pas et vint s'installer dans le couvent des dominicains dont le vaste enclos s'étendait hors de la ville, non loin du Rhône (1). Il s'y sentit plus à l'aise et put rassembler une partie de ses services autour de lui. Par contre, l'arrivée des cardinaux et de tous leurs serviteurs allait bien vite créer un problème pour la ville. Comment loger brusquement tout ce monde ? Au début, on se serra et chaque habitant dut se restreindre au nombre de pièces strictement indispensables aux besoins de sa famille et de son rang. Ceci ne se passa pas sans de nombreux abus qu'il était d'autant plus difficile d'empêcher qu'il n'y avait pas encore une véritable administration en place. On vit des hôtes profiter outrageusement de la situation pour majorer les prix de façon scandaleuse. Inversement, des personnes de la suite pontificale et même des prélats abusèrent de leur situation en refusant de payer quoi que ce soit. Clément dut parfois intervenir pour obliger les réfractaires à s'acquitter de leurs dettes.

Une ère nouvelle commençait subitement pour cette ville qui avait vécu calmement jusqu'alors. L'installation du pape, des cardinaux et de toute la curie allait amener une intense activité et en même temps la richesse. Cette richesse un peu trop rapide allait faire tourner les têtes et transformer peu à peu Avignon en une grande foire où tout serait à vendre. C'est cette vénalité installée à cette époque qui contribua à lui donner le nom de Babylone.

---

(1) Il se situait à peu près entre les rues d'Annanelle et de Saint-Thomas-d'Aquin.

L'accueillant couvent des dominicains n'avait pas mis Clément V à l'abri des vicissitudes. Son lent voyage jusqu'en Avignon n'avait pas été retardé seulement par la neige et le mauvais temps. Avant de quitter Poitiers, il s'était engagé à ouvrir le procès de Boniface au mois de février 1309 ; en arrivant en mars il avait déjà gagné un mois. Cette installation tardive lui permit de le reporter à plus tard, sans trop s'attirer les foudres du roi. Il eut pourtant l'audace (tout est relatif) de lui demander de confier les biens du Temple à l'ordre des Hospitaliers. Audace sans résultat puisque Philippe ne daigna même pas y répondre.

En revanche, il réclama avec la plus grande insistance que l'archevêché de Sens soit donné à Philippe de Marigny, le frère de son ministre Enguerrand de Marigny. Ce poste avait une importance considérable, car l'archevêque de Sens était considéré comme primat des Gaules. Sens ayant gardé dans la vie religieuse son rôle de capitale de la IVe Lyonnaise, c'est-à-dire de l'Ile de France et de l'Orléanais. Pour les Templiers, le choix de Philippe de Marigny allait avoir des conséquences fatales, car cet homme tout dévoué au roi aurait un droit de regard sur tous les procès instruits et particulièrement ceux de Paris.

Clément, qui encore une fois avait tenté d'éluder, dut finalement céder aux démarches du roi le 6 mai 1309, en accordant l'archevêché à Philippe de Marigny.

Au mois de juillet, les ambassadeurs du nouvel empereur Henri de Luxembourg, l'heureux concurrent de Charles de Valois, vinrent en Avignon pour recevoir l'accord pontifical. Le pape confirma d'autant plus volontiers cette élection que c'était une petite victoire et donna à l'empereur rendez-vous à Rome, où deux ans plus tard il espérait bien le recevoir.

Ainsi, Clément V considérait son séjour d'Avignon

comme temporaire. Les événements allaient en disposer autrement.

Malgré les grosses chaleurs du mois d'août, dont il souffrit particulièrement, Clément demeura en Avignon. La fatigue le fit encore céder aux incessantes pressions du roi. Le 23 août, il se vit contraint de publier une bulle décidant de l'ouverture d'un procès qui devait trancher de la culpabilité de Boniface VIII. Un peu plus tard, il faisait citer à comparaître les représentants des deux parties. Une nouvelle fois, il usa de sa seule arme de défense, gagner du temps, en fixant pour date le deuxième dimanche de Carême de l'année suivante.

Pour les Templiers aussi il faisait traîner en longueur. Le Saint-Siège, suivant les derniers accords, avait été chargé de s'occuper de l'ordre en général. Clément ne fit rien entreprendre. Cela n'empêchait malheureusement pas l'enquête, confiée aux évêques sur les personnes des Templiers, de se poursuivre. Le semblant de justice qui y présidait incita un bon nombre d'entre eux à réviser leurs déclarations. On vit même réapparaître des frères décidés à défendre l'ordre. Ils seront près de cinq cent soixante. On entendit alors des dépositions qui en disent long sur la manière dont furent réalisés les premiers interrogatoires. Voici, par exemple, le compte rendu de celle de Ponsard de Gizy, précepteur de Payns, faite le 27 novembre 1309.

« Il répondit que les accusations articulées contre ledit ordre... étaient fausses et que tout ce que lui et les autres frères, dudit ordre, avaient confessé làdessus devant l'évêque de Paris ou bien ailleurs était faux et qu'ils ne l'avaient confessé que contraints par le danger et la terreur, parce qu'ils étaient torturés par Floyran de Béziers (1), prieur de Montfaucon,

---

(1) Esquieu de Floyran.

Guillaume Robert, moine, leurs ennemis et en vertu d'un accord et d'une instruction émanant de ceux qui les tenaient en prison et aussi par crainte de la mort, et parce que trente-six de ses frères étaient morts à Paris, ainsi que beaucoup d'autres, en d'autres endroits, des suites des tortures et des tourments... Trois mois avant la confession qu'il fit devant le seigneur évêque de Paris, il fut placé dans une fosse, les mains liées derrière le dos si fortement que le sang coula jusqu'à ses ongles, et qu'il y resta n'ayant d'espace que la longueur d'une longe, protestant et disant que s'il était mis encore à la torture, il renierait tout ce qu'il disait et qu'il dirait tout ce qu'on voudrait. Autant il était prêt à souffrir, pourvu que le supplice fût court, la décapitation ou le feu ou l'ébouillantement, autant il était incapable de supporter les longs tourments dans lesquels il s'était trouvé déjà en subissant un emprisonnement de plus de deux ans. »

Devant ce revirement général, on s'inquiéta en haut lieu et on trouva que les interrogatoires avaient trop duré. L'archevêque Philippe de Marigny fut prié d'en terminer rapidement. Sans plus se préoccuper de l'enquête, il réunit un concile provincial, dirigé par lui, chargé de juger les Templiers de son ressort. En quelques jours l'affaire fut expédiée. Quelques-uns furent renvoyés libres après avoir avoué et fait pénitence, d'autres furent condamnés à la prison étroite, enfin cinquante-quatre, ayant refusé de reconnaître les fautes dont on les accusait, furent condamnés à être brûlés comme relaps (1), c'est-à-dire pour être revenus sur leurs aveux.

Philippe de Marigny procéda ensuite avec une précipitation bien suspecte. Condamnés le 11 mai 1310,

(1) Le vrai relaps était l'hérétique qui, après avoir confessé et abandonné son erreur, retournait une nouvelle fois à son hérésie. La notion de relaps appliquée aux Templiers, comme plus tard à Jeanne d'Arc, était singulièrement différente.

les cinquante-quatre Templiers furent brûlés le 12 aux portes de Paris près de l'actuel hôpital Saint-Antoine. Ils protestèrent jusqu'au dernier moment de leur innocence, s'élevant contre les aveux qu'on leur avait précédemment arrachés par la torture. Leur sacrifice et leur courage relevèrent enfin l'honneur de l'ordre. Ils ne furent pas cependant les seules victimes de Philippe de Marigny. Neuf d'entre eux devaient encore périr à Senlis, suivis de nombreux autres dans la région. Ces bûchers jetèrent, en tout cas, la panique parmi les défenseurs du Temple les moins aguerris. La déposition que fit, le 13 mai 1310, devant la commission pontificale, Aimery de Villiers le Duc est significative. On peut y lire qu'il y parut « pâle et tout à fait terrifié, déclara sous serment et au péril de son âme... que toutes les erreurs imputées à l'ordre étaient entièrement fausses, bien que par suite des tortures nombreuses que lui infligèrent à ce qu'il dit, G. de Marcillac et Hugues de la Celle, chevaliers royaux, qui l'interrogèrent, il eût, lui témoin, confessé quelques-unes des erreurs susdites. Il affirma qu'il avait vu la veille, de ses yeux, conduire en voitures cinquante-quatre frères dudit ordre pour être brûlés parce qu'ils n'avaient pas voulu avouer les erreurs susdites, qu'il avait entendu dire qu'ils avaient été brûlés et que lui-même, craignant de ne pas offrir une bonne résistance s'il était brûlé, avouerait et déposerait sous serment, par crainte de la mort, en présence desdits seigneurs commissaires et en présence de n'importe qui, s'il était interrogé, que toutes les erreurs imputées à l'ordre étaient vraies et qu'il avouerait même avoir tué le Seigneur si on le lui demandait. »

Cette commission pontificale devant laquelle Aimery de Villiers avait déposé était la commission chargée d'enquêter sur l'ordre et confiée au pape. Celui-ci, toujours le jouet des pressions royales, avait nommé pour la présider l'archevêque de Narbonne, Gilles Aycelin, ancien garde du Sceau, remplacé par Nogaret. Sans vouloir mettre en doute son équité, il est bien certain qu'il occupait ce poste parce que l'on était sûr de son dévouement à la politique royale.

Devant tant de concession de la part de Clément V, on peut s'étonner. Comment n'a-t-il jamais osé protester, lui qui au début avait tout de même manifesté sa réprobation ! Pour comprendre il ne faut pas oublier que durant ces pénibles enquêtes sur le Temple, avait lieu en Avignon le non moins désagréable procès de Boniface VIII. Le pape était alors pris dans les rets tendus par Philippe et Nogaret qui se servaient d'une affaire pour avancer l'autre et inversement. Pour Philippe, seuls les Templiers l'intéressaient vraiment, le procès de Boniface n'étant qu'un moyen de chantage. Nogaret, quant à lui, aurait plutôt adopté l'attitude inverse, car il y avait une chose dont il voulait à tout prix se débarrasser et qui le frappait toujours, c'était l'excommunication. Le 15 mars 1310, on le verra donc arriver en Avignon avec les principaux accusateurs, Guillaume de Plaisians, Pierre de Galard et le sénéchal de Beaucaire, tous amis et méridionaux. Les défenseurs de Boniface étaient surtout des Italiens, dont les cardinaux Caetani et Stefaneschi.

Le procès commença devant une nombreuse assistance. Bien vite, les passions se déchaînèrent dans un débordement verbal d'accusations réciproques. Nogaret et Plaisians ne se gênèrent pas pour étaler en public les plus basses suspicions. La mémoire du malheureux Boniface fut traînée dans la boue tel le pire des criminels. Comme toujours on l'accusa d'hérésie, d'affreux blasphèmes, de simonie et des débauches les plus abjectes. La simonie et la débauche étaient mises en valeur pour s'attirer le soutien populaire. Par contre, pour aboutir à une condamnation par les clercs, il fallait prouver qu'il fût hérétique.

Les défenseurs de Boniface s'agitaient aussi et n'employaient pas non plus des moyens toujours très réguliers. Ainsi on vit Rainaldi da Supino, lieutenant de Nogaret à Anagni, attaqué sur la route d'Avignon et obligé d'aller chercher refuge à Nîmes.

Au milieu de ce débordement de passions, Clément V ne savait que faire. Il essaya d'écrire à Charles de Valois pour lui demander d'intervenir personnellement en faisant retirer l'acte d'accusation contre Boniface. Le prince, par malheur, se souciait peu d'user ainsi son crédit. Il ne fit rien. Alors Clément eut selon son habitude recours à l'ajournement. Il ajourna le plus souvent possible sous les prétextes les plus divers.

Cette fois l'été fut le bienvenu. L'année précédente il avait souffert de la chaleur dans Avignon, aussi invoqua-t-il le besoin d'aller se mettre au frais loin de la ville. Il avait en effet trouvé près de Malaucène, dans un repli du Ventoux, un charmant vallon traversé par un ruisseau, le Grozeau. Le paisible ermitage de Notre-Dame-du-Grozeau semblait fait pour abriter ses soucis. Protégé par la montagne d'un trop long soleil, dans la prairie, parmi les arbres et la fraîcheur de l'eau, Clément retrouvait un peu la douceur des ombrages de Villandraut et soignait ainsi sa santé précaire.

Avec les premiers froids, le pape quitta la montagne pour s'installer dans le petit château de Roquemaur situé non loin d'Avignon sur la rive française.

Au début du mois de novembre, une ambassade de la cour de France conduite par l'évêque de Bayeux, Geoffroy du Plessis, vint lui demander une entrevue. Clément, qui redoutait toujours le pire, se trouvant trop aventuré en terre française, refusa de recevoir la délégation en disant que le château était trop petit et qu'il fallait mieux se voir dans huit jours en Avignon. Là, au cœur de la ville, dans le palais fortifié de l'évêque, alors Jacques Duèse, le souverain se sentit plus à l'aise pour recevoir ces inquiétants messagers.

Un événement inattendu allait permettre d'en terminer avec le procès de Boniface. Le nouvel empereur Henri de Luxembourg et le roi Robert de Naples avaient entrepris des tractations en vue de reconstituer l'ancien royaume d'Arles en faveur de ce dernier. Le parti « bonifacien » et le souverain pontife lui-même étaient favorables à ce projet. Inutile de préciser qu'il était au contraire très mal vu du roi de France. Pour une fois, le Saint-Père eut l'occasion de le faire chanter : il abandonnait le procès et tout pourrait s'arranger. Philippe céda sans rien perdre vraiment. Il fut convenu que les accusateurs, c'est-à-dire Nogaret et ses amis, renonceraient à toutes poursuites, mais sous plusieurs conditions. Clément V, le 27 avril 1311, dut par la publication de différentes bulles laver le roi de tout ce qui pouvait peser contre lui dans cette affaire, absoudre Nogaret, Sciarra Colonna et tous ceux qui avaient participé à Anagni, effacer tous les actes de Boniface. Enfin Philippe le Bel se refusait de considérer le procès comme définitivement clos, se gardant ainsi un moyen toujours possible de pression.

C'était loin d'être une victoire, cependant pour Clément l'essentiel était l'arrêt du procès. Il semble, d'ailleurs, qu'en plus de ces concessions officielles le pape en ait accepté une autre, l'abandon de l'ordre du Temple. A partir de ce moment, en effet, son attitude va entièrement changer. On peut dire que dès lors il est définitivement vaincu, écrasé par le roi. Devenant un exécutant fidèle, il va joindre ses efforts à ceux de Nogaret pour la perte du Temple. Pour commencer, il fera hâter l'enquête sur l'ordre entreprise par Gilles Aycelin et permettra d'employer au besoin la torture.

Le concile, qui avait été prévu longtemps auparavant pour juger l'ordre le 12 août 1310 à Vienne, ne put se réunir que le 1er octobre 1311. Clément, qui avait passé l'été au Grozeau, quittera, le 18 septembre, ce monastère embelli par lui pour se rendre directement à Vienne où il entrera le 30 septembre. Cette ancienne capitale du royaume burgonde, riche de ses églises et de son château où plane le souvenir légendaire de Girard de Vienne et de sa lutte contre Charlemagne, fut envahie par plus de 114 dignitaires de l'Eglise. Heureusement que les princes ne vinrent pas et que nombre de prélats refusèrent de s'y rendre. Il fallut, en effet, s'entasser dans les couvents et les maisons et souvent avec un confort rudimentaire péniblement supporté, au cours de cet hiver particulièrement rude.

Clément V ouvrit solennellement la première session dans la cathédrale Saint-Maurice. Ensuite commença une série de travaux sans relief qui consistaient à examiner les rapports des commissions. Ce petit train fut brusquement troublé le 4 novembre 1311 par l'arrivée de sept Templiers qui se présentaient pour défendre l'ordre et assuraient que 1 500 à 2 000 de leurs frères se trouvaient réunis près de Lyon pour sa défense. A cette occasion, Clément allait dévoiler sa nouvelle ligne de conduite. Sans plus attendre, il fit jeter en prison les sept messagers et écrivit aussitôt à Philippe le Bel pour le mettre en garde du danger. Les Templiers étaient une force militaire et leur révolte n'était pas impossible. Cette nouvelle de toute façon devait être inexacte, car rien ne se produisit.

Après cette alarme, le souverain pontife continuant sa nouvelle politique fit poser au concile cette question qui nous paraît insolite : « Doit-on donner à l'ordre la possibilité de se défendre ? »

A son grand étonnement et à sa vive contrariété la réponse de la majorité fut oui. Philippe ne fut pas du tout satisfait de son élève et se chargea de le lui faire savoir. Très ennuyé, le pauvre pape, n'osant entamer le procès dans ces conditions, chercha à gagner du temps. Après avoir évoqué un instant la possibilité d'une fusion de l'ordre, il orienta les préoccupations du concile sur un projet de croisade et d'éventuelles réformes.

Pour sa part, Philippe le Bel, reprenant le procédé qui lui avait toujours réussi dans les cas difficiles et surtout ceux où il suivait une voie peu régulière, convoqua les états généraux. Il fit exprès de les réunir non loin de Vienne, à Lyon, pour le 20 février 1312. Il voulait que ce soit une menace contre ce concile un peu trop indépendant. Les états lui octroyèrent ce qu'il était venu chercher, un accord de principe sur tout ce qu'il entreprendrait. Pendant ce temps, une délégation menée par le frère du roi, Louis d'Evreux, et composée des irréductibles adversaires du Temple, Nogaret, Plaisians et Enguerrand de Marigny arriva à Vienne le 17 février. Elle était venue pour hâter et superviser le travail que le roi attendait de Clément. Pendant que les membres conciliaires discutaient croisade, les gens du roi, réunis avec les cardinaux gascons et français dont on était sûr, étudiaient le moyen de contourner la décision prise par le Concile, concernant la défense de l'ordre.

Ayant peut-être senti cette sorte de résistance passive, chère à Clément, le roi lui écrivit le 2 mars pour le presser et lui demander de supprimer purement et simplement le Temple. Devant l'importance de ce qu'on exigeait de lui, le pape hésita. Une peu rassurante surprise allait bientôt lui faire abandonner ses atermoiements. Le 20 mars, Philippe le Bel arrivait avec tous les princes de sa famille à Sainte-

Colombe, petit faubourg de Vienne situé en territoire français. Se sentant pris entre le roi et le concile, il se crut perdu. Acculé, il préféra affronter la réprobation du concile que la colère du roi. Il eut alors recours à une manœuvre peu loyale. Convoquant un consistoire secret composé de la grande commission du concile et des cardinaux qu'il savait favorables soit au roi, soit à lui-même, il exposa sa décision de supprimer l'ordre, sans toutefois le condamner. C'était la limite des concessions qu'il pouvait faire en conscience, c'était déjà énorme. Le consistoire secret approuva aux quatre cinquièmes des voix.

Pour rendre publique cette grave décision qui avait été prise sans avis du concile, on réunit en session extraordinaire, le 3 avril 1312, tous les membres conciliaires en présence du pape, du roi et de toute sa famille. Après avoir réclamé le silence sous menace d'excommunication, tant on craignait des protestations, la sentence fut lue solennellement. Ainsi, dans le silence morne d'une foule atterrée, l'ordre du Temple fut supprimé, non par jugement et condamnation, mais par provision, c'est-à-dire par décision supérieure, en l'occurrence celle du pape.

On peut se demander ce qu'il serait advenu s'il y avait eu un véritable procès où les Templiers aient pu se défendre. Il est plus que probable que jamais une telle sentence n'eût été prononcée, car tous ceux qui avaient l'esprit libre et juste et n'étaient inféodés à aucun parti pensaient que l'ordre en lui-même était innocent. Aujourd'hui même il n'est qu'à relire les chefs d'accusations pour s'en convaincre.

On leur a reproché la sodomie, or aucun Templier, malgré les moyens employés, n'a jamais avoué l'avoir pratiquée. Qu'il y ait eu des cas particuliers, ce n'est pas impossible. De là à en faire une pratique générale, il y a un grand pas et les accusateurs eux-mêmes ne retinrent jamais sérieusement ce grief. Quant aux baisers impudiques qui auraient été échangés lors des réceptions dans l'ordre, il est vraisemblable qu'il s'agissait du baiser de paix que les détracteurs ont volontairement déformé. De toute façon, embrasser le nombril ou le bas des reins du récipiendaire ne pouvait constituer un acte abominable au point de faire condamner tout un ordre. Les accusateurs le savaient fort bien, ceci étant du folklore destiné à frapper les foules. Pour eux, l'important était les actes touchant la foi et susceptibles de faire taxer l'ordre d'hérésie. Il y avait tout d'abord la fameuse tête, dont parlent certaines dépositions, que les Templiers auraient adorée. On a dit que c'était la tête du nébuleux Baphomet. Il a été prouvé par la suite qu'il s'agissait là, bien souvent, de vieux reliquaires que des frères peu évolués avaient mal identifiés. Ceci était encore peu de chose à côté de l'accusation que l'on retrouve le plus constamment et qui était la plus forte pour l'époque : le reniement du Christ devant la croix et le crachat sur le crucifix. Or on sait, avec un Esquieu de Floyran et un Nogaret, qui a pu les faire naître. Il faut remarquer en outre que ces rites n'étaient pratiqués, selon les aveux, que le jour de la réception. D'autre part, tous ceux qui disaient l'avoir fait avaient bien soin d'ajouter qu'ils avaient renié des lèvres et non du cœur et avaient craché à côté, voulant prouver qu'ils n'avaient jamais cru à de tels gestes.

Pour ces Templiers que la peur de la torture empêchait de se proclamer innocents, c'était un moyen de ne pas reconnaître vraiment leur culpabilité. Il est à noter également que tous ces actes, en contradiction formelle avec les paroles prononcées au cours du cérémonial, se déroulaient toujours de la façon la plus secrète et que les témoins étaient tous morts !

Enfin, est-il encore nécessaire de rappeler que les quatre grands procès du règne, ceux des évêques

Guichard de Troie et Bernard Saisset, celui de Boniface VIII et celui des Templiers, ont en commun les mêmes chefs d'accusation ; mœurs troubles et pratiques hérétiques. Ils ont en commun aussi le même accusateur, Guillaume de Nogaret. Il ne faut pas oublier que, si, vers la fin, celui-ci n'apparaît plus au premier plan dans l'affaire des Templiers, il n'en est pas moins toujours là à surveiller, interroger, activer. Tous les fils du réseau qui enserre le Temple passent par lui. Il aura quelques raisons d'être satisfait du résultat. Si l'ordre n'est pas condamné, l'essentiel demeure, il disparaît après avoir été sali et suspecté publiquement. Par ailleurs, il a obtenu la levée de l'excommunication qui pesait sur lui et si la mémoire de Boniface ne fut pas, elle non plus, condamnée, il avait pu jeter l'opprobre sur elle en plein consistoire sans être inquiété.

Pour se rendre compte du travail réalisé en France par Nogaret, il n'y a qu'à jeter un coup d'œil sur ce qui se passa dans les autres pays. Certes, les Etats pontificaux, le royaume de Naples et la Provence sous la double influence du pape et du roi adoptèrent l'attitude française. Il faut mettre aussi à part le royaume de Chypre, où Henri de Lusignan se vengea des Templiers, qui avaient aidé son frère contre lui, en les faisant brûler et noyer en dépit d'une enquête qui les avait absous.

Tout autre furent les réactions en Grande-Bretagne, où plusieurs conciles se séparèrent sans avoir pu conclure à la culpabilité, et en Espagne où les conciles de Tarragone, pour l'Aragon, et de Salamanque, pour la Castille, proclamèrent l'innocence de l'ordre. Quant à l'Allemagne, ce fut un hommage public qu'elle rendit aux Templiers.

La triste cérémonie qui marquait le triomphe de Philippe le Bel voulut s'achever sur une note d'espérance. Une fois le Temple détruit, Clément V évoqua la croisade et incita les princes présents à prendre la croix. En fait, sous une noble apparence, c'était une concession de plus faite au roi car, pour lui permettre de réaliser cette expédition, il lui accordait un décime. Inutile d'ajouter que celui-ci ne partit pas, il fit seulement une belle cérémonie avec le roi d'Angleterre, où l'on répéta comme à l'Opéra : « Partons ! partons ! »

Avant de quitter Vienne, Clément V, par équité, par remords ou par désir de se venger un peu de son royal ami, publia une bulle pour régler le sort des biens du Temple. Ceux-ci, administrés jusque-là par le roi, furent désormais confiés à l'ordre des Hospitaliers, sauf en Espagne où ils furent recueillis par les grands ordres ibériques.

Ainsi, au dernier moment, Philippe le Bel voyait lui échapper ce qu'il considérait déjà comme sa propriété. Certes, il n'avait pas tout perdu et comptait bien ne pas tout perdre. Pendant cinq ans, il avait déjà profité de la gérance et allait par différents moyens s'en dessaisir le plus tard possible (1). Il se fit également rembourser par les Hospitaliers une somme de 200 000 livres qu'il avait, soi-disant, mise en dépôt au Temple, réclama 60 000 livres pour les frais du procès et se déclara libéré, lui et toute sa famille, de ses dettes, qui étaient nombreuses, vis-à-vis du Temple. En outre, il s'appropria plus de la moitié de tous les biens meubles, de tous les trésors et de tous les ornements d'église abandonnés par les Templiers.

Epuisé par les épouvantables journées du concile où il avait dû abdiquer devant la volonté du roi, Clément quitta Vienne le 12 mai pour se rendre dans sa retraite du Grozeau où il espérait trouver un peu

---

(1) La succession ne fut définitivement réglée avec les Hospitaliers que sous Louis X le Hutin en 1315.

de paix morale et un répit pour son mal qui s'était remis à le tenailler.

S'il ne put regagner facilement ce havre tant désiré, ce fut encore la faute de ses amis gascons. Il eut, en effet, la surprise en arrivant à Valence de se voir tout d'abord refuser l'hospitalité. Puis une bagarre éclata entre les habitants et les serviteurs de sa curie, faisant une victime parmi la population. Le lendemain, les Valentinois voulurent s'emparer du meurtrier réfugié dans une maison occupée par des seigneurs du comtat, formant la suite pontificale. Ce fut l'émeute qui dégénéra presque en révolte. On tendit des chaînes, des étendards furent déployés et partout les cris de « Mort aux curiales ! » retentirent. Une troupe se porta sur la maison où logeait l'évêque de Toulouse, Gailhard de Preyssac, neveu du pape. Ils en scièrent les colonnes de bois, tout en pillant et tuant ce qui leur tombait sous la main. L'évêque de Lectoure subit le même sort. Un autre familier du pontife, Guilhem de Bordes, voyant le feu à sa maison, dut s'enfuir par le toit. Le cardinal Arnaud de Pellegrue, autre neveu, eut la chance de ne recueillir que des insultes. Clément V lui-même échappa de peu au déchaînement populaire.

Parvenu au Grozeau, le Ventoux l'abrita de la chaleur estivale, mais ne le protégea pas des récriminations royales. La remise des biens du Temple aux Hospitaliers avait été très mal prise. Clément qui semblait vivre dans la crainte, par faiblesse, pour apaiser le courroux de Philippe, lui concéda en plus du décime déjà donné son propre décime pour une durée d'un an, plus un second décime de quatre ans. Il était alors un homme usé, fatigué par la maladie qui ne se relâchait pas. Ses efforts pour retrouver la santé dans la solitude du Grozeau avaient été vains. Pressentant un fatal dénouement, il fit son testament le 9 juin 1312.

A la fin de l'été, loin de prendre le chemin de Rome comme il l'avait promis, il s'apprêta à rejoindre Avignon. Certes, ses forces, qu'il sentait décliner, le rendaient incapable de faire un long voyage. D'un autre côté, la situation en Italie était redevenue précaire, à la suite du couronnement de l'empereur Henri VII de Luxembourg en l'absence du pape ce qui avait ranimé les hostilités entre guelfes et gibelins. Pour ces raisons et pour son désir de ne point trop s'éloigner du cher pays, il retourna par petites étapes au couvent des dominicains, passant par Caromb, Bedarrides, Châteauneuf.

Le séjour qu'il fera en Avignon durant cet hiver 1312-1313 sera un des plus longs. La ville était désormais devenue une véritable cité pontificale, envahie par tous les services curiaux, par les cardinaux et leurs suites et par les familiers du souverain pontife. Au printemps, avant de se rendre à son ermitage de Notre-Dame-du-Grozeau. Clément voulut complaire une fois de plus à Philippe le Bel, en canonisant le 5 mai 1313 le pape Célestin V que l'on disait victime de Boniface VIII. Toutefois, pour bien montrer qu'il ne partageait pas ces vues qui auraient fait de Boniface un usurpateur, il sanctifia non le pape Célestin, mais l'homme, c'est-à-dire Pierre de Morrone.

L'été qu'il passa au Grozeau ne fut pas très bon. Il y apprit la mort de l'empereur Henri VII et appréhenda de nouvelles difficultés. Toujours malade au seuil de l'hiver, il renonça à retourner en Avignon. Comme un animal sur ses fins, il désira revoir les lieux de sa naissance, Bordeaux, Villandraut. Il croyait pouvoir y trouver la guérison et la paix. Après être passé à Châteauneuf-Calsernier (1), il se rendit chez son neveu Bertrand à Monteux. Là, dans ce petit bourg de la plaine venaissine, soumis aux

(1) Ancien nom de Châteauneuf-du-Pape.

assauts du vent, la maladie l'immobilisa, dans cette tour que l'on voit encore, jusqu'au printemps. Malgré son état, il y fut importuné par ce diable dont il avait épousé la cause, par le roi qui toujours actif lui réclamait son appui pour la candidature à l'empire de son fils Philippe, comte de Poitiers. Et puis il se vit obliger d'en terminer avec les Templiers.

Depuis la proclamation de la bulle du 22 mars 1312, l'ordre du Temple n'existait donc plus, se trouvant définitivement rayé, effacé. Demeuraient maintenant les Templiers qui étaient toujours en prison.

Pour en finir avec eux, une bulle du 6 mai 1312 abandonnait aux conciles provinciaux l'attribution de les juger séparément, réservant au Saint-Siège le droit de disposer des dignitaires de l'ordre. Suivant les régions où le gouvernement royal avait des hommes dévoués, ce fut l'occasion de nouveaux bûchers. Tous ceux, en effet, qui avaient le malheur de se rétracter étaient impitoyablement condamnés comme relaps.

Clément s'était réservé de juger les dignitaires et, volontairement, n'avait rien fait, attendant on ne sait quel miracle. Après cette attente inutile d'un an, il donna pouvoir à trois cardinaux, Nicolas de Freauville, Arnaud d'Aux et Arnaud Nouvel, de les juger définitivement.

Il faut se rappeler ici l'attitude assez surprenante de Jacques de Molay. Après avoir avoué une première fois tout ce que l'on désirait, il se rétracta quelques temps après, lors de l'enquête pontificale. De nouveau questionné dans la prison royale de Chinon, de nouveaux aveux furent consignés. Lors de l'enquête de 1309, il n'avoua ni ne protesta, il demeura seulement médusé lorsqu'on lui lut ses aveux de Chinon. On peut s'interroger à juste titre sur toutes ces fluctuations. Ce qu'il y a de certain, c'est qu'elles ne viennent pas d'une volonté très ferme, d'un esprit bien sûr, ni d'une grande intelligence. Par contre,

Molay a certainement voulu sauver l'ordre. L'aveu d'abord, pour laisser passer l'orage. La rétractation lorsqu'il se sent protégé par la mission pontificale. Les aveux de Chinon demeurent plus mystérieux. Lui a-t-on fait dire plus qu'il ne le voulait ? Lui a-t-on fait certaines promesses orales contre de nouveaux aveux ? A-t-on inscrit des paroles qu'il n'aurait pas dites ? C'est tout au moins ce que peut laisser supposer sa stupéfaction, lorsque plus tard on lui donne lecture de sa déposition. Notre étonnement est moins grand, quand on sait que Nogaret et Plaisians étaient présents aux interrogatoires de Chinon. Ces esprits vifs et retors n'eurent sans doute pas de peine à berner un brave Jacques de Molay.

Au mois de mars 1314, la commission des trois cardinaux les fit venir de Gisors à Paris. Pour elle, la cause était entendue, les aveux définitifs. Le 18 mars, les cardinaux firent dresser devant Notre-Dame un échafaud pour y lire la sentence. C'est là que Jacques de Molay, le visiteur de France, Hugues de Pairaud, le commandeur de Normandie, Geoffroy de Charnay, celui de Poitou et d'Aquitaine, Geoffroy de Gonneville, s'entendirent condamner à la prison à vie. Tout était terminé lorsque Jacques de Molay, imité par Geoffroy de Charnay, retrouvant enfin leur courage et leur foi, prirent la parole pour protester de leur innocence et de la pureté de l'ordre. Cette brusque rétractation publique jeta le trouble parmi les cardinaux qui ne s'y attendaient point. Ne sachant que faire, ils reportèrent leur décision au lendemain, se contentant de remettre les deux réfractaires au prévôt de Paris, tandis qu'Hugues de Pairaud et Geoffroy de Gonneville, coupables ou non, partaient cacher leur honte et leur déshonneur dans une prison perpétuelle.

Devant ce sursaut qui semblait tout remettre en question, le roi inquiet, passant par-dessus les cardinaux, réunit son Conseil le jour même et y décida de condamner immédiatement à mort les deux relaps. Sans attendre, le bûcher fut dressé dans une petite île qui prolongeait celle de la Cité, à l'emplacement actuel du Pont-Neuf, appelée l'île des Javiaux. Bien que l'abbaye de Saint-Germain-des-Près y possédât le droit de haute et basse justice, c'est là que, sans la consulter, on conduisit les deux dignitaires. Autant Jacques de Molay s'était montré hésitant, fluctuant jusqu'à la condamnation de l'ordre, autant en cet ultime moment, alors que tout espoir de le sauver avait disparu, il se montra ferme, noble et digne de cet ordre du Temple dont il était la personnification. Sans faiblir il marcha en chemise jusqu'au bûcher. Le chroniqueur Geoffroy de Paris nous rapporte qu'alors il s'adressa à ses bourreaux à peu près en ces termes :

« Seigneurs, déliez-moi **un peu pour que je puisse** au moins joindre mes mains et vers Dieu **faire orai-son**, car c'en est le moment. Vraiment il me **convient** maintenant de mourir. Dieu sait qu'à tort on a péché contre moi. Bientôt s'en viendra un mauvais moment pour ceux qui nous condamnent à tort. Dieu vengera notre mort. Seigneurs, sachez que tous ceux qui nous sont contraires en auront à souffrir. En ma foi, je veux mourir. Je vous prie encore de tourner mon visage devers la Vierge Marie dont Notre-Seigneur Christ fut né. »

On exauça sa requête en le tournant vers Notre-Dame, dont les tours s'élevaient au-dessus du palais royal. Alors, comme le dit le chroniqueur, la mort le prit doucement au milieu des flammes. Ce fut ensuite au tour de Geoffroy de Charnay de marcher au supplice. « Seigneurs, s'écria-t-il, je vais suivre la même route que mon maître que vous venez d'occire comme un martyr. Vous ne savez pas ce que vous avez fait. A Dieu ne plaise je mourrai dans l'ordre comme lui. »

Les cendres des deux dignitaires, dont la mort exemplaire racheta la lâcheté de certains de leurs frères, furent jetées aux vents et recueillies en douce pluie par les eaux de la Seine, où devaient les rejoindre plus tard celles d'une certaine Pucelle d'Orléans !

Tandis que Molay brûlait à Paris, Clément V était à Monteux, taraudé par son mal. Pour lui, le châtiment annoncé était depuis longtemps commencé.

On a beaucoup parlé de cette malédiction lancée par le grand maître et que la légende s'est complue à enjoliver. De fait, il faut remarquer que l'ennemi le plus acharné de l'ordre, Guillaume de Nogaret, était déjà mort, comme son complice Guillaume de Plaisians. Quant à Philippe le Bel avant de succomber quelques mois plus tard (1), il sera cruellement frappé dans son amour-propre. Ses trois belles-filles étaient officiellement accusées d'adultère. Ainsi le scandale, qu'il avait suscité chez les autres, il le voyait entrer dans sa propre maison.

A la fin de l'année 1314, les principaux persécuteurs du Temple avaient trouvé la mort et l'on s'explique que l'imagination populaire en ait été frappée. Une belle légende rapporte que chaque année, le jour anniversaire de l'arrestation des Templiers, un fantôme vêtu du grand manteau blanc de l'ordre apparaît dans les ruines des anciennes commanderies. Il erre lentement, semblant chercher quelque chose et soudain une voix forte retentit : « Qui veut délivrer le Saint-Sépulcre ? » Et parmi les murs effondrés et les voûtes creuses, l'écho répond : « Personne ! Le Temple est détruit. »

A Monteux, Clément, qui sent la caresse des ailes de la mort, étouffe. Devant l'amélioration du temps il se hâte de se remettre en route. A la fin mars, il

(1) 29 novembre 1314.

64

repart pour sa terre natale, mais au lieu de passer le Rhône à Avignon, il remonte sur Châteauneuf et le traverse à Roquemaure, où il arrive le 7 avril. Son état qui empire l'oblige à y demeurer. Il réside d'abord dans le château royal qui faisait partie de ces forteresses jalonnant les rives du Rhône pour mieux marquer la frontière entre le royaume et l'empire. Ce château n'est cependant pas propice pour soigner un malade. Aussi le chevalier Guillaume Ricard, dont le frère a reçu des bienfaits de Clément, lui prête-t-il sa maison. Les médecins impuissants à enrayer ce cancer inventent des remèdes les plus saugrenus, comme de mettre dans sa boisson et ses aliments des émeraudes pilées !

L'inéluctable rendez-vous a lieu le 20 avril 1314.

Ainsi mourait, à l'âge de soixante ans, le premier pape d'Avignon, le premier qui choisit cette ville pour résidence. Ce ne fut pas une grande âme, ni un fort tempérament. Dante l'a placé dans son Enfer « car viendra du couchant un pasteur sans principe et d'œuvre encore plus basse tel qu'il devra nous recouvrir, tous deux semblables à Jason du temps des Macchabées comme à cel Jason fut docile son roi, celui qui règne en France à lui sera docile ».

La maladie, il est vrai, fut pour beaucoup dans ses faiblesses. Faiblesses principalement à l'égard du roi dont il craignait un nouvel Anagni. Il pensa pouvoir les compenser par de simples dérobades, comme il crut devoir échanger la suppression du Temple contre l'abandon du procès de Boniface. Malheureusement pour lui, la renommée ou simplement l'Histoire sont plus exigeantes.

Il n'est qu'une chose pour laquelle il put se donner pleinement, c'est pour son pays et les siens.

Clément, par crainte d'être seul ou par goût, n'avait jamais cessé de faire venir autour de lui soit des parents, soit des amis, soit de simples compatriotes.

Peu à peu il avait transformé le Sacré Collège en une sorte d'exclusivité franco-gasconne. Durant cet hiver 1313, il avait auprès de lui dix-huit cardinaux méridionaux dont douze étaient gascons, parmi lesquels six étaient de ses parents.

A l'égard des siens il montra toujours une faiblesse néfaste. Non seulement six de ses parents obtinrent le chapeau de cardinal, mais évêchés et archevêchés furent largement distribués à quatre neveux et trois petits-neveux. L'un d'entre eux, Bernard de Fargues, obtiendra à vingt ans l'évêché d'Agen avant de devenir en quelques années archevêque de Rouen puis de Narbonne. Il ne se distinguera que par son zèle douteux dans la persécution des Templiers.

Le népotisme du pape ne s'en tint pas au domaine religieux. Sa protection s'étendit sans scrupules aux intérêts privés de son frère Arnaud Garsie de Got. Celui-ci avait reçu de Philippe le Bel la vicomté de Lomagne et Auvillars. Ce don ayant été contesté par les clarisses de Périgueux chez qui s'était retirée l'héritière de la vicomté, il usa de toute son autorité pour que son frère puisse en demeurer possesseur. De plus, à titre gracieux, il lui accorda le duché de Spolète, en Italie, auquel vint s'ajouter l'autorisation de percevoir quelques dîmes.

A la mort d'Arnaud Garsie, son fils Bertrand bénéficia à son tour de la situation privilégiée qu'il avait auprès du Saint-Père. Sans vergogne, il se laissa couvrir de bienfaits. De la France il reçut la seigneurerie de Duras, du roi d'Angleterre le château de Puyguilhem, les bastides de Montségur, de Dunes et Donzac et le château de Saint-Clair. Le roi de Naples, Charles d'Anjou, lui fit don de Perthuis, en Provence, et son fils, le roi Robert, de Meyrargues et de Peña Savordona. Quant à Clément, il lui accorda la marche d'Ancone. Ce bon neveu profitant des largesses pontificales s'acheta en outre, à quelques lieues d'Avignon, le château de Monteux. Ainsi le petit seigneur gascon était devenu un puissant baron du royaume, pouvant marier sa fille, Reine, au comte d'Armagnac Jean 1er, simplement parce qu'il avait le bonheur d'avoir un oncle qui était pape. Ce cher oncle manifesta encore sa sollicitude en le sauvant de l'excommunication, pour avoir reçu du roi Edouard II le château et la ville de Blanquefort (1).

Même dans son testament, Clément n'oublia pas sa famille. Bertrand de Got reçut 300 000 florins avec charge d'emmener à la croisade 500 chevaliers pendant deux ans. Bertrand de Got perçut l'argent et ne s'y rendit pas. Divers parents et amis touchèrent 200 000 autres florins et les bonnes œuvres de Gascogne encore 200 000. Ces différentes donations devaient gravement obérer le trésor pontifical, ne laissant que 70 000 florins pour son successeur. Il était bien que l'Eglise soit pauvre, mais étonnant que ses parents soient riches.

Le corps de Clément V fut transporté dans la capitale du comtat Venaissin, à Carpentras. C'est là, dans la cathédrale, qu'eurent lieu les obsèques solennelles. Ses restes y demeurèrent jusqu'au jour où son neveu Bertrand se décida à le ramener dans son pays. Le cortège funèbre traversa la France par petites étapes. Chaque soir le cercueil était déposé dans la principale église de la ville ou du village, dans lequel ils faisaient halte. Chaque soir on le recouvrait d'un drap d'or et d'argent qu'on abandonnait en présent. Le cortège arriva le 27 août à Uzeste, village tout proche de Villandraut dont la collégiale avait été le sujet de sa prédilection. Sa famille y fit construire un somp-

(1) C'était la peine encourue par ceux que l'on avait achetés pour faire triompher une cause auprès du Saint-Siège.

tueux tombeau de marbre noir et d'albâtre rehaussé de pierreries. Là, son corps crut goûter un repos définitif. Hélas ! les huguenots vinrent saccager sa sépulture et brûler ses restes qui furent dispersés au vent de l'Histoire.

HÉRÉSIE, SCHISME
ET SORCELLERIE

Peu avant sa mort, Clément V, se souvenant de sa difficile élection, avait publié la constitution *Ne Romani,* afin de régler plus en détail le déroulement du conclave. Il espérait qu'ainsi l'élection pourrait se faire facilement et vite. Par une triste ironie du sort, jamais élection ne fut plus malaisée.

Suivant les dispositions prises par la constitution, le conclave devait se réunir dans les limites du diocèse où avait eu lieu le décès du pape. Carpentras, capitale du comtat ou siégeait la curie, fut donc choisie pour l'enterrement et pour la réunion du conclave. C'est vers le 1er mai 1314 que, selon les règles, les cardinaux s'assemblèrent dans le palais épiscopal de la ville. Hélas ! il ne fallut pas longtemps pour se rendre compte que l'entente ne régnait pas dans le Sacré Collège. Les Gascons qui étaient plus nombreux, ils étaient dix sur les vingt-quatre cardinaux présents, ayant formé un clan, espéraient bien donner la tiare à l'un des leurs. En face d'eux, contre eux pourrait-on dire, se dressaient sept cardinaux italiens menés par le vieux Napoléon Orsini. Entre eux se trouvait une troisième force composée de six Français, dont quatre Méridionaux. Comme aucun de ces partis, n'ayant la majorité absolue, ne pouvait imposer son candidat, il fallut songer à des alliances. Les Italiens et les Français étaient d'accord pour ne point désigner un de ces Gascons dont la suffisance les exaspérait. Ils se concertèrent donc et choisirent un Languedocien, Guillaume de Mandagout. Malheureusement, ce choix ne put l'emporter à cause de la défection, par dépit, de deux des leurs, les Béranger Fredol, oncle et neveux. Curieuse famille du reste que ces Fredol qui trustaient évêchés, abbayes et bénéfices divers de la région de Béziers. Par leur faute donc et celle des Gascons que menait le neveu de Clément V, Arnaud de Pellegrue, l'élection de Guillaume de Mandagout échoua.

A ce moment, dans la ville, des événements semblables à ceux de Lyon et de Valence allaient se renouveler. La mésentente du conclave se retrouvait chez les serviteurs. Des rixes éclataient entre Gascons et Italiens, il y eut encore des morts. Mais le climat allait s'alourdir davantage avec l'entrée des deux neveux du pape défunt, le vicomte de Lomagne, Bertrand de Got, et Raymond Guilhem de Budos. Sous prétexte de venir chercher la dépouille de leur oncle, ils pénétrèrent en armes dans la ville et, le 24 juillet, voulant forcer la main aux Italiens, se livrèrent aux pires excès. Ils mirent le feu à une partie de la cité massacrèrent des Italiens, pillèrent des maisons, celles des bourgeois, comme celles des banquiers et des curiaux, ramassant partout un butin considérable. Après cela ils vinrent mettre le siège devant le palais épiscopal et des cris de mort jaillirent : « Mort aux cardinaux italiens ! Nous voulons un pape ! Nous voulons un pape ! »

Sans se laisser impressionner par ces violentes injonctions, les cardinaux italiens, refusant toujours d'élire un pape gascon, trouvèrent que l'air de Carpentras était devenu malsain. Pendant qu'il en était temps, ils préférèrent s'échapper discrètement du conclave. S'étant ouvert un étroit passage dans un mur, situé derrière le palais, ils se sauvèrent « comme une volée de perdreaux », selon la jolie expression du continuateur de Guillaume de Nangis.

Le but recherché par les neveux de Clément V était manqué. En compensation, ils repartirent avec des malles pleines pour ramener le cercueil de leur oncle à Uzeste.

Après cette journée d'émeute, les Italiens partis, le reste du conclave se dispersa. Les uns allèrent à Orange, d'autres à Valence ou à Sorgues. Quant aux Gascons, formant une phalange unie, ils se retirèrent en Avignon bien décidés à ne pas en rester là, prêts à désigner, coûte que coûte, l'un des leurs, sans s'attarder aux conséquences d'un schisme. Les Italiens prévenus s'empressèrent de faire savoir qu'ils ne reconnaîtraient jamais un tel pape et qu'au besoin ils en nommeraient un autre.

Inquiets devant la tournure des événements, les princes intervinrent pour calmer les esprits. Alors le temps passa, sans que rien ne se produisît, en dehors d'échanges de vues stériles qui se butaient toujours au mur des prétentions gasconnes.

L'heureuse ingérence du second fils de Philippe le Bel, Philippe, comte de Poitiers, permettra le dénouement de la crise. Deux ans après le conclave de Carpentras, en mars 1316, il obtint contre le serment « que nulle violence ne serait exercée contre eux et qu'ils ne seraient pas contraints d'entrer en clôture pour procéder à une élection », que les cardinaux veuillent bien se réunir à Lyon dans le couvent des dominicains. Pendant deux mois ils discoururent en vain. Puis un événement imprévu survint, la mort de Louis X le Hutin, laissant la régence au comte de Poitiers. Celui-ci étant à Lyon se trouva fort embarrassé. Il désirait gagner Paris, mais n'osait s'éloigner avant l'élection d'un pape. Changeant alors d'attitude, il décréta que le serment prêté aux cardinaux était nul en raison des circonstances et fit cerner, le 28 juin, le couvent des frères prêcheurs par les troupes du comte de Forez, avertissant les cardinaux qu'ils ne recouvreraient la liberté qu'après avoir désigné un pape.

Arnaud Nouvel, cistercien, ancien abbé de Fontfroide, fut proposé à juste titre par le parti gascon. Cette fois ce fut la cour de France qui s'opposa fermement à ce choix. Arnaud Nouvel, après avoir été l'ami de Philippe le Bel, faisait partie des trois cardinaux chargés de juger les dignitaires du Temple. Il avait alors vigoureusement protesté contre la décision du Conseil royal prise sans les consulter.

Parmi les autres candidats malheureux, il faut citer de nouveau Guillaume de Mandagout, Arnaud de Pellegrue, Béranger Fredol, l'ancien.

Avec tous ces votes nuls, on était arrivé à la fin de juillet. C'est à ce moment que l'étonnant Napoléon Orsini mit en œuvre tout son talent de diplomate pour en finir. Son candidat fut Jacques Duèse, ancien évêque d'Avignon et cardinal de Porto, favori du comte de Poitiers et du roi Robert de Naples. Le vote fut enfin acquis le 7 août 1316, par abandon des Gascons. Jacques Duèse ne devait sa nomination qu'à la lassitude générale. Comme il était âgé, il avait soixante-douze ans, ses opposants gardaient le déplaisant espoir de recommencer dans peu de temps cette élection.

Jacques Duèse était un vrai Cahorsin et avouait lui-même ne pas bien comprendre la langue d'oïl. Petit, d'apparence chétive, il avait le teint pâle, la voix grêle et un peu cassée. Ceux qui ne le connaissaient pas pouvaient croire à sa fragilité, mais sous cette apparence se cachait une extraordinaire vitalité, une étonnante énergie. L'esprit vif, il s'emportait parfois, décochant des traits acérés souvent empreints d'une certaine malice. Rigoureux, de mœurs sobres, il dominait toutes les fatigues. L'ambassadeur du roi d'Aragon écrivait le lendemain de son élection : « On croit que, pour lui et pour les autres, le nouvel élu évitera la simonie. Il sera parcimonieux dans la concession des faveurs et des grâces et rigoureusement juste. On craint même qu'il ne soit trop confiant en sa propre sagesse (1). »

Jacques Duèse appartenait à une riche famille de Cahors. Son père était l'homme le plus imposé de la ville. Son frère, Pierre, était devenu consul et ses sœurs avaient toutes fait des mariages riches et honorifiques. Son ascension au faîte de la hiérarchie religieuse n'était pourtant pas due à la complaisance. Après avoir étudié à Cahors, puis à Orléans, Paris et Montpellier, il devint archiprêtre de Cahors. Il fut ensuite chanoine à Saint-Front de Périgueux, avant de devenir archiprêtre à Sarlat. Il fit alors la connaissance de l'évêque de Toulouse, le futur saint Louis d'Anjou qu'il aida de ses conseils. Il fut ainsi remarqué par la cour de Naples, grâce à laquelle il devint évêque de Fréjus et en 1308 chancelier du royaume. Clément V eut, à son tour, l'occasion de l'apprécier et en fit en 1310 l'évêque d'Avignon, avant de l'élever au rang de cardinal de Saint-Vital et de le nommer au poste envié de cardinal de Porto.

Lorsqu'il fut obligé de quitter son poste d'Avignon, Jacques Duèse eut assez d'influence pour faire nommer à sa place son neveu Jacques de Via.

A peine désigné au trône pontifical, Jacques Duèse choisit comme résidence Avignon et demanda qu'on lui aménage non seulement le couvent des dominicains où logeait Clément V, mais le palais épiscopal de son neveu où il avait l'intention de demeurer.

Le couronnement avait été fixé à Lyon comme pour Clément V, le 5 septembre 1316. A cette occasion, il

(1) H. Finke, *Aus den Tagen Bonifaz VIII.*

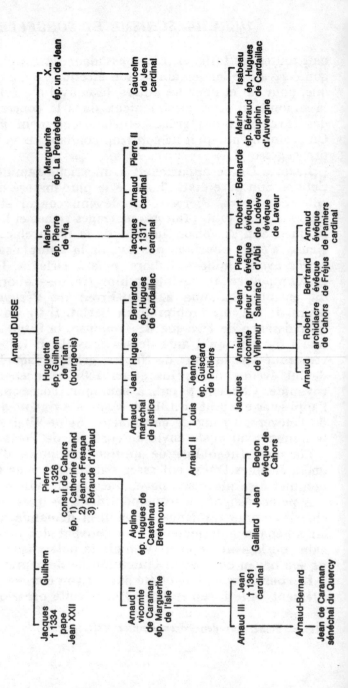

Généalogie de la famille Duèse

Arnaud DUESE

Jacques † 1334 pape Jean XXII

Guilhem

Pierre † 1326 consul de Cahors ép. 1) Catherine Grand 2) Jeanne Fresapa 3) Béraude d'Artaud

Huguette ép. Guilhem de Trian (bourgeois)

Marie ép. Pierre de Via

Marguerite ép. La Perarède

X... ép. un de Jean

Gaucelm de Jean cardinal

Arnaud II vicomte de Caraman ép. Marguerite de l'Isle

Aigline ép. Hugues de Castelnau Bretenoux

Arnaud maréchal de justice

Jean

Hugues

Bernarde ép. Hugues de Cardaillac

Jacques † 1317 cardinal

Arnaud cardinal

Pierre II

Arnaud III

Jean † 1361 cardinal

Gaillard

Jean

Begon évêque de Cahors

Jeanne ép. Guiscard de Poitiers

Louis

Arnaud II

Jacques

Arnaud vicomte de Villemur

Robert archidiacre de Cahors

Jean prieur de Samirac

Pierre évêque d'Albi

Robert évêque de Lodève évêque de Lavaur

Bernarde

Marie ép. Béraud dauphin d'Auvergne

Isabeau ép. Hugues de Cardaillac

Arnaud-Bernard

Jean de Caraman sénéchal du Quercy

Arnaud

Bertrand évêque de Fréjus

Arnaud évêque de Pamiers cardinal

avait pris le nouveau nom de Jean, devenant ainsi Jean XXII. Après avoir reçu la tiare dans Saint-Just, il fit selon la coutume une cavalcade à travers la ville, monté sur un cheval gris dont la bride était tenue par le comte de la Marche, futur Charles IV, et le comte d'Evreux. Cette fois, il n'y eut point d'incidents dramatiques à déplorer. Peu après il s'embarquait pour descendre le Rhône et le 2 octobre parvenait près du pont Saint-Bénezet, au bas du rocher des Doms. C'est à pied qu'il gravit la côte qui le conduisait à sa nouvelle demeure, le palais épiscopal. Son cher neveu, Jacques de Via, fut prié d'aller se loger ailleurs. En compensation, il le nomma cardinal.

On imagine mal qu'un nouveau pontificat puisse ne pas commencer de façon sereine et optimiste. Or, à peine établi, il semble que les puissances du mal se soient déchaînées contre Jean XXII. Le clan gascon, que l'on retrouve toujours dans de bien mauvaises entreprises, ayant mal supporté l'échec du conclave, s'était mis à ourdir un sordide complot. Ce fut le bayle de Perthuis, un homme de Bertrand de Got, qui vint le dévoiler. Les conjurés n'étaient rien moins qu'Arnaud de Pellegrue, Bernard de Garves, Guillaume Teste et Béranger Fredol, le jeune. Leur but, suivant le dénonciateur, n'était autre que d'assassiner le pape en plein consistoire et de supprimer tous les gens de Cahors venus faire une concurrence déloyale au parti gascon. On ne sut jamais l'exacte vérité sur ce complot, peut-être imaginaire, car l'enquête, volontairement ou non, n'aboutit point. Par contre, une autre machination, bien réelle celle-ci, n'allait pas tarder à éclater, déclenchant un véritable scandale.

Ceci se passait au début de mars 1317. Par hasard, la police d'Avignon arrêta un certain Perrot de Béarn, qui avec quelques camarades transportaient des sacs de pains d'apparence bien inoffensive. Or, quelle ne fut pas la stupéfaction des policiers de découvrir à la place de mie des flacons de poisons, des statuettes de cire et des voults faites pour pratiquer des envoûtements. Sur chacune d'elles il y avait écrit en latin : « Que le pape Jean, et non un autre, meure. — Que Bertrand du Pouget, et non un autre, meure. — Que Gaucelme de Jean (1), et non un autre, meure. »

Ces vœux charmants intriguèrent tout de même un peu et le nouveau maréchal de justice, Arnaud de Trian, et son cousin, Pierre de Via (2), qui furent chargés de tirer l'affaire au clair. Des soupçons se portèrent du côté de l'évêque de Cahors, Hugues Geraud, qui avait proféré des paroles menaçantes contre le pape en présence de personnes qui s'étaient empressées de le faire savoir. Une enquête était même en cours. Ces soupçons se précisèrent lorsqu'on arrêta un des complices des porteurs de « pains » que l'on avait vu entrer dans la maison d'Hugues Geraud.

Ce dernier était un brillant personnage qui s'était distingué comme conseiller du roi d'Angleterre et que Clément V avait protégé. Malheureusement, ses mœurs n'étaient pas irréprochables. Il venait justement d'être dénoncé par le clergé et les habitants de Cahors pour sa tyrannie, sa simonie et son incontinence. Des poursuites canoniques lancées contre lui venaient d'aboutir à sa déposition et à sa condamnation à l'emprisonnement à vie.

Tel aurait été le motif d'Hugues Geraud. Du moins était-ce la conclusion des différentes recherches.

L'instruction qui fut alors menée avec beaucoup, peut-être un peu trop de vigueur, dévoila cette effarante histoire.

(1) Bertrand de Pouget et Gaucelme de Jean, tous deux parents de Jean XXII, venaient d'être nommés cardinaux.
(2) Neveux l'un et l'autre de Jean XXII.

Se sentant perdu, Hugues Geraud aurait envoyé à Toulouse son trésorier, Aymeric de Belvèze, pour s'entendre avec des parents de Clément V sur la façon de se débarrasser du nouveau pape. Ils s'adressèrent alors à un apothicaire qui leur vendit de la cendre de crapaud et d'araignée et du fiel de porc pour fabriquer un poison puissant. Ils demandèrent, ensuite, au juif Bernard Jourdain de fabriquer trois statuettes de cire, destinées à l'envoûtement et dans lesquelles devait être enfermé le poison. Ces voults, selon les meilleures pratiques de magie noire, auraient été bénites et même baptisées par un certain Bernard Gasc au cours d'une ténébreuse cérémonie dans une chapelle du palais épiscopal de Toulouse, en présence de l'archevêque Gailhard de Preyssac et du vicomte de Bruniquel, les neveu et petit-neveu de Clément V. Pour assombrir un peu plus le tableau, un écuyer se serait rendu aux fourches patibulaires de la Salade pour découper un morceau de chair de la jambe d'un pendu... Les conspirateurs pensaient qu'avec tout ceci leur ennemi ne pouvait leur échapper.

Lorsqu'il apprit ces terrifiants détails, Jean XXII ne put s'empêcher de s'exclamer : « Quel siège de gouvernement sera sûr, quel chef d'Etat pourra désormais se croire à l'abri, si le pontife romain et sa cour sont en butte à des attentats pareils ! »

Il est certain que ces pratiques diabolico-païennes avaient de quoi surprendre à la cour pontificale. Tout, d'ailleurs, n'avait pas été dit. La mort brutale, le 13 juin 1317, du neveu du pape, le cardinal Jacques de Via, fit prendre soudain au sérieux ces maléfices.

Cette mort fut aussitôt imputée à Hugues Geraud et à ses complices à cause d'un procès qu'ils avaient entre eux. Selon leurs aveux, c'était de lui que, dès le mois de janvier, ils avaient voulu se défaire en premier. Le juif Bonmacip avait fourni la statuette

79

de cire et Hugues Geraud lui-même l'aurait lardée d'épingles ensorcelées, s'écriant à chaque fois : « De même que je pique cette image, de même le cardinal d'Avignon soit atteint dans son corps, jusqu'à ce qu'il nous donne la paix avec le pape, sinon qu'il meure. »

Ne voulant pas se contenter de l'enquête menée par sa police, Jean XXII désira se rendre compte par lui-même de la culpabilité d'Hugues Geraud. Il le fit donc venir au palais épiscopal. Celui-ci parut le 4 août revêtu de la simple robe des clercs qu'il portait depuis son inculpation. Le pape le pressa de dire la vérité, s'étonnant avec sa voix fluette de ce qu'il avait pu faire : « Pourquoi cette tentative, qu'est-ce qui t'a poussé à préparer ces poisons, ces images ? N'a-t-on pas toujours observé la justice à ton égard ? Dans le procès (1) qui s'est terminé par ta condamnation à la réclusion perpétuelle, tu n'as imploré ma pitié qu'une fois la sentence rendue. Si tu avais parlé plus tôt, peut-être aurais-je fait grâce ! »

Loin de se défendre, Hugues Geraud renouvela ses aveux. Pour lui, c'en était fait. Le 30 août 1317 on le fit sortir de sa prison de Noves pour le conduire sur le rocher des Doms dans le cloître du palais épiscopal qui servait de place du palais. Là on lui lut la sentence qui le condamnait à mort, non point pour avoir voulu attenter à la vie du souverain pontife, mais comme assassin de Jacques de Via. Il fut ensuite destitué et confié au bras séculier, en l'occurrence au maréchal Arnaud de Trian. Celui-ci, qui vengeait un peu son cousin, ne le ménagea pas. Il le traîna hors de la ville jusqu'aux terrains vagues qui s'étendaient le long du Rhône, près du port des Periers. Il fut alors écorché. On lui retira la peau de ses mains et de son crâne qui avait reçu l'onction sacrée, puis on le fit monter sur le bûcher. Ses cendres furent dis-

(1) Celui des habitants de Cahors.

persées dans le Rhône, mettant fin à cette étrange et inquiétante affaire.

Hugues Geraud fut-il coupable ? Il est bien difficile de l'affirmer avec certitude, car, de nombreuses années plus tard, certains de ses complices, condamnés à la prison, se rétractèrent, déclarant que leurs aveux avaient été arrachés par la torture. C'était sans doute en partie vrai, sans que pour autant ils fussent totalement innocents. Ce qui est remarquable, c'est de voir à cette époque un brusque essor de la sorcellerie avec ses envoûtements et ses messes noires.

Le cas d'Hugues Geraud n'est malheureusement pas isolé ; en 1318, il y eut un procès en magie contre l'archevêque d'Aix, Robert de Mauvoisin. Il est accusé de simonie, d'incontinence, de blasphèmes, de violences, de scandaleuses parties de chasse et de pratiques démoniaques. Le procès sera arrêté en échange de sa démission. En 1319, ce fut au tour du seigneur de Milan, Mathieu Visconti, d'être accusé d'avoir porté à un clerc une statuette d'argent marquée de signes cabalistiques avec l'inscription « Jacobus papa Johanes », pour qu'elle soit soumise à des fumigations destinées à causer la mort du pape. Son fils Galeas aurait renouvelé la chose l'année suivante et aurait fait brûler des statuettes représentant Jean XXII, Bertrand de Pouget et l'évêque de Verteil. Le propre neveu du pape, Pierre de Via, devait être accusé à son tour de sorcellerie par les habitants de Toulouse. Devant ce brusque déferlement de maléfices, on peut se demander si dans tout cela il n'y a pas un procédé semblable à celui de Philippe le Bel, où tous les accusés étaient simoniaques, hérétiques et de mauvaises mœurs. La magie était devenue un nouveau chef d'accusation pratique. Ce fut sans doute le cas pour les Visconti et Robert de Mauvoisin.

On a prétendu que Jean XXII lui-même était superstitieux sous prétexte qu'il possédait des cornes et des langues de serpents. La langue de serpent était une pierre de différentes couleurs qui servait, croyait-on, à détecter le poison. Elle transpirait et changeait de couleur à son contact. Cet objet était considéré à l'époque comme d'un usage courant. En effet, on attribuait généralement au poison les morts causées par la maladie, provoquée souvent par l'absorption d'eau polluée ou d'aliments avariés. Contre ces poisons, un peu imaginaires, tout seigneur avait son languier et il en était de fort beaux. Jean XXII reçut ainsi, en cadeau d'anniversaire, un ravissant languier du roi Philippe V et la comtesse de Foix lui offrit une corne de serpent en forme de manche de couteau.

Dans sa résidence d'Avignon, Jean XXII n'avait pas seulement à se prémunir des sorciers et des conspirateurs, il avait en même temps à lutter contre de grands événements qui secouaient l'Eglise.

L'ordre des franciscains, celui de l'Hôpital et celui de Grandmont se trouvaient presque simultanément plongés dans la plus grande confusion. Contrairement à Clément V, l'énergique petit Cahorsin sut faire front avec lucidité et fermeté.

Un premier sujet d'inquiétude était apparu, touchant l'ordre de l'Hôpital. La disparition du Temple était encore trop récente pour ne pas inciter le souverain pontife à la prudence. Ce n'était pour l'instant qu'une question d'ordre intérieur ; le grand maître Foulques de Villaret faisait parler de lui. Certes, il avait été un homme de guerre remarquable et avait permis à son ordre d'occuper l'île de Rhodes, base possible pour une reconquête future de la Terre sainte. Ses succès militaires avaient malheureusement flatté son orgueil, le rendant odieux. Menant une vie de luxe et de plaisir, il n'exerçait plus guère son commandement que pour faire preuve de tyrannie et d'incompétence. L'ordre criblé de dettes était au bord de la ruine.

Des frères hospitaliers mécontents s'étaient soulevés et l'avaient bloqué dans son superbe château de Lindos. A la suite de ce siège, il avait été déposé et les frères chevaliers avaient désigné à sa place Maurice de Plagnac. Cette petite révolution de palais aurait pu ne pas porter à conséquence si la renommée de Foulques de Villaret n'avait pas été si grande.

Jean XXII, résolu à rétablir la paix, fit venir en Avignon Maurice de Plagnac et Foulques de Villaret, nommant en intérim le vicaire général, Gérard de Pins. Avant de rien décider, il prit des mesures d'urgence pour sauver l'ordre. Une sérieuse mise au point s'imposait. Il rappela les chevaliers à l'obéissance, les incita à se montrer moins luxueux dans leurs vêtements, plus austères dans leurs mœurs. Il signifia aux chapitres prieuraux qu'ils devaient se tenir annuellement. Il interdit l'aliénation des biens de l'Hôpital, même pour éteindre une dette et essaya de recouvrer ceux qui avaient été aliénés. Enfin, pour retrouver un peu d'argent, il établit une taxe spéciale et proportionnelle que devait acquitter chaque prieur.

Ayant ramené un peu de discipline, il procéda à la nomination de nouveaux prieurs capables d'être de bons administrateurs. Puis il s'occupa des grands maîtres. Pour ne pas avoir l'air de céder à une révolte, il cassa l'élection de Maurice de Plagnac. Foulques de Villaret fut remis en place. Pas pour longtemps, car il lui demandera de donner sa démission, pour permettre une nouvelle élection selon la règle.

Il faut admirer l'esprit lucide de ce vieillard de soixante-douze ans qui, au milieu de conspirations diaboliques, sut redresser l'ordre de l'Hôpital, sans négliger pour autant celui de Grandmont. Là encore, c'était le chef d'ordre, le prieur Jourdan de Rapistan qui, par ses dilapidations et sa vie scandaleuse, menait la communauté à sa perte. Il fut, lui aussi, déposé par sept définiteurs qui élirent, en 1316, Hélie Ademar, correcteur de Longe. Ce fut la source d'un scandale encore plus grand, car l'ordre fut divisé en deux parties rivales qui en vinrent à se battre. Une nouvelle fois, Jean XXII intervint pour rénover, imposant l'obéissance à tous par son autorité. Les cent cinquante correctories furent transformées en trente-neuf prieurés, dont il nomma lui-même les prieurs.

Il n'est pas jusqu'au théologien parisien Jean de Pouilly qui ne lui créa quelques difficultés en voulant que seuls les curés de paroisse aient le droit d'absoudre un pénitent. Convoqué en Avignon, il reconnut ses erreurs qui furent condamnées le 24 juillet 1323.

L'affaire la plus grave concerna les franciscains. Depuis quelque temps, l'ordre était divisé en deux tendances opposées. La tendance dite des conventuels groupait ceux qu'on appellerait aujourd'hui les traditionalistes, celle des spirituels (1) pouvait au contraire s'assimiler aux progressistes. Ceux-ci prêchaient la pauvreté, le dénuement total, refusaient la propriété d'aucun bien. En apparence, c'était fort bien et relevait d'un esprit évangélique, quoiqu'ils aient manifesté parfois une certaine hypocrisie. En outre, de nombreux excès vinrent gâcher cette bonne volonté.

Les spirituels en étaient arrivés à refuser de faire la moindre provision, à s'habiller avec des accoutrements bizarres, portant des frocs étroits, trop

_____
(1) On les appela aussi les fraticelles. Pour simplifier nous ne les appellerons que les spirituels.

courts et rapiécés, pratiquant une pauvreté quelque peu ostentatoire. Plus grave, comme tous les révolutionnaires, ils se montraient intolérants et chassaient les conventuels qui refusaient de suivre leurs fantaisies. Ils affichaient également une liberté d'esprit et une indépendance totale vis-à-vis de leurs supérieurs. Enfin, ils s'inspiraient des visions apocalyptiques et divaguantes décrites par le moine calabrais Joachim de Flore, qui voyait déjà dans le règne de Constantin la fin de l'Eglise. Cette théorie venait d'être reprise et complétée par deux esprits mieux organisés, Pierre-Jean Olieu et Ubertino da Casale. Pour eux l'Eglise était perdue par le vice et l'argent. « C'est la Babylone, la grande prostituée, disaient-ils, qui perd l'humanité et l'empoisonne. Heureusement, l'ère du monachisme arrive pour régénérer la pratique et les vertus chrétiennes. »

Le monachisme, évidemment, c'était le leur.

Ce genre de discours n'est pas fait aujourd'hui pour nous surprendre, à l'époque on essaya de remettre de l'ordre.

Ainsi, à la demande du ministre général des franciscains, Michel de Césène, Jean XXII décida de mettre un terme à tous ces errements qui étaient la porte ouverte à l'anarchie, voire à l'hérésie. Il publia donc le 7 octobre 1317 la bulle *Quorumdam* qui autorisait les franciscains à faire des réserves de blé et de vin, d'avoir des greniers et des chais. Elle réglementait aussi l'habit religieux, rendant obligatoire le costume adopté par le ministre général et par le parti conventuel. Elle réclamait enfin l'obéissance sous peine d'excommunication.

Ce fut un beau tollé chez les spirituels et parmi un certain tiers ordre qui les entourait, formant la secte des béguins. Ils refusèrent tout bonnement d'obéir.

Faisant face aux contestataires qui, encore une

fois, se trouvaient soit en Italie, soit dans le midi de la France, dans l'ancien pays cathare, Jean XXII se décida à sévir. Il confia, d'une part, à l'inquisiteur franciscain Michel Lemoine l'instruction de l'affaire et, d'autre part, publia en décembre 1317 une nouvelle bulle qui excommuniait tous ceux qui ne se soumettraient pas et ordonnait de dissoudre toutes les associations indépendantes.

Ce fut la région de Narbonne-Lodève qui fut la plus touchée par les foudres de l'Inquisition.

Bientôt, s'ouvrit à Marseille le procès de quatre franciscains rebelles accusés d'hérésie. Ils s'appelaient Jean Barrau, Déodat Michel, Guilhem Sancton et Pons Roche. Tous quatre furent condamnés à être brûlés. Cet excès de rigueur n'alla pas plus loin, mais provoqua la colère des béguins qui honorèrent les quatre victimes comme des martyrs et traitèrent Jean XXII d'antéchrist. Pour eux, les vaticinations de Joachim de Flore se réalisaient, l'Apocalypse était commencée. Les révoltés n'avaient d'ailleurs pas peur de proclamer : « Ce que nous quittons ce n'est pas un ordre, ce sont des murs (1), ce n'est pas un habit, c'est un haillon, ce n'est pas une foi, c'est une écorce, ce n'est pas une église, c'est la synagogue, ce n'est pas un pasteur, c'est un monstre dévorant !... Après la mort de Jean XXII, nous et nos compagnons, les persécutés d'aujourd'hui, nous reparaîtrons et nous remporterons la victoire sur tous nos adversaires. »

A cette époque, allait resurgir un personnage qu'on avait un peu oublié, Bernard Délicieux, ce moine franciscain qui avait soulevé une partie du Languedoc contre l'Inquisition. Après être demeuré longtemps en liberté surveillée auprès de Clément V, il avait pu rejoindre un couvent de Béziers. L'affaire des spirituels ayant ravivé l'Inquisition, Bernard Déli-

(1) Le mur, à l'époque, c'était la prison.

cieux revint prêt à la lutte. A la tête d'une délégation il se rendit en mai 1318 en Avignon pour protester. Malheureusement, cette manifestation de solidarité rappela l'attention sur lui. Bientôt, il fut arrêté et, cette fois, on fera son procès. Il sera accusé d'avoir comploté contre le roi avec Fernand d'Aragon et, pour faire bon poids, d'avoir empoisonné Benoît XI (1) à l'aide de potions magiques (encore !) contenues dans un petit coffret envoyé par lui au médecin pontifical, Arnaud de Villeneuve. Une longue instruction commença, suivie d'un procès à Carcassonne en présence des évêques de la région, dont celui de Pamiers, Jacques Fournier, le futur Benoît XII. Finalement, on ne retiendra contre Bernard que les deux premières accusations. On écarta l'assassinat de Benoît XI faute de preuves. On put tout juste lui reprocher de s'être réjoui publiquement le jour de sa mort.

La sentence fut rendue le 8 décembre 1319. Ennemi de l'Inquisition, traître au roi, nécromancien, il fut condamné à la prison perpétuelle, dépouillé de la dignité sacerdotale. Sa destitution eut lieu le jour même sur la place du marché de Carcassonne. Après quoi, il fut conduit au pied de la cité, dans la prison qu'on appelait les murs. Il put cependant y garder l'habit et fut dispensé des fers et du jeûne, mais âgé, usé, il ne devait pas tarder à y mourir.

L'affaire des spirituels n'était pas close pour autant, elle allait même rebondir avec un regain de violence et ceci à propos d'un incident secondaire. En 1321, se déroulait le procès d'un béguin. L'inquisiteur dominicain, Jean de Beaune, lisait la liste des erreurs reprochées. Lorsqu'il parvint à cette affirmation : « Jésus-Christ n'a jamais rien possédé en propre ni en commun », un juge, le franciscain

---

(1) Prédécesseur de Clément V.

Béranger Talon, se leva brusquement, s'écriant : « Cette affirmation, loin de constituer une hérésie, est un dogme défini par l'Eglise dans la decrétale *Exiit qui seminal*, due à Nicolas III ! »

La controverse ayant été vive, on en appela à l'autorité suprême d'Avignon. Le pape averti, les théologiens mobilisés, Béranger Talon fut retenu prisonnier à la cour en attendant que le débat soit tranché. Les discussions furent longues car les franciscains avaient de nombreux défenseurs.

Jean XXII, pour sa part, trouvait le texte de Nicolas III sujet à interprétation et ne le considérait pas comme définitif. Ubertino da Casale, esprit d'avantgarde et fervent ami des spirituels, fut aussi consulté. Il répondit en Normand. Dans un sens les franciscains avaient raison de croire à la pauvreté absolue du Christ, dans un autre les dominicains n'avaient pas tort de la croire relative.

Jean XXII crut pouvoir adopter une position similaire remettant en question le principe de pauvreté. A peine cette bulle publiée, le 26 mars 1322, ce fut un véritable hourvari chez tous les franciscains aussi bien spirituels que conventuels qui s'unissaient contre l'ennemi commun.

Réunis en chapitre général à Pérouse, par leur supérieur Michel de Césène, ils faisaient paraître, le 4 juin 1322, une encyclique dans laquelle ils affirmaient que la proposition de foi critiquée par Jean de Beaune était réellement saine, catholique, et que Béranger Talon avait eu raison de protester.

C'était passer par-dessus le pape, juger avant lui, puisqu'il s'était contenté de simplement remettre le principe en question. Or Jean XXII n'était pas un Clément V, il n'en avait pas les atermoiements. Sans attendre, il fit afficher, le 8 décembre 1322, sur la porte de Notre-Dame-des-Doms, la bulle *Ad conditorem canonum*, une réponse cinglante aux franciscains.

Tous les Avignonnais purent lire cette critique assez acerbe :

« Sous prétexte de pauvreté, les franciscains étaient-ils devenus meilleurs ? Non, ils s'étaient montrés âpres au gain, appliqués à défendre leurs droits en justice. Ils péchaient par orgueil en se croyant supérieurs aux autres ordres mendiants. Bien souvent, ils se payaient de mots avec leur soi-disant pauvreté et leur soi-disant principe de ne rien posséder. Evidemment, les propriétés dont ils se servaient appartenaient au Saint-Siège et c'était lui qui, à contrecœur, était obligé de faire des procès à leur place. Aussi, désormais, le Saint-Siège allait se décharger sur eux de leurs biens. A eux de prendre leurs responsabilités. »

Ce fut encore un pavé dans la mare. Jean XXII accepta pourtant d'entendre la réponse des franciscains. Ils furent invités à venir en Avignon s'expliquer dans un consistoire qui eut lieu le 14 janvier 1323.

Le frère Bonagratia de Bergame fut chargé de prendre la parole en leur nom. A son tour, il ne mâcha pas ses mots. Non content d'attaquer les autres ordres mendiants, il dénia tout net, au pape, le droit de changer la moindre chose dans la constitution de l'ordre, qui selon lui était de droit divin.

C'était plus que de l'audace, c'était un outrage que Jean XXII ne laissa pas passer, en envoyant frère Bonagratia méditer quelque temps en prison ses écarts de langage. Toutefois, il accepta de modifier la bulle en y apportant quelques adoucissements et des réserves. Les discussions entre les deux tendances n'en devaient pas moins durer encore longtemps. On rapporte qu'un jour le cardinal du Four, favorable aux franciscains, allant prendre la parole, le pape s'écria avec cette malice paysanne : « Allez, débitez maintenant vos hérésies ! »

Les dominicains remportèrent une grande victoire le 14 juillet 1323, en entendant proclamer en consistoire public la canonisation de Thomas d'Aquin. Pour Jean XXII, ce fut l'occasion de faire l'éloge de ce qu'il estimait être le juste équilibre : la pauvreté sans exagération.

Il crut néanmoins devoir encore préciser sa pensée dans une bulle qu'il fit afficher à Notre-Dame-des Doms et garder par quatre « cursores ». On y lisait que soutenir que le Christ et les Apôtres n'avaient jamais rien eu en propre était hérétique, de même que soutenir qu'ils n'avaient pas eu le droit d'user, de consommer, de donner, de vendre et d'acquérir.

Devant cette mise en demeure, la minorité contestataire apparemment s'inclina.

Les discussions commencées sur un terrain purement théologique allaient bientôt glisser sur la scène de la politique.

Si les rapports de Jean XXII avec la France étaient excellents, une profonde et sincère amitié l'unissant à Philippe V qui avait contribué à son élection.

En revanche, les relations étaient parfois plus difficiles avec d'autres souverains. Ainsi avec le roi Robert de Naples, pourtant vassal et allié naturel des Etats de l'Eglise, chef du parti guelfe, il eut quelques frictions à propos des spirituels que le roi admirait et protégeait. Mais ce fut avec l'empire que les événements allaient devenir dramatiques.

Il faut dire que la situation y était pour le moins confuse.

Après la mort d'Henri VII de Luxembourg, survenue sous Clément V, les grands électeurs s'étaient trouvés divisés sur le choix des postulants. La candidature de Philippe V, alors comte de Poitiers, n'avait guère été retenue et la lutte s'était engagée entre la Maison de Bavière et celle de Habsbourg.

L'aboutissement fut, les 19 et 20 octobre 1314, une double élection, suivie, le 25 novembre, d'un double couronnement. Ainsi, il y eut, d'une part, Louis V de Bavière, soutenu par la majorité des électeurs et, de l'autre, Frédéric de Habsbourg, candidat de l'archevêque de Cologne et du comte palatin du Rhin.

Élu peu après, Jean XXII n'osa prendre parti et se contenta de proclamer pour l'Italie la vacance de l'empire. Malgré le sort des armes qui décida de la victoire de Louis de Bavière, le 28 septembre 1322 à Muhldorf, il ne voulut point reconnaître le fait accompli. Il était inquiet de l'attitude de l'empereur vis-à-vis de l'Italie et surtout des Visconti, ces seigneurs de Milan toujours en lutte contre le Saint-Siège. Il n'eut pas à attendre longtemps. En avril 1323, le vicaire général de Louis de Bavière en Italie, Berthold von Neisen, se rendit à Plaisance auprès du légat, Bertrand du Pouget, pour lui demander de lever le blocus de Milan. Le légat protesta contre cette requête en faveur de quelqu'un condamné comme hérétique. Von Neisen n'insista pas, mais revint peu après en Italie pour réformer la ligue gibeline et libérer Milan, réduisant à rien les efforts du légat et de la cour d'Avignon.

Outré, Jean XXII expédia un monitoire à Louis de Bavière, lui intimant d'avoir à comparaître dans les trois mois en Avignon et de se désister de la souveraineté impériale. Un ambassadeur vint à sa place solliciter un délai. Le pape lui accorda deux mois. Le délai ayant expiré sans que Louis de Bavière se manifestât, il fut excommunié solennellement le 23 mars 1324.

C'est à partir de ce moment que les querelles politiques et religieuses allaient se rejoindre. Jusqu'alors Louis de Bavière avait reproché à Jean XXII son indulgence à l'égard des spirituels. De ce jour, il va, politique aidant, prôner l'inverse. Tous ces franciscains mécontents pouvaient devenir des auxiliaires de choix. Sans vergogne pour ses opinions passées, il prit donc contact avec eux et les attira à sa cour. On vit de cette façon Ubertino da Casale quitter brusquement Avignon pour venir le rejoindre. Grâce à eux et à leur dialectique, il put riposter à son excommunication, en rédigeant cet appel *Sachsenhausen* qui éclatera comme une bombe le 22 mai 1324.

Louis s'y érigeait en défenseur de l'Eglise, traitant le souverain pontife en infidèle, dénonçant son ambition et sa partialité, l'accusant de diviser pour régner.

« La méchanceté du pape, y lisait-on, s'attache jusqu'au Christ, jusqu'à la Très Sainte Vierge, jusqu'aux apôtres et à tous ceux dont la vie a reflété la doctrine évangélique de la parfaite pauvreté... Cet oppresseur des pauvres, cet ennemi du Christ et des Apôtres cherche par la ruse et le mensonge à anéantir la parfaite pauvreté. »

Enfin, lui refusant le moindre droit de regard sur l'élection impériale, il en appelait au concile général pour désigner un nouveau pape.

Un autre élément allait parachever l'attaque en règle menée contre Jean XXII et la papauté. Deux savants connus, Jean de Jandun et Marsile de Padoue, publiaient, le 24 juin 1324, un traité, le *Defensor pacis,* établissant la suprématie totale de l'empire sur le Saint-Siège et dénonçant l'inanité des prérogatives usurpées par les souverains pontifes. Selon eux, seuls l'empereur et le peuple pouvaient concourir à l'élection pontificale, à l'exclusion des cardinaux. Le pape détenait son pouvoir du concile et de l'empereur et pouvait être par eux seuls suspendu ou déposé. En un mot, toute la hiérarchie ecclésiastique était jetée à bas et le pape se voyait relégué au rôle de délégué ou de préposé. On le voit, les prémices de la Réforme et du protestantisme s'y faisaient jour.

Pour Jean XXII cela faisait beaucoup de vipères,

mais il en fallait davantage pour l'abattre. Malgré son grand âge, solide comme un chêne du Quercy, il fit front avec cette ténacité têtue des gens de la campagne. Sans attendre, il attaqua à son tour. Le 11 juillet 1324, Louis de Bavière était proclamé contumace, déchu de tous ses droits impériaux. S'il refusait de s'en dessaisir, il serait privé de son duché, de toutes les terres qu'il tenait de l'Eglise et de l'empire. Une dernière fois, il était cité à comparaître dans les douze semaines à venir. Pour compléter son action, Jean XXII prit contact avec Charles IV le Bel, lui proposant la couronne impériale.

Malheureusement, l'extrême confusion qui régnait en Allemagne permit à Louis de Bavière de manœuvrer habilement. Il parvint à conclure un accord avec son rival Frédéric de Habsbourg. Renonçant à l'empire en faveur de Frédéric, il se réservait l'Italie avec le titre de roi des Romains. Il pensait avoir ainsi désarmé le pape.

Celui-ci n'en tardait pas moins à donner son acquiescement, lorsque le plus ferme soutien de Frédéric, Léopold d'Autriche, mourut. Louis de Bavière se sentant libre voulut en terminer par la force en entreprenant sa marche sur Rome. A Trente, au printemps 1327, Louis ouvrit les hostilités. Il y déclara Jean XXII hérétique et indigne. Désormais, on ne devait plus l'appeler que Jacques de Cahors ou le prêtre Jean. Le 31 mai, il fit son entrée dans Milan pour y recevoir la couronne de fer des rois Lombards. La route de Rome était ouverte.

Sans tenir compte d'une bulle qui le privait de ses terres, ni d'une seconde qui le déclarait hérétique, il fonça vers son but. Après avoir évité les troupes du légat Bertrand du Pouget, il traversa la Lombardie, s'empara de Pise et pénétra le 7 janvier 1328 dans Rome dont les habitants avaient chassé les partisans guelfes de Robert d'Anjou. Le *Te Deum*,

Comtat Venaissin

chanté dans la basilique Saint-Pierre, célébra le triomphe de Louis de Bavière et de ses encombrants amis les auteurs du très progressiste *Defensor pacis*. Au fond de lui-même l'empereur ne partageait pas leurs théories, seule leur inimitié contre Jean XXII les unissait. Cependant, pour leur complaire et parce que cela ne le dérangeait pas trop, il appliqua leurs principes, régissant les nouveaux rapports de l'empire et de la papauté. Pour commencer, il dut solliciter l'aval populaire.

Le 11 janvier, l'évêque corse d'Aléria demanda à tout le peuple réuni sur le Capitole s'il voulait bien octroyer la couronne impériale à Louis. Les acclamations qui retentirent apportèrent l'assentiment des Romains. Après cet assez humiliant plébiscite, l'empereur nomma des syndics pour procéder à son couronnement. Celui-ci eut lieu le 17 janvier. Un cortège le mena, vêtu de blanc, sur un blanc palefroi, jusqu'à Sainte-Marie-Majeur où le service fut célébré par l'évêque d'Aléria. Sciarra Colonna, le complice de Nogaret à Anagni, lui posa la couronne sur le front.

Ayant réalisé la première partie du programme de Jean de Jandun et Marsile de Padoue, il s'agissait de faire aboutir l'autre, l'élection d'un pape conforme à leurs idées. On commença par réunir dans l'atrium de Saint-Pierre le Parlement qui, dûment chapitré par Ubertino da Casale et Jean de Jandun, condamna l'orthodoxie de Jean XXII et pria l'empereur d'instruire le procès de ce pape jugé indigne.

Quatre jours plus tard, nouvelle convocation du Parlement pour la déposition solennelle. Louis de Bavière, ceint de la couronne, le sceptre à la main, présidait cette étonnante cérémonie. Par trois fois, brisant le silence de l'assemblée, une voix cria : « Y a-t-il quelqu'un voulant défendre le prêtre Jacques de Cahors qui se fait appeler Jean XXII ? » Comme il fallait un peu s'y attendre, personne ne se présenta.

Alors un moine lut la sentence impériale déposant Jacques de Cahors, coupable d'hérésie et de crime de lèse-majesté.

Mais pour que tout fût achevé, il fallait un pape, il fallait un volontaire. On trouva un pauvre moine franciscain dévoué à son ordre, Pietro Rainallucci, originaire de Corvara. Le jour de l'Ascension, le 12 mai 1328, une assemblée du peuple fut encore réunie et c'est dans une atmosphère dont nous devinons l'aspect passionné que l'évêque de Castello s'écria : « Voulez-vous de frère Pietro Rainallucci de Corvara pour pape ? » En réponse, trois grands cris retentirent : « Nous le voulons ! Nous le voulons ! »

L'empereur ratifia ensuite ce prétendu choix populaire, puis après avoir imposé à l'élu le nom de Nicolas V, lui passa l'anneau du pêcheur et le conduisit à l'intérieur de Saint-Pierre pour l'intronisation. Dix jours plus tard, Nicolas V recevait la tiare.

Pour fêter cet événement, il y eut à Rome et à Pise des manifestations insensées. On vociférait par les rues : « Mort à l'Eglise romaine ! Mort à Jacques de Cahors, l'hérétique, le patarin, le chien ! » On brûla des effigies en paille. A Pise, en présence de l'empereur et de Nicolas V, un mannequin de bois et de paille représentant Jean XXII fut hissé sur le dôme. Après quoi, en parodie, on condamna le pantin, on le dégrada avant de le livrer au bras séculier pour être brûlé.

Parmi les fervents soutiens du nouveau pape en Italie, nous voyons apparaître le ministre général des franciscains, Michel de Césène. Lui aussi était entré en conflit avec Jean XXII. Cela s'était passé un peu auparavant. Le pape, ayant appris qu'il était en rapport avec Louis de Bavière et avait des prétentions à la tiare, lui demanda de venir s'expliquer. Prenant prétexte de sa santé, Césène repoussa la rencontre pendant six mois, puis finalement vint en Avignon.

Jean XXII l'écouta longuement et avec bonne volonté. Un jour pourtant, le 9 avril 1328, on ne sait au juste pour quelle raison, une réponse impertinente, une preuve de sa complicité avec les événements d'Italie, le pape fut pris d'un terrible accès de colère contre Michel de Césène. Il le traita de tous les noms, de « tyran, fauteur d'hérésie, serpent réchauffé dans le sein de l'Eglise ! », lui intimant, sous menace des peines les plus graves, de ne pas quitter le palais d'Avignon sans sa permission. Il pensait en avoir terminé, lorsque le 27 mai 1328 au matin, soit quelque temps après la nomination de Nicolas V, il apprit que Michel de Césène s'était enfui avec les deux frères mineurs, Bonagratia et Guillaume Occam. En vain, Jean XXII s'efforça de le faire revenir. Comme le temps n'était plus aux demi-mesures, mais à la guerre ouverte, il envoya l'ordre de l'arrêter avec ses complices et de saisir ses biens. De plus, il le déposa et nomma provisoirement à sa place le cardinal de la Tour. Il fallut attendre un an pour voir porter à la tête de l'ordre un certain Gérard Odon de Camboulit.

En Italie, où il s'était réfugié auprès de l'empereur, Michel de Césène ne craignait pas de braver Jean XXII. Ayant épousé complètement la cause de Nicolas V, il expédiait dans toutes les directions des manifestes en sa faveur. Un matin, Paris sera tout étonné de découvrir placardé sur les portes de Notre-Dame, celles des franciscains et des dominicains, une déclaration signée de l'empereur, Nicolas V et Michel de Césène, déclarant Jean de Cahors (et non Jacques, ce qui était une nuance) définitivement retranché du corps de l'Eglise.

L'antipape Nicolas avait bien besoin de tous les efforts de Michel de Césène en sa faveur. Sa zone d'influence réelle ne dépassait pas quelques villes d'Italie. Bien qu'il ait nommé dix-huit évêques, quatre seulement prirent possession de leur titre. Quant aux cardinaux désignés par lui, tous étaient en rupture avec l'Eglise officielle. Même chose chez les ordres monastiques où il ne trouva d'appui que chez les franciscains et les augustins.

A Rome, l'enthousiasme des premiers jours était aussi tombé et, le 4 août 1328, Nicolas sortait de la ville sous les huées. Dès lors, il allait errer à la suite de son seul soutien, l'empereur, allant de déception en déception. Le 4 mars 1329, il écrivit sa dernière bulle. Le 11 avril, voyant que tout était perdu, il quittait l'empereur pour se réfugier au château de Burgaro. Pendant un an, l'infortuné Nicolas V sera introuvable malgré les ordres de recherche envoyés contre lui. Lorsqu'il sera découvert, le comte de Donoratico qui le cachait refusera de le livrer sans conditions. Un accord lui promettra la vie sauve. Le 25 juillet 1330 à Pise, où naguère il triomphait, il abjura solennellement en présence de l'archevêque. Puis il partit définitivement d'Italie pour Nice et Avignon. Le lendemain de son arrivée, le 25 août, en habit de franciscain, mais la corde au cou, il se présenta au palais devant Jean XXII. Après qu'il eut manifesté son repentir, le Saint-Père lui fit un long discours, plein d'indulgence, dans lequel il disait notamment : « La brebis égarée ne doit pas être abandonnée à la morsure du loup. Il faut au contraire aller à sa recherche, la rapporter sur nos épaules et la ramener au bercail. » Pietro de Corvara, ex-Nicolas V, alors se prosterna. Le pape lui retira la corde de pénitent, puis l'admit, comme s'il était un prince de l'Eglise, à lui baiser le pied, la main et le visage. Ayant reçu de la sorte son pardon il fut conduit dans une cellule du palais où il mena jusqu'à la fin de ses jours une vie de douce réclusion. Selon une expression de l'époque, il fut traité en ami, gardé en ennemi. A sa mort, il sera enterré au couvent des cordeliers.

Jean XXII, contrairement à son prédécesseur, ne quitta point Avignon. Il s'était installé dans l'ancien palais épiscopal auquel il avait fallu apporter quelques aménagements. Ainsi avait-il acheté quelques terrains avoisinants où il fit construire une grande salle d'audience (1). Il engloba également l'ancienne église Saint-Etienne qui devint la chapelle du palais. Le centre en était le cloître épiscopal qui servit de place du palais. C'était là que Jean XXII s'adressait à la foule. Les événements survenus à Rome avec Louis de Bavière l'ayant contraint à rester en Avignon, il fit aménager l'intérieur de sa résidence pour la rendre moins sévère. Des artistes languedociens vinrent l'orner de peintures. Quand aux jardins, il les anima avec des cerfs, des biches et autres bêtes qu'il aimait à voir gambader. C'était une de ses rares distractions, car Jean XXII était un sédentaire. Sa seule promenade était de monter à pied jusqu'à Notre-Dame-des-Doms. Ceci ne l'empêcha pas d'être un grand bâtisseur. Tout autour dans la campagne venaissine, il fera élever des palais, des forteresses : Noves, le beau château de Sorgues au bord de la rivière, celui de Bedarrides, de Barbentane, de Saint-Laurent-des-Arbres, de Châteauneuf-de-Gadagne et surtout Châteauneuf-Calsernier, plus connu sous le nom de Châteauneuf-du-Pape. On lui doit aussi la Chartreuse de Bonpas et Notre-Dame-des-Miracles ainsi que la restauration de nombreuses églises.

Dans la ville, les cardinaux s'étaient tous installés dans des livrées (2), presque toujours fortifiées et dominées par une grosse tour, faisant ressembler Avi-

---

(1) Il en reste quelques soubassements dans la cour du palais des papes.

(2) Habitations des cardinaux appelées ainsi parce qu'au début elles leur étaient livrées pour permettre de les loger.

gnon à Sienne ou San Geminiano. La plus importante était peut-être la livrée d'Albano (1), alors habitée par le cardinal Pierre Colonna. Les livrées les plus recherchées étaient celles qui étaient proches du palais. Les parents et les amis du pape se les disputaient. Arnaud de Via, frère du cardinal Jacques de Via, présumé assassiné par Hugues Geraud, fut un des plus avantagés. Ce fut contre le rocher des Doms, au pied de l'ancien château comtal, qu'il put élever sa livrée. Elle devint l'une des plus fastueuses et des mieux situées, avec sa vue sur le Rhône et la campagne de Villeneuve (2).

Un des rares reproches que l'on peut adresser à Jean XXII fut d'avoir eu des faiblesses pour sa famille. On peut s'étonner que dans une promotion de huit cardinaux, la moitié soit composée de parents et d'amis. Ses neveux furent tous bien pourvus en places et honneurs. Certes, une affaire comme celle d'Hugues Geraud prouva qu'il avait besoin de gens dévoués autour de lui. Il n'en demeure pas moins regrettable qu'il se soit laissé entraîner dans des dépenses exagérées envers eux.

Ainsi les alliances souvent illustres de ses parents furent-elles l'occasion de fêtes somptueuses. On sait que pour son frère, Pierre Duèse, devenu vicomte de Caraman, il ne fallut pas moins de 8 bœufs et 64 moutons lorsqu'il épousa Béraude d'Artaud, le 22 décembre 1322 au château de Bedarrides. Comme on était au temps de l'Avent, le pape fut obligé d'accorder une dispense spéciale pour permettre à la noce d'ingurgiter toutes ces victuailles.

Pour le mariage de sa petite-nièce Jeanne, fille du maréchal de justice Arnaud de Trian, avec Guichard de Poitiers, le banquet fut plus imposant encore.

(1) Sa haute tour sert de beffroi à l'hôtel de ville.
(2) Par la suite elle sera la résidence de l'évêque d'Avignon.

Qu'on en juge par cette liste qui semble destinée à un millier de convives : 4 012 pains, 11 charges de vin, 8 bœufs et trois quartiers, 55 moutons et un quartier, 8 porcs, 4 sangliers, de nombreux poissons et surtout de la baleine, 200 chapons, 690 poules, 580 perdrix, 270 lapins, 40 pluviers, 37 canards, 50 colombes, 4 grues, 2 faisans, 2 paons, 292 petits oiseaux, 3 quintaux 2 livres de fromage, 3 000 œufs et 2 000 pommes et fruits divers.

Pour les noces de ses petits-neveux et nièces de Via, Marie qui épousait le dauphin d'Auvergne, et Jacques qui s'alliait à Aremburge de Périgord, Jean XXII fut moins sompteux et se contenta d'offrir manteaux, robes et de nombreuses fourrures.

Les annales mondaines rapportèrent aussi les fastueuses réceptions données par Arnaud de Via au château de Sorgues, premier pas vers ces fêtes extraordinaires qui firent la réputation d'Avignon.

Jean XXII ne parvint pas davantage à empêcher le déferlement sur Avignon des gens de son pays. La vague des Gascons fut remplacée par celle des Quercinois, ce qui permit à Dante d'écrire : « D'avides loups sous l'habit de pasteurs se voient d'ici par tous les pâturages. Pourquoi dors-tu, Providence de Dieu ? De notre sang, Cahorsins et Gascons se promettent de boire. Principe excellent, à quelle vile fin faudra-t-il que tu tombes ! »

Evidemment, beaucoup d'Italiens commençaient à voir d'un mauvais œil cette papauté qui s'incrustait peu à peu sur le rocher des Doms. Pourtant, on accourait de tous côtés pour venir y chercher quelque travail. Beaucoup venaient de France, certes, mais aussi un grand nombre arrivaient d'Italie pour retrouver dans Avignon ce qu'ils avaient perdu là-bas. Parmi eux un enfant vint rejoindre son père, partisan guelfe proscrit de Florence. Il s'appelait Francesco Petracco et sera plus connu sous le nom de François Pétrarque.

« L'an 1304 de l'ère chrétienne, le lundi 20 juillet, au point du jour, je naquis dans l'exil à Arezzo, de parents honorables, originaires de Florence, d'où ils étaient bannis. Leur fortune était médiocre et à vrai dire voisine de la pauvreté... J'ai passé la première année de ma vie, pas entièrement à Arezzo, où la nature m'avait fait naître, et les six suivantes à Incisa, dans la maison de campagne de mon père, à quatorze milles au-dessus de Florence. Ma mère ayant été rappelée de l'exil, j'ai passé ma huitième année à Pise, ma neuvième et les suivantes dans la Gaule transalpine, sur la rive gauche du Rhône. Avignon est le nom de cette ville. J'ai passé là, sur le bord du fleuve le plus battu des vents, mon enfance sous mes parents, et ensuite toute ma jeunesse sous mes vanités, non toutefois sans de grandes absences. A cette époque je séjournai quatre ans entiers à Carpentras, petite ville voisine d'Avignon du côté du levant, et dans ces deux ville j'appris un peu de grammaire, de dialectique et de rhétorique, autant qu'on peut en apprendre à cet âge et qu'on enseigne ordinairement dans les écoles : vous comprendrez, cher lecteur, combien peu j'en appris. De là je me rendis à Montpellier, où je consacrai quatre années à l'étude des lois ; puis à Bologne, où pendant trois ans j'entendis expliquer tout le corps du droit civil... A l'âge de vingt-deux ans je revins dans ma patrie. J'appelle ma patrie cet exil d'Avignon, où j'avais été dès la fin de ma première enfance, car l'habitude devient une seconde nature. Là je commençai à être connu et mon amitié fut recherchée par de grands personnages, pourquoi, j'avoue maintenant que je l'ignore et que cela m'étonne ; il est vrai qu'alors cela ne m'étonnait pas, car selon la coutume de la jeunesse je me croyais très digne de tous les honneurs. J'ai été recherché principalement par la noble et célèbre famille des Colonna qui fréquentait alors la curie romaine ou, pour mieux dire, qui l'illustrait (1). »

Jusqu'alors ce n'était qu'un jeune homme comme les autres, plus brillant peut-être, aimant toutes les folies de la jeunesse comme il l'a si bien raconté dans une lettre à son frère.

« Te rappelles-tu, frère, quelle était jadis la vie que nous menions, et quelle douceur pénible, assaisonnée d'amertumes, tourmentait nos âmes ?... Te rappelles-tu, dis-je, quelle recherche superflue des vêtements les plus élégants, recherche qui, je l'avoue me trouble encore à présent, mais en diminuant de jour en jour ? Quel ennui pour s'habiller et se déshabiller, travail qu'il fallait répéter matin et soir ! Quelle crainte qu'un cheveu ne s'écartât du rang qu'il occupait, et qu'un léger souffle de vent ne confondît les boucles enroulées de notre chevelure ! Quelle fuite à la vue des quadrupèdes venant par-devant ou par-derrière, de peur que notre robe brillante et parfumée ne reçût quelques taches et qu'un choc n'en dérangeât les plis !

« O soucis vraiment vains des hommes, mais surtout des jeunes gens ! Pourquoi, en effet, cette inquiétude d'esprit ? Assurément pour plaire aux yeux d'autrui. Et aux yeux de qui je me le demande ?... Que dirai-je de nos chaussures ? Quelle guerre atroce et continuelle ne faisaient-elles pas aux pieds qu'elles semblaient protéger ? J'avoue qu'elles auraient rendu les miens inutiles, si averti par une impérieuse nécessité, je n'eusse mieux aimé offenser les yeux d'autrui que de broyer mes nerfs et mes articulations. Que dirai-je des fers à friser et du soin de notre chevelure ? Que de fois la douleur a interrompu le sommeil que ce travail avait différé ! Quel pirate barbare nous aurait serrés plus cruellement que nous ne nous

_____

(1) Pétrarque, *Epître à la postérité.*

serrions nous-mêmes de nos propres mains ! Que de rides nocturnes sillonnant notre front rougi, nous apercevions le matin dans le miroir, en sorte qu'au lieu de montrer nos cheveux nous étions forcés de cacher notre visage ! Ces choses sont agréables pour qui les supporte, horribles même à redire pour qui les a supportées, incroyables pour qui ne les a point éprouvées. »

Le 6 avril 1327, tout allait changer pour ce jeune écervelé. C'était le vendredi saint, le ciel des premières heures du jour étincelait sous le souffle glacé du mistral. Pétrarque se rendait pour prier au petit couvent de Sainte-Claire (1). Il entra dans la chapelle et quand ses yeux se furent habitués à la douce pénombre, Elle était là ! Là, parmi l'assitance, une jeune femme se tenait droite, ses cheveux blonds lissés en arrière, ses yeux profonds, le teint de lis, stupéfiante de beauté. Alors Pétrarque pria et sa prière fut tout autre que celle qu'il avait prévue.

« Que béni soit le jour et le mois et l'année,
La saison et le temps, l'heure et l'instant
Et le beau pays, le lieu où fut atteins
Par deux beaux yeux qui m'ont tout enchaîné.

Que béni soit le premier doux tourment
Que j'eus étant à l'amour attaché,
L'arc et les traits dont je fus transpercé
Et les plaies qui me vont jusques au cœur,

Bénis les mots en grand nombre que je,
Clamant le nom ma dame, épandis,
Et les soupirs, les larmes, les désirs ;

Et bénies soient toutes les écritures
Où renom lui acquiert, et ma pensée
Seulement sienne et dont autre n'a part. »

(1) Il était situé près de la rue du Roi-René.

Un poète, un des plus grands poètes, était né. Dans son enthousiasme juvénile, Pétrarque allait chanter la jeune femme du couvent de Sainte-Claire, en des vers admirables, la rendant célèbre à jamais. Pourtant on serait bien en peine de dire son nom. Pétrarque l'appelait et ne l'a jamais appelée que Laure. Cette discrétion observée à l'égard de la jeune femme fera croire même à ses amis qu'elle n'était qu'un mythe. Le cardinal Colonna lui écrira, d'ailleurs une lettre dans laquelle il le raille sur la réalité de sa Laure, lui disant qu'elle n'est qu'un fantôme né de sa passion pour les lauriers, dont on couronne les poètes.

Pétrarque lui répondra que s'il connaissait ses tourments, il ne pourrait douter de sa réalité.

Ecrivains et historiens se sont interrogés pour savoir qui était cette mystérieuse Laure et une foule de Laure ont apparu. Jean de Nostradamus et Mistral étaient pour Laure de Sade, l'abbé de Sade entraînait toute une partie de l'opinion pour Laure de Noves fille d'Audibert de Noves, femme d'Hugues de Sade et mère de onze enfants ! Pierre de Nolhac devait détruire cette proposition pour lui préférer Laure de Sabran. Il y a aussi les partisans de Laure des Baux d'Adhémar, de Laure de Chabiau, de Laure de Salzo... Après tout, qu'importe, femme ou mythe, Laure restera Laure, la mystérieuse, l'anonyme, Laure l'inspiratrice, la merveilleuse rivale de Béatrice qui pendant vingt ans hanta l'œuvre et l'esprit de Pétrarque.

Le règne de Jean XXII était décidément voué à connaître des bouleversements. Pétrarque n'en était qu'un, de plus. Lui-même, tout pape qu'il fût, allait provoquer une petite révolution ou plus exactement un petit scandale. Cela se produisit le jour de la Toussaint de l'année 1331. Dans l'homélie qu'il fit à Notre-Dame-des-Doms, Jean XXII, pour expliquer un texte de saint Bernard, voulut démontrer que les âmes des élus ne jouissaient pas tout de suite de la vision béatifique de Dieu. Il leur fallait attendre le jugement dernier pour contempler enfin la sainte Trinité. Ce premier sermon aurait simplement laissé les fidèles un peu étonnés si le 15 décembre suivant, il n'avait voulu compléter sa pensée en déclarant que les âmes en attendant la résurrection ne possédaient pas la vie éternelle. Poursuivant sa démonstration le 5 janvier 1332, il l'appliqua aux damnés qui selon lui ne pouvaient être en enfer et ne devaient subir leur supplice qu'après la fin des temps.

Religieux et théologiens en ressentirent quelque émoi. Ses ennemis saisirent l'occasion pour l'accabler de reproches. Tous ceux qui avaient participé au mouvement de Nicolas V et de Louis de Bavière, les Michel de Césène, Guillaume Occam et autres Bonagratia, se firent un plaisir de crier à l'orthodoxie bafouée. Ils se délectèrent en voyant les rôles renversés et de pouvoir accuser à leur tour le pape d'hérésie. Dans Avignon même, un de ses cardinaux s'était déclaré contre lui : l'éternel Napoléon Orsini, aigri par son trop long cardinalat, dont les regards un peu envieux se portaient vers les insurgés du clan franciscain. Pour défenseur, il eut l'évêque de Pamiers, Jacques Fournier (1), qui disait avec raison que le pape, sur un point non encore éclairci, avait le droit de donner son opinion à titre personnel, comme n'importe quel théologien. C'était du reste la pensée de Jean XXII qui voulait que ses idées soient simplement un but de recherche et de discus-

---

(1) Le futur Benoît XII.

sions, invitant vivement les théologiens à s'intéresser à ce problème et à donner leur avis.

Le trop grand zèle du nouveau général des franciscains, Gérard Odon, allait lui nuire considérablement.

Il fut assez imprudent pour prêcher la thèse du pape à Paris. L'Université réagit aussitôt, saisissant le roi Philippe VI de la question. Une grande assemblée de prélats et de théologiens fut convoquée pour le 19 décembre 1333, à Vincennes. Ses conclusions furent contraires aux doctrines exposées par Gérard Odon et il fut décidé d'en avertir le pape.

A vrai dire, la réprobation montait d'un peu partout. A côté de ceux qui croyaient sincèrement que le pape était dans l'erreur, il y avait tous ses ennemis qui ne recherchaient que sa perte. Napoléon Orsini manœuvrait déjà pour la convocation d'un concile. L'infatigable vieillard fut plus rapide qu'eux. Dans la nuit du 1er au 2 décembre 1334, il fut pris d'un malaise. Le lendemain, il n'en travailla pas moins à un abrégé de la Passion selon saint Marc. Le 3 décembre, il signa quelques actes puis, en présence des cardinaux, voulut écrire sa profession de foi, sorte de rétractation de ses idées. « Voici comment nous déclarons le sentiment que nous avons actuellement et que nous avons eu en union avec la Sainte Eglise Catholique. Nous confessons et nous croyons que les âmes séparées des corps et pleinement purifiées sont au ciel, dans le royaume des cieux, au paradis et avec Jésus-Christ, en la compagnie des anges et que, suivant la loi commune, elles voient Dieu et l'essence divine face à face et clairement, autant que le comportent l'état et la condition de l'âme séparée. »

Cette dernière phrase restrictive montrait que Jean XXII, au moment suprême, ne renonçait pas totalement à son intime conviction.

LES PAPES EN AVIGNON

Le 4 décembre 1334, à l'aube, le vieux lutteur mourait calmement à l'âge de quatre-vingt-dix ans, après un règne de dix-huit ans où sa main ferme avait plus d'une fois sauvé la barque de saint Pierre du naufrage.

RÉFORMATEUR
ET BATISSEUR

P̲ₒᵤᵣ la première fois les
obsèques d'un pape se firent en Avignon. Après le
service solennel célébré en Notre-Dame-des-Doms, le
cercueil de Jean XXII fut inhumé dans une petite chapelle adjacente qu'il avait fait construire au début
de son pontificat (1). Pour la première fois aussi
le Conclave se réunit dans le palais d'Avignon. La
neuvaine de prières écoulée, soit le 13 décembre 1334,
les vingt-quatre cardinaux s'enfermèrent pour élire
un successeur. A la porte, pour prévenir toute manifestation, le sénéchal de Provence et le recteur du
comtat veillaient. Heureusement, le parti gascon
n'était plus assez fort pour créer des troubles ; quant
aux Quercinois, ils se montraient beaucoup plus
sages et conciliants. On ne sait ce qui se passa à l'intérieur des murs du palais que d'après le chroniqueur italien Villani, souvent sujet à caution. Aussi
faut-il y voir une vérité relative.

Selon ses dires, les cardinaux auraient été divisés
en deux tendances. D'un côté les Français et de l'autre les Italiens. Les Français qui avaient pour chef
un jeune cardinal de trente ans, Elie de Talleyrand-

_____

(1) La magnifique châsse de pierre de son tombeau, malheureusement profanée et mutilée sous la Révolution, existe toujours.

Périgord, fils du comte de Périgord (1), étant les plus nombreux, proposèrent Jean de Comminges sous condition de ne jamais ramener le Saint-Siège en Italie. Jean de Comminges refusa fermement.

Les cardinaux, désireux de ne pas aller trop vite, cherchèrent un candidat dont les chances étaient nulles. Ils furent si nombreux à penser à la même personne que le candidat impossible fut élu. C'était Jacques Fournier, l'ancien évêque de Pamiers et de Mirepoix. En apprenant cette nouvelle, Jacques Fournier, le premier étonné, aurait fait cette réflexion : « Vous venez d'élire un âne ! »

Vrai ou faux, la réunion du Conclave n'avait duré que sept jours, et le 20 décembre, à l'heure de vêpres, Jacques Fournier était élu à l'unanimité des suffrages. Il prit le nom de Benoît en l'honneur du patron de l'ordre dont il était issu.

Le nouveau pape était né à Saverdun dans le comté de Foix, en pays cathare, d'une modeste famille, puisque son père aurait été, dit-on, boulanger. Très jeune il entra dans l'abbaye voisine de Boulbonne. Son oncle, le fameux cardinal Arnaud Nouvel, papabile au dernier conclave, s'occupa avec soin de son éducation. Celui-ci alors abbé de Fontfroide, dans l'Aude, le fit venir auprès de lui puis l'envoya étudier à Paris, où il conquit tous ses grades en théologie. Lorsque Arnaud Nouvel fut créé cardinal par Clément V, il laissa à son neveu la charge d'abbé de Fontfroide. Comme son oncle, il fut marqué pour toujours par son passage dans la célèbre abbaye. Malgré les honneurs qui lui furent conférés, il demeura avant tout un moine cistercien, continuant à porter

(1) Son ascension fut exceptionnelle. Tonsuré à sept ans et déjà pourvu de bénéfices, il devient évêque à vingt ans, sans avoir été consacré, évêque d'Auxerre à vingt-cinq, cardinal à vingt-huit ans.

sa robe de bure blanche et acquit pour cette raison le surnom de « cardinal blanc ».

Nommé tour à tour évêque de Pamiers et de Mirepoix, il s'y montra particulièrement vigilant dans la poursuite des hérétiques, qu'ils soient cathares, béguins ou vaudois. Il sera leur terreur. « C'est un démon qui infeste le pays », diront-ils.

Sa rigueur ne l'empêchait pas d'être extrêmement scrupuleux. Jamais il ne condamna quelqu'un sans avoir examiné à fond son dossier. Ayant acquis la confiance de Jean XXII, celui-ci l'élèvera à la dignité cardinalice sous le même titre qu'avait eu son oncle, cardinal de Sainte-Prixte. Il n'en continuera pas moins à être juge en matière d'hérésie, participant à tous les grands procès : celui de l'inquisiteur Jean Galand, ou celui d'Adhémar de Mosset. Il donnera son avis dans la controverse des spirituels, comme dans celle de la vision béatifique de Jean XXII.

Contrairement à l'anecdote, c'est donc vraisemblablement pour ses qualités exceptionnelles de docteur de l'Eglise qu'il fut unanimement choisi pour recevoir la tiare.

Le couronnement eut lieu quelques semaines après l'élection, le 8 janvier 1335. Cette cérémonie se déroula pour la première fois dans Avignon, non point dans la chapelle du palais, ni dans Notre-Dame-des-Doms jugées trop petites, mais dans la chapelle de ce vaste couvent des dominicains qui possédait l'avantage d'avoir en son pourtour un large dégagement, permettant à la foule de s'assembler.

Grand, fort, le visage rond et coloré, la voix puissante, s'exprimant rondement dans un langage un peu rude, le nouveau pape était d'une nature sanguine, l'obligeant à se faire saigner fréquemment. Ce portrait extérieur ne correspondait pas à ses sentiments véritables qui étaient austères. Aussi, contrairement à ses prédécesseurs, Benoît XII ne se montra pas enclin au népotisme, bien au contraire. « Le pape, disait-il, doit ressembler à Melchisedech qui n'avait ni père, ni mère, ni généalogie. »

Il le prouva en manifestant son mécontentement devant les honneurs dont le roi de Naples avait gratifié son neveu, Guillaume Fournier (1), pensant non sans raison que c'était un moyen d'attirer sa bienveillance. Le même Guillaume recevra, une autre fois, une lettre du cardinal Bernard d'Albi l'avertissant que sa présence n'était nullement souhaitée par son oncle et il ajoutait : « Sachez qu'en notre seigneur la nature ne parle aucunement. »

Lorsqu'il fut question de nommer un autre de ses neveux, Jean de Cardona, come archevêque d'Arles, il fallut toute l'insistance des cardinaux pour obtenir son accord. Les mariages dans les familles de ses prédécesseurs avaient été l'occasion de fêtes somptueuses, lui s'y refusa toujours.

Lorsque sa nièce Faiaga épousera le sire de Villiers, il acceptera que la cérémonie se déroule en Avignon mais sans aucun faste. Son seul présent fut une somme de 2 000 florins d'or. Il en sera de même pour une autre de ses nièces qui devait être une forte femme. Il la mariera avec un marchand de Toulouse après avoir refusé des partis plus avantageux sous prétexte qu'« une telle jument ne méritait pas une telle selle ! »

C'est évidemment dans le domaine religieux que ses mœurs simples et son sens de la justice se manifesteront le plus. A peine élu, il mit en œuvre son désir de réformes. Ce qui l'avait choqué en premier lieu dans la cour avignonnaise, c'était de voir tous ces prélats venir hanter les couloirs du palais, quémander quelques bénéfices ou nouer quelque intrigue

---

(1) Il fut fait chevalier, s'unit à une famille noble et toucha 200 onces d'or de rente.

au lieu de s'occuper de leurs ouailles. Un de ses premiers actes sera d'ordonner à tous les ecclésiastiques, que leur charge ne retenait pas en Avignon, de quitter la ville et de rejoindre paroisse, diocèse ou couvent. Un peu plus tard, au mois de mai 1335, il frappa un peu plus fort en révoquant toutes les commandes. Cette coutume néfaste, qui commençait à s'instaurer et allait malheureusement reprendre, consistait en la nomination par le pape ou même le roi d'un administrateur civil des biens matériels des abbayes. En agissant de la sorte, Benoît XII faisait acte d'autorité et se créait de sérieuses et tenaces inimitiés.

La nomination de Benoît XII, dont la réputation d'austérité était grande, ranima l'espoir des spirituels franciscains. Dès qu'ils apprirent son élection, ils revinrent à la charge, pensant trouver enfin un esprit complaisant. Mal leur en prit, car dans le consistoire du 23 décembre 1334, soit trois jours après la fin du conclave, il s'éleva contre leurs tendances hérétiques et révolutionnaires. A leur esprit de pauvreté ostentatoire et anarchique, il opposa la foi calme et pondérée des frères prêcheurs.

Comme les franciscains n'avaient pas l'air de comprendre son avertissement, il menaça d'excommunication tous ceux qui ne se plieraient pas à la règle, quant à l'habit et à l'assiduité aux offices, ainsi que ceux qui se laisseraient entraîner à des tendances hérétiques.

Il se pencha aussi sur le cas des cisterciens dont il connaissait mieux que tout autre les faiblesses. C'étaient les défauts de tout ordre vieillissant où l'habitude a éteint la vigueur de la règle primitive. Le travail manuel, un des principes fondamentaux de l'ordre, avait été peu à peu abandonné au profit de celui de l'esprit, la pauvreté remplacée par une agréable aisance. Brisant net cette torpeur mortelle, Benoît rappela la règle et rétablit la discipline.

Il agit de même avec les bénédictins de Cluny pour lesquels il publia trente neufs articles réglementant la vie monastique et son gouvernement, l'administration de ses biens temporels, l'enseignement des études. Les augustins seront également l'objet de son attention.

Il y avait à l'époque une pratique qui affectait gravement la vie monacale et se trouvait parfois à la source du scandale. Lorsqu'un moine ne s'entendait pas bien avec son supérieur ou ne se sentait pas à l'aise dans son couvent, il s'en allait, errant de droite et de gauche, vivant d'expédients, en proie à toutes les tentations. On les appelait les moines gyrovagues. Benoît XII, jugeant à bon escient qu'un moine n'est pas fait pour vivre sur les routes comme un baladin, s'efforça de les faire regagner leur monastère, ou tout au moins un monastère, pour y retrouver un peu de cette discipline nécessaire à la vie religieuse. Il notifia ses instructions dans une constitution, *Pastor bonus*, qu'il fit parvenir à tous les ordres. Seul, celui des dominicains, qu'il donnait pourtant en exemple, refusa de les suivre. Le grand maître Hugues de Vaucemain fut convoqué en Avignon. Benoît XII voulait non seulement le convaincre d'appliquer la constitution *Pastor bonus*, mais aussi de prendre des mesures contre un autre phénomène qui sévissait dans son ordre.

Le dénuement des couvents était devenu tel que les frères, pour subsister, étaient obligés de se débrouiller seuls, comme ils le pouvaient et comme ils l'entendaient. Chacun allait quêtant, mendiant, les plus convaincants, les plus habiles, les plus persuasifs parvenant à recueillir de belles sommes d'argent, dont ils bénéficiaient seuls. On en arrivait à cette étonnante contradiction : un ordre pauvre et des frères riches.

Toutes les tentatives de Benoît XII pour persuader

Hugues de Vaucemain se heurtèrent à son obstination. Le conflit dura jusqu'à la mort du grand maître et même au-delà. Malgré les pressions exercées, le
Saint-Père ne put parvenir à fléchir les dominicains.

Il n'y avait malheureusement pas que la vie spirituelle qui avait besoin de réforme. Le brusque
essor d'Avignon ne lui avait pas permis de s'adapter
à cet accroissement subit de population, à l'augmentation soudaine de son commerce et de ses affaires.
De tous côtés, les chevaliers d'industrie étaient
accourus pour chercher fortune. L'administration, la
police n'avaient pu se mettre assez rapidement en
place pour empêcher les nombreux trafics. Pire, la
police était elle-même aux mains des profiteurs. Elle
était alors composée d'un maréchal de justice qui
était le neveu de Jean XXII, Arnaud de Trian, avec
une trentaine de sergents sous ses ordres. On lui
reprochait toutes sortes de méfaits, malversations,
violences, complaisances coupables et d'inqualifiables
extorsions d'argent. Pour nous, ce serait Chicago,
pour l'époque, c'était Babylone.
Dès le début de son pontificat, Benoît XII voulut
épurer cette curie qu'il savait gravement gangrenée.
il chargea, le 13 janvier 1335, son trésorier, Jean de
Cojordan, de mener une enquête avec charge de
n'épargner personne. Pour être plus certain du succès de son opération, il remplaça le maréchal de
justice Arnaud de Trian par un homme dont il était
plus sûr, Arnaud de Lauzières. Ce fut la panique.
Toutes les personnes compromises n'attendirent pas
l'arrivée de la justice et partirent se mettre à l'abri
loin d'Avignon.
Le mal était plus grave qu'on ne le pensait, car
malgré l'épuration, les abus ne cessèrent point et
Benoît XII dut remercier son maréchal, Arnaud de
Lauzières, en avril 1337. Il nomma à sa place un

compatriote, Béranger Cotarel, espérant ainsi voir l'honnêteté revenir et respirer un peu. Hélas ! cette confiance allait être réduite à néant par un événement d'une extrême gravité qui souleva des complications internationales.

C'était en 1340, les hostilités entre Philippe VI et le roi d'Angleterre Edouard III atteignaient un point crucial. L'ambassadeur du roi d'Angleterre, Nicolino Fieschi, était arrivé depuis peu en Avignon. N'ayant pas encore été reçu au palais, il logeait en ville. Les Fieschi, bien que Génois, étaient connus pour être favorables aux Anglais. Les Français, qui étaient très nombreux dans Avignon, leur manifestaient peu de sympathie.

L'année précédente, un parent de l'ambassadeur, Giovanni Fieschi, qu'on appelait le Cardinal de Gênes, avait même été molesté par un sergent.

Ce soir du jeudi saint, le 17 avril 1340, tout le monde dort dans la maison Fieschi. Par les rues désertes, une petite troupe se glisse en silence, arrive devant l'entrée, s'arrête un instant pour écouter, puis brusquement défonce la porte à coups d'épaule, se précipite à l'intérieur, se répand partout, fouillant, cherchant jusqu'à ce qu'elle trouve la chambre de l'ambassadeur. Réveillé par le bruit, celui-ci s'est levé. Toute résistance est inutile, ses agresseurs sont les plus forts. Sans explication, sans lui laisser le temps de se vêtir, ils le contraignent à les suivre. Son fils Gabriel et un damoiseau de leur suite, nommé André, qui ont été trouvés dans la demeure, sont emmenés avec lui. Et les voici tout trois grelottant, en chemise, allant à travers la ville, entourés d'hommes qui les menacent de leurs armes. Bientôt, ils sortent sans difficulté par la porte d'Eyguière, traversent le Rhône, sous les rafales de vent, par le pont Saint-Bénezet et vont se réfugier dans les fortifications, qui les gardent en terre française.

Lorsque, le lendemain, la nouvelle se répandit, ce fut un tollé général, tout le monde cria au scandale. Benoît XII s'indigna que des hommes d'armes aient osé s'introduire dans sa ville pour enlever un personnage officiel, en profanant les jours sacrés du jeudi et du vendredi saints. Sans plus tarder, il confia l'enquête, sur cet enlèvement politique, à l'archevêque de Modène. On ne comprenait pas, en effet, comment une troupe armée avait pu pénétrer dans la ville, sans être remarquée et comment elle avait pu sortir avec ses prisonniers, sans être arrêtée par les sergents de la ville. L'enquête révéla rapidement que l'enlèvement n'avait pu se faire sans la complicité de la police avignonnaise et que le maréchal Béranger Cotarel était lui-même « au parfum ».

Benoît, fort mécontent qu'on ait pu corrompre sa police, écrivit à Philippe VI pour se plaindre de cet attentat dans lequel la France semblait en prendre trop à son aise. De son côté, le roi Edouard, pour qui c'était une insulte personnelle, s'agitait, menaçait. Philippe VI, très ennuyé des proportions prises par l'incident, répondit au pape pour se justifier, assurant qu'il n'y était pour rien. Sans doute, affirmait-il, avait-on affaire à des personnes qui avaient agi individuellement, croyant lui faire plaisir. Quant à lui, il réprouvait cet acte et se disait prêt à tout faire pour retrouver les victimes. Celles-ci, après être restées quelque temps à Villeneuve, avaient été conduites à l'intérieur du royaume. Benoît XII réclama leur libération immédiate et le châtiment des coupables.

Au bout de deux mois, le 16 juin au soir, Nicolo Fieschi et ses compagnons furent enfin rendus au pape. Quant aux coupables, tous ceux qui s'étaient réfugiés en France ne furent pas inquiétés. Par contre, ceux dont la justice pontificale put se saisir furent châtiés impitoyablement, clercs comme laïcs, sans distinction. Il y eut beaucoup de personnes révoquées, d'autres, comme les sergents qui avaient participé au rapt, furent pendues. Et pour que la peine soit plus exemplaire, on les pendit à une poutre située sur la fenêtre de la maison de Fieschi. Le maréchal Béranger Cotarel fut jeté, lui aussi, en prison. De désespoir, il s'y empoisonna. Son corps, auquel on refusa une sépulture chrétienne, fut pendu au gibet puis jeté dans le Rhône.

Cette terrible punition fut salutaire car nul fait de ce genre ne se renouvela jamais.

*
* *

Réformateur, Benoît XII allait se révéler être aussi un bâtisseur. Ayant également rénové les ordres monastiques, nettoyé sa police, il voulut remettre en état son palais. Cela faisait trente ans que la papauté était installée aux bords du Rhône et aucun des travaux nécessaires n'avait été entrepris. Avant même de déterminer son attitude vis-à-vis d'un éventuel retour à Rome, il confia à son compatriote Pierre Peysson ou Poisson de Mirepoix le rajeunissement de la chapelle et des tours. Pourtant, dès le mois de juillet 1335, Benoît XII avait décidé, après avoir arraché l'accord de ses cardinaux, de fixer son départ pour Rome au 1er octobre 1335. Le 2 octobre passa. Les cardinaux, que la perspective de Rome n'enchantait pas, s'efforçaient par tous les moyens d'ajourner ce départ *sine die*. Cependant le souverain pontife après une longue résistance ne se décida à rester que le 31 juillet 1337. Il résolut alors de s'installer de façon moins précaire, en agrandissant considérablement l'ancien palais épiscopal. Cette construction, qui enracinait la papauté sur le rocher des Doms, si elle fit plaisir à tout le parti français, devait au contraire soulever la réprobation de tous ceux qui attendaient avec impatience le retour en Italie. Pour ce clan italien, toutes les occasions dès lors furent bonnes pour jeter l'opprobre sur Avignon.

Le palais entrepris par Benoît XII n'avait pourtant rien d'une résidence de plaisance. C'était un palais austère, comme il convenait à un cistercien scrupuleux, aux murs nus où nulle décoration, nulle sculpture ne figuraient pour respecter l'esprit de saint Bernard. Les fortifications extérieures, si elles donnaient de la grandeur, n'ajoutaient rien à la gaieté.

Pour mieux comprendre les événements qui se déroulèrent ici pendant plus de soixante-dix ans, il convient de jeter un coup d'œil rapide sur ces lourds bâtiments qui peu à peu s'imposèrent au-dessus de la ville en perçant le ciel.

La porte principale ou porte majeure s'ouvrait au nord d'une petite place qu'on situerait aujourd'hui dans la cour du palais, appelée place des Cancels parce qu'elle était délimitée par des barrières de bois ou cancels. La porte était percée dans une grosse tour, au milieu d'un long mur. Le visiteur, après avoir franchi cette porte, montait le plan incliné encore existant menant au passage voûté du cloître, alors fermé par une lourde porte et défendu par une sarrasine. Après ce passage, on arrivait dans le cloître. C'était là le centre du palais. On ne l'appelait d'ailleurs pas le cloître, mais la place du Palais. La foule s'y réunissait lors des événements importants soit pour y entendre lecture d'une bulle, soit pour acclamer le pape et recevoir sa bénédiction. L'architecte Pierre Poisson avait, en fait, peu modifié l'ancien cloître de Jean XXII. En bas, de grandes arches aux arcs brisés en rythmaient le pourtour tandis qu'au-dessus courait une galerie éclaircie par une série de baies géminées. Sur ce cloître, s'articulaient les quatre grandes parties formant le palais. L'aile sud, appelée aile du conclave parce que ses pièces rattachées à d'autres formaient les appartements de cette assemblée, servait également à recevoir les hôtes illustres : princes, rois, empereurs y séjournèrent. L'extrémité occidentale de cette aile était fermée par une petite tour appelée tour du Cardinal blanc, non à cause du pape, mais à cause du cardinal Court, un de ses amis et compatriotes, cistercien comme lui.

La partie ouest du cloître était occupée par l'aile des Familiers. C'est là que logeait, entre autres, le camérier. Benoît XII s'y était aussi installé un studium. A l'extérieur de ces bâtiments, on remarque encore un petit campanile portant une cloche. Cette cloche servait à annoncer la réunion des consistoires ou les séances du tribunal de la Rote. Son timbre était si clair qu'on l'appelait la cloche d'argent. Au bout de l'aile des Familiers, vers le nord, se dressait la grosse tour de la Campane. Ce nom lui venait de l'ancien palais de Jean XXII dont elle portait la cloche. Puissante, dominant tout le reste du palais, c'était un élément essentiel de la défense. Dans ses quatre étages résidaient le maître d'hôtel, des fonctionnaires et des parents du pape.

La tour de la Campane fut aussi appelée tour Saint-Jean, à cause de sa proximité avec la chapelle Saint-Jean. Cette chapelle formait tout le côté nord du cloître. Elle remplaçait l'ancienne église Saint-Etienne que Jean XXII avait annexée. Comme dans beaucoup de châteaux, elle était composée de deux chapelles superposées : la chapelle basse ou chapelle obscure et la chapelle haute ou grande chapelle. C'est dans celle-ci que se déroulaient toutes les grandes cérémonies pontificales.

Légèrement séparée de la chapelle formant l'angle nord-est du palais, s'élevait la tour de Trouillas ainsi nommée parce qu'avant sa construction se trouvait un pressoir (en latin *trullum*) dépendant du chapitre de Notre-Dame-des-Doms. Cette grosse tour défensive, le pendant de celle de la Campane, servait en partie de prison, le reste étant occupé par les sergents d'armes et le parc d'artillerie. La tour voisine, plus petite, n'était pas moins importante, car c'était la tour des Latrines. Celles-ci s'y répartissaient sur deux étages. Les plus importantes, situées à l'étage supérieur, comprenaient deux rangs de sièges en pierre. Celles du dessous n'en possédaient qu'un seul. En contrebas, une grande fosse de 17 mètres de haut était irriguée par les eaux du cloître amenées par un égout. Partant de cette fosse, un grand collecteur, où un homme pouvait se tenir debout, rejetait les eaux polluées dans la Durançole et, de là, dans le Rhône. Les eaux usées de la cuisine toute proche s'y déversaient également. En passant il faut remarquer ce désir évident d'hygiène à une époque que l'on a trop volontiers considérée comme négligée.

L'aile orientale était la plus grande, puisqu'elle dépassait largement les limites du cloître. C'était dans cette partie que se trouvait rassemblé l'essentiel de la vie pontificale. Au rez-de-chaussée, une grande porte ouvrant sur le cloître donnait accès à la salle du Consistoire, une des plus vastes du palais.

Benoît XII et ses successeurs y réunissaient leurs cardinaux avant de prendre des décisions importantes. La plupart des grandes cérémonies officielles, comme les promotions de cardinaux, s'y faisaient de même. Enfin, c'était le lieu d'apparat pour recevoir rois, princes ou ambassadeurs. Parmi les grandes réceptions qui illustrèrent cette pièce, sous le règne de Benoît XII, il en est deux qui témoignèrent des préoccupations œcuméniques et missionnaires des papes d'Avignon. La première eut lieu en 1338. C'était une ambassade tout à fait insolite, venant du fin fond de la Chine.

Le début de cette histoire se passa sous Jean XXII. Il y avait alors un dominicain, nommé Jean de Mont-

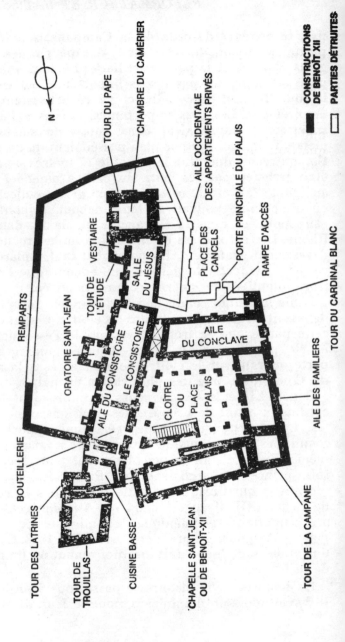

Palais de Benoît XII

Rez-de-chaussée

N

TOUR DU PAPE

CHAMBRE DU CAMÉRIER

AILE OCCIDENTALE
DES APPARTEMENTS PRIVÉS

PLACE DES CANCELS

PORTE PRINCIPALE DU PALAIS

RAMPE D'ACCÈS

TOUR DU CARDINAL BLANC

VESTIAIRE

TOUR DE L'ÉTUDE

SALLE DU JÉSUS

AILE DU CONCLAVE

ORATOIRE SAINT-JEAN

AILE DU CONSISTOIRE

LE CONSISTOIRE

REMPARTS

CLOÎTRE OU PLACE DU PALAIS

AILE DES FAMILIERS

BOUTEILLERIE

TOUR DES LATRINES

TOUR DE TROUILLAS

CUISINE BASSE

CHAPELLE SAINT-JEAN OU DE BENOÎT-XII

TOUR DE LA CAMPANE

■ CONSTRUCTIONS DE BENOÎT XII

□ PARTIES DÉTRUITES

cornin, qui, à la suite des voyages de Marco Polo, décida de partir à son tour vers l'est. Le pape lui donna sa bénédiction pour évangéliser toutes les nations qu'il rencontrerait. Après un long périple, il parvint jusqu'à Pékin où se trouvait le grand Khan. Il y fut fort bien reçu et prêcha avec une telle foi que les conversions furent nombreuses, si nombreuses qu'ayant fait savoir son succès à Jean XXII, il obtint l'autorisation de créer le premier archevêché de Pékin ! Ceci prend aujourd'hui une saveur particulière, surtout qu'après la mort de Jean de Montcornin survenue en 1330, l'évangélisation continua, à tel point que le Khan désira envoyer une ambassade auprès du souverain pontife.

C'est elle qui se présenta aux portes du consistoire en 1338. Elle comprenait seize personnes et était conduite par un certain André Franc. Le pittoresque cortège, dont les robes de soie éclatantes contrastaient avec la nudité des pierres, ayant traversé le cloître, franchit la grande porte et vint s'incliner devant Benoît qui trônait à l'extrémité de la salle. André Franc lui remit les lettres que lui avait confiées le Khan et dont voici la teneur assez surprenante : « Nous envoyons notre ambassadeur André Franc avec quinze compagnons au pape, le père des chrétiens qui est en France au-delà des Sept Mers, où le soleil se couche, pour ouvrir une voie entre nos légats que nous entendons envoyer souvent au pape et d'en recevoir de sa part et pour le prier de nous envoyer sa bénédiction et de faire mention de nous dans ses prières ainsi que des Alains (1), nos sujets et nos enfants chrétiens. Nous espérons qu'ils nous porteront les merveilles qu'il produit, comme chevaux et autres merveilles. »

---

(1) Peuple de la région du Caucase dont une partie s'était jointe aux barbares qui envahirent l'Europe.

Benoît XII répondit aimablement, nomma l'un des envoyés officier dans ses troupes. Faisant acte aux demandes du Khan, il remit à André Franc des lettres officielles pour lui et ses nombreux sujets, accompagnées de bénédictions et de nombreux présents.

Etonnante entrevue qui dut réjouir les Avignonnais, mais dont on doit regretter qu'elle n'ait pas eu les prolongements durables souhaités par le Khan !

L'année suivante Benoît XII reçut une autre ambassade d'une étrange actualité. L'empereur de Byzance, Andronic Paléologue, envoyait auprès du Saint-Père deux délégués, le basilien Barlaam, évêque de Saint-Sauveur et le Vénitien Etienne Dandolo, chargés d'étudier la possibilité d'une fusion entre les Eglises et la réunion des forces armées latines et grecques pour secourir l'empire d'Orient dangereusement menacé par les Turcs. Cette ambassade, chaudement appuyée par les rois de France et de Naples, n'eut malheureusement pas les résultats escomptés. Les exigences byzantines arrêtèrent la bonne volonté de Benoît XII et l'on dut se séparer sans avoir rien conclu. De retour à Byzance, l'évêque Barlaam fut en but aux persécutions quiétistes, à tel point qu'il revint vivre en Avignon où il se lia d'amitié avec Pétrarque.

L'année 1340 fut marquée, quant à elle, par de grandes réceptions en l'honneur de l'Espagne. Le roi Pierre IV d'Aragon vint avec Jaime II de Majorque pour rendre hommage de la Corse et de la Sardaigne. Le festin fut si abondant, on rôtit tant de victuailles et les foyers furent si intenses qu'un incendie se déclara dans les cuisines neuves et les détruisit en partie.

La seconde réception, sans doute la plus importante du règne de Benoît XII, fut l'ambassade envoyée par le roi de Castille après la bataille de Tarifa.

Les Arabes avaient, en effet, entrepris les années précédentes une grande offensive contre l'Espagne.

Pour enrayer cette nouvelle invasion, obéissant à la croisade prêchée par le pape, les princes d'Espagne unirent leurs efforts et réussirent à repousser leurs adversaires, non loin de Gibraltar dans la ville de Tarifa. Alphonse XI de Castille, aidé du roi du Portugal, malgré des forces très inférieures, parvint à les anéantir, au cours d'une longue bataille qui fit, dit-on, 20 000 morts. Le butin fut immense. Pour rendre grâce de cette victoire inespérée, les rois de Castille et de Portugal décidèrent d'envoyer une imposante délégation pour témoigner de leur reconnaissance au Saint-Siège.

Ce fut une interminable caravane dirigée par le seigneur don Juan Martinez de Leyna qui se présenta sur le pont Saint-Bénezet, un des derniers jours d'octobre 1340. Toute la cour pontificale, cardinaux et prélats, était venue à son devant, escortée par tous les curieux de la ville. Le soleil avait encore suffisamment d'éclat pour aviver l'or et la pourpre des bannières et des chapes, rendre plus lisses les robes satinées des chevaux andalous. Ce fut dans une grande bousculade, au milieu des cris de joie que le cortège parvint jusqu'à la porte du palais. Selon un témoin, don Jean Martinez était venu offrir de la part du roi de Castille « cent beaux chevaux avec les plus riches et les plus superbes harnais où étaient attachés les boucliers et les cimeterres des principaux officiers maures tués dans le combat. Il y avait encore quatre-vingts étendards et la bannière royale des infidèles, le cheval que le roi de Castille avait monté lui-même, le jour de la bataille et d'autres choses précieuses ». Il faut ajouter que chacun des cent chevaux était conduit par un prisonnier maure. Il y eut une messe d'action de grâces au cours de laquelle Benoît XII fit l'éloge des rois de Castille et de Portugal. Il prescrivit ensuite de suspendre, aux poutres de la grande chapelle Saint-

Jean, les trophées et les étendards arrachés à l'ennemi.

Telles furent les principales festivités qui se déroulèrent dans la salle du consistoire au temps de Benoît XII. Bien sûr, presque toutes ces cérémonies avaient des prolongements gastronomiques. Pour la plupart, ils avaient lieu au-dessus de la salle du Consistoire, dans la salle du grand Tinel. Le mot tinel, qui vient du bas latin *tina* signifiant tonneau, désignait, dans le midi de la France, la salle à manger. C'était la plus longue du palais, c'est pourquoi elle était réservée aux grands banquets. Les mets et les boissons venant soit des cuisines, de la paneterie ou de la bouteillerie situées à côté du consistoire étaient montés par un escalier aboutissant à l'extrémité nord du Tinel. On les réchauffait alors dans une cheminée qui s'élevait à côté. Puis les plats étaient préparés sur des tables, avant d'être présentés au pape dont la place se trouvait à l'opposé, contre le mur méridional. Les autres convives s'attablaient le long des grands côtés de la salle.

La pièce qui se trouvait dans le prolongement du consistoire s'appelait la grande Trésorerie et servait aux comptables ou notaires de la chambre apostolique. Tous les registres de comptabilité y étaient conservés. Au-dessous, commençaient les appartements privés du pape. Tout d'abord la salle de Jésus (1) qui servait de vestibule aux appartements. Une porte communiquait directement avec la rampe d'accès de l'entrée du palais et, dans son mur, un escalier conduisait à la pièce supérieure, la chambre du Parement ou d'Apparat. C'était l'antichambre de l'appartement principal, servant de salle d'attente à ceux qui avaient obtenu une audience particulière.

(1) Ainsi nommée à cause du monogramme du Christ qui s'y trouvait peint.

128

Ces pièces étaient complétées par un bâtiment entièrement disparu au XIXe siècle, s'étendant parallèlement à la chambre du Parement. Il y avait le petit Tinel ou salle à manger particulière, la cuisine secrète ou cuisine privée et une garde-robe.

La grosse tour du Pape, qui terminait seule le palais de ce côté, en était en quelque sorte le donjon. Tout ce qu'il y avait de plus précieux à commencer par la personne du pape y était rassemblé. Dans une salle basse se cachait le trésor principal ou trésor bas, au-dessus se tenait la chambre antique du camérier. Plus haut encore, la chambre du pape. Large pièce, mais un peu sombre parce que éclaircie seulement par deux petites fenêtres voilées par des toiles huilées, tendues sur des cadres (1). La salle supérieure était destinée à la bibliothèque particulière et à la petite trésorerie ou trésor haut.

Telle était rapidement esquissée l'œuvre réalisée par Pierre Poisson de Mirepoix. Cette œuvre considérable dénote le désir évident de demeurer longtemps en Avignon. S'il n'en avait pas été ainsi, on pourrait se demander pourquoi l'architecte à tant insisté sur les fortifications extérieures. Si ce devait être une œuvre provisoire, pourquoi tant de grosses tours armées de mâchicoulis et de châtelets, pourquoi ces longues arcatures à la lombarde brisant la nudité des murs ? Il est vrai que, pour sa part, Benoît XII avait renoncé à se rendre jamais en Italie.

En effet, dès l'année 1340, sa mauvaise circulation du sang lui provoquait des ulcères aux jambes qui le faisaient cruellement souffrir, gênant considérablement ses déplacements. Son état de faiblesse l'obligeait souvent à demeurer longtemps étendu. Ses activités se ralentirent, l'empêchant de suivre régulièrement les actes de sa chancellerie et d'examiner

(1) Les vitraux ne viendront que plus tard.

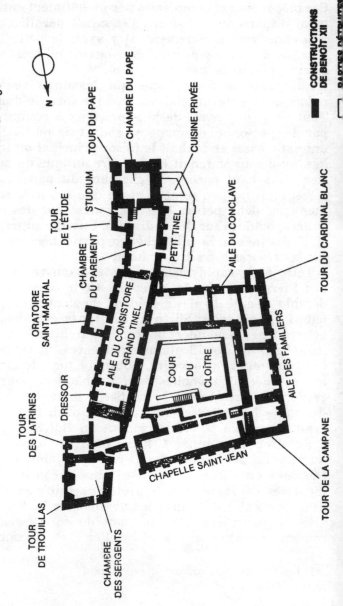

Palais de Benoît XII
Premier étage

N

TOUR DE TROUILLAS

CHAMBRE DES SERGENTS

TOUR DES LATRINES

DRESSOIR

ORATOIRE SAINT-MARTIAL

CHAMBRE DU PAREMENT

TOUR DE L'ÉTUDE

STUDIUM

TOUR DU PAPE

CHAMBRE DU PAPE

CUISINE PRIVÉE

AILE DU CONSISTOIRE
GRAND TINEL

PETIT TINEL

COUR DU CLOÎTRE

AILE DU CONCLAVE

TOUR DU CARDINAL BLANC

AILE DES FAMILIERS

CHAPELLE SAINT-JEAN

TOUR DE LA CAMPANE

CONSTRUCTIONS DE BENOÎT XII

tous ceux qu'on devait lui soumettre. Sur les instances des cardinaux pour ne pas arrêter totalement la marche de la curie, des consistoires se réunirent dans sa chambre, autour de son lit. En juin 1340, les Bolonais y montèrent pour entendre la levée d'excommunication pesant sur leur ville, depuis leur révolte contre le légat. De mai à juillet 1340, la crise avait été particulièrement vive. Au point que l'on fit, un peu partout, des prières pour sa guérison. Au mois de septembre, allant mieux, les femmes d'Avignon offrirent à Notre-Dame-des-Doms un cierge d'un demi-quintal de cire ! Benoît XII écrivit lui-même à l'abbé de Cîteaux qu'il sortait du tombeau. Il ne devait jamais se remettre complètement. Bientôt les crises reprirent. Au début de l'année 1342, la grangène apparut. Le 25 avril 1342, à l'heure de vêpres, il rendit son âme à Dieu.

On serait tenté de croire que ce pape rigoureux, épris de réformes, désireux d'assainir sa ville, bâtisseur d'un puissant palais, fut unanimement honoré, aimé ? Point du tout, au contraire même, à l'exception peut-être des petites gens.

Car tous ceux qu'il avait chassés d'Avignon, tous les moines qu'il avait forcés à l'obéissance, tous les puissants qu'il avait contraints à l'honnêteté n'avaient pas pour lui des sentiments de reconnaissance.

Ce fut peut-être son œuvre de pierre, son palais qui enchaînait la papauté aux bords du Rhône, qui lui attira les plus vives inimitiés. De ce jour, le parti italien se déchaînera contre le pape d'Avignon, désormais porteur de tous les péchés du monde. Le plus remarquable d'entre eux sera le cher Pétrarque qui ne dira plus que béni soit « le beau pays, le lieu où fus atteins par deux beaux yeux qui m'ont tout enchaîné ». Le beau pays s'était transformé en Babylone impie et l'amoureux de Laure en pamphlétaire.

Lorsqu'en 1337 Pétrarque décida de quitter Avignon, c'est au moment où les grands travaux du palais des papes étaient entrepris.

« Fatigué de tout, raconte-t-il, mais ne pouvant supporter le dégoût et l'aversion que je ressens naturellement au fond de l'âme pour la ville la plus ennuyeuse du monde (1), je cherchai une retraite où je pusse me réfugier comme dans un port. Je rencontrai une vallée très étroite, mais solitaire et agréable, nommée Vaucluse, distante de quinze milles d'Avignon, et où la reine de toutes les fontaines, la Sorgue, prend sa source. Séduit par l'agrément du lieu, j'y transportai mes livres et moi (2). »

A Vaucluse, au bord de ce gouffre digne de porter la barque de Dante, il retrouvera tout son lyrisme. Autant le dépit lui avait fait un peu trop haïr Avignon, autant les sauvages beautés de la nature lui firent aimer Vaucluse. « En résumé, nous dit-il, presque tous les opuscules qui sont sortis de ma plume (et le nombre est si grand qu'ils m'occupent et me fatiguent encore jusqu'à cet âge) ont été faits, commencés où conçus là (3). » A son ami Philippe de Cabassole, évêque de Cavaillon et propriétaire du petit château qui domine Vaucluse, il confiera cette apologie : « Aucun lieu dans tout l'univers ne m'est plus agréable que Vaucluse : aucun endroit ne convient mieux à mes études. Enfant, j'ai visité Vaucluse ; jeune homme, j'y revins et cette vallée charmante me réchauffe dans son sein exposé au soleil. Homme fait, j'ai passé doucement à Vaucluse mes meilleures années et les instants les plus heureux de ma vie. Vieillard, c'est à Vaucluse que je désire couler mes derniers jours ; c'est à Vaucluse que je veux mourir dans vos bras (4). »

(1) Avignon.
(2) Epître à la postérité.
(3) Epître à la postérité.
(4) Epist. fam. XI 4.

Ainsi Vaucluse fut son havre non seulement contre les chaleurs étouffantes d'Avignon, mais aussi contre cette papauté qui semblait dédaigner Rome, la ville de César, la ville éternelle, pour s'accrocher à ce rocher au bord du Rhône. Le pontife qui accomplissait un tel acte ne pouvait être un grand pontife. Voici ce qu'il en écrivait, sous la forme allégorique, toujours à son ami Philippe de Cabassole :

« La barque est impuissante contre les flots courroucés de l'Océan. Un vent violent a enflé les voiles. La carène s'enfonce sous le poids trop lourd, des mains inexpérimentées agitent les rames et celui qui dirige le gouvernail, comme vous voyez, méprisant les règles de l'art nautique aime la terre, ce qui est un grand danger pour les navigateurs... Sur ces entrefaites, ivre, chargé d'années, inondé d'une liqueur soporifique, il vacille, s'endort et, précipité par le sommeil, il tombe... Il va donc recevoir la récompense qu'il mérite en devenant la pâture des chiens de mer. Montré du doigt par tous, objet des railleries de tous, le jouet et la risée de toutes les tables, il sera éternellement la fable de tous ceux qui sillonnent cette mer. »

A l'en croire, Benoît XII aurait été un ivrogne, sans énergie, en butte à toutes les moqueries. Heureusement que ses actes sont là pour nous enseigner la juste vérité. Il est trop facile de dire d'un homme parce qu'il a le teint rouge que c'est un ivrogne, de dire qu'il n'a point d'énergie parce que la maladie le cloue au lit ; que tout le monde se gausse de lui parce que ses ennemis, les clercs avides d'argent et les hérétiques, le vilipendent pour les avoir poursuivis implacablement.

CLÉMENT VI
LE MAGNIFIQUE

Clément VI - Le magnifique
1342 - 1352

APRÈS un office dans la chapelle Saint-Jean, puis la neuvaine de prières à Notre-Dame-des-Doms, Benoît XII fut, comme son prédécesseur, inhumé dans une chapelle latérale, la chapelle des tailleurs de pierre, sous un dais finement sculpté par Jean Lavenier (1).

Dès la fin de la neuvaine le Sacré Collège s'était réuni en conclave, le 3 mai et, pour la première fois, dans le palais pontifical. Les cardinaux s'étaient enfermés dans trois grandes salles que l'on avait réunies à cet effet : l'aile du conclave, le grand Tinel et la chambre du Parement. Ces trois pièces avaient été entièrement isolées du reste du palais. Seul un guichet permettait de correspondre avec l'extérieur et de faire parvenir la nourriture. Dans le grand Tinel, la petite chapelle servait aussi bien pour les offices que comme lieu de vote.

Les hésitations du conclave ne furent pas bien longues, puisque quatre jours après, soit le 7 mai 1342, un nouveau pape était désigné. Cette élection fut si rapide que le duc de Normandie, dépêché par son père Philippe VI dès l'annonce de la mort de Benoît XII, pour soutenir la candidature de l'archevêque de Rouen, Pierre Roger, arriva trop tard.

(1) Ce tombeau a été démoli au XVIIe siècle.

137

Pierre Roger était déjà élu. Voulant montrer l'unanimité du Sacré Collège dans ce choix, le cardinal Annibal de Ceccano écrivit au roi d'Angleterre, Edouard III, qu'il avait eu lieu « par la seule inspiration divine ».

Il est difficile de dire si l'inspiration fut vraiment divine, mais il est certain que les cardinaux, las de l'austérité de Benoît XII, recherchaient un homme d'un caractère opposé. Pierre Roger était de ceux-là.

D'un abord avenant, aux allures dégagées, il était aimable, conciliant, excellent orateur, bon théologien et habile politique. Il était fort bien avec le roi Philippe, dont il était un conseil écouté. Ce dernier trait était d'une grande importance pour le Sacré Collège composé presque essentiellement de Français.

Pierre Roger, ou Rogier, appartenait à une famille limousine d'une petite noblesse, assez semblable à celle de Clément V. Elle possédait le château de Maumont au nord de Tulle proche de la petite ville d'Egletons. C'est là, dans un pays rude et sauvage, que le futur pape naquit, en 1291, de Guillaume Roger et de Guillemette de Mestre. Guillaume Roger, qui s'intitulait damoiseau, n'était pas riche et, comme il avait cinq enfants, il résolut de réserver le maigre héritage à son fils aîné, Guillaume. Les deux autres garçons, Pierre et Hugues, probablement sur le conseil de leur oncle Nicolas qui était prêtre, furent placés chez les bénédictins ; Hugues chez les oblats de Tulle, Pierre à la Chaise-Dieu. Il avait dix ans !

L'éducation des bénédictins sut éveiller avec bonheur son intelligence. Voyant ses brillantes dispositions, l'abbé de la Chaise-Dieu et le cardinal de Mortemart l'envoyèrent à Paris parfaire ses études. Il y réussit brillamment et devint bachelier de théologie. Fervent thomiste, il intervint avec succès dans toutes les disputes théologiques. Son ascension sera rapide et due à ses seuls mérites. Le pape Jean XXII lui conféra, par faveur spéciale, la maîtrise et la licence en théologie (1323). Sa nomination de prieur de Savigny, près de Lyon, puis de Saint-Baudril ne l'empêcha pas d'être apprécié par le roi Charles IV le Bel. En 1326, il devint abbé de Fécamp et, dès ce moment, fut considéré comme un personnage important du royaume, sa carrière ecclésiastique allant de pair avec sa place politique. Tour à tour, il fut nommé évêque d'Arras en 1328, archevêque de Sens en 1329, archevêque de Rouen en 1330. C'est là que Pierre Roger allait faire l'apprentissage de la richesse, car le siège de Rouen était le mieux doté du royaume. On l'évaluait à 36 000 florins d'or.

Dans le même temps, figurant à la chambre des enquêtes, il fut chargé de porter à Edouard III la citation lui enjoignant de prêter serment au roi de France. En 1329, à l'assemblée de Vincennes, il défendit avec brio les droits de la juridiction ecclésiastique. En 1330, il prenait part aux négociations engagées avec le roi d'Angleterre et présidait la chambre des Comptes. Tout le monde alors le considérait comme le conseiller de Philippe VI. Le pape Jean XXII puis Benoît XII ne communiquaient avec le roi que par son intermédiaire. Son rôle fut primordial dans les conflits avec l'Angleterre ou avec l'empereur, Louis de Bavière, et dans tous les débats diplomatiques. Le roi, pour le garder près de lui, repoussa en 1335 son élévation au rang de cardinal. Cet honneur ne lui sera décerné que le 13 décembre 1338, accompagné certes de nombreux bénéfices et d'une rente de 1 000 livres tournois accordée par le roi.

Tel était le nouveau pape qui, pour marquer son désir de mansuétude à tous les égards, prit le nom de Clément.

Le couronnement de Clément VI eut lieu le 19 mai 1342, dans la chapelle des dominicains, celle du palais ayant été jugée trop petite. Ce fut l'occasion de grandes festivités. Le duc de Normandie, le futur Jean le Bon, y assistait avec les ducs de Bourgogne et de Bourbon, ainsi que le dauphin Humbert de Viennois. Après le couronnement, une grande calvacade se promena au travers de la ville pavoisée, le duc de Normandie et le duc de Bourgogne tenant chacun la bride du cheval de Clément VI.

Pour marquer la fin des réjouissances, un grand banquet eut lieu dans les jardins du couvent, sous une large tente de toile que l'on avait dressée pour s'abriter du soleil déjà brûlant. L'extrémité, où trônait le pape entouré de ses cardinaux, avait été décorée de précieuses étoffes rouges et jaunes. Ce qu'on y mangea fut fantastique. Rien à voir avec les banquets, un peu minables, des neveux de Jean XXII. Ce jour-là on avait prévu 118 bœufs, 1 023 moutons, 101 veaux, etc., on y consomma 39 980 œufs, 50 000 tartes et 95 000 pains !... Il faut espérer que les convives étaient nombreux et qu'une bonne partie d'Avignon dut se régaler.

De toute façon, c'était commencer fastueusement un règne qui n'allait pas manquer de somptuosités. Prenant le contrepied de son prédécesseur, Clément VI allait transformer la cour d'Avignon en une des plus brillantes d'Europe.

Habitué à fréquenter le palais royal, il allait amener les habitudes de luxe et de raffinement sur le rocher des Doms, le tranformant en capitale des Arts et des Lettres. Jamais la ville ne brillera d'un tel éclat et Clément VI sera comparable à nos grands rois bâtisseurs, François Ier ou Louis XIV.

A peine eut-il pris possession du palais pontifical que Clément VI se mit à tout changer. Il aurait répondu avec un certain dédain, à quelqu'un qui s'étonnait : « Nos prédécesseurs ne surent pas être papes ! » Orgueilleuse réponse qui le poussera à commettre des imprudences.

Balayant les réformes péniblement entreprises par Benoît XII, il permit aux prêtres et aux clercs écartés d'Avignon de revenir. Mieux, il les invita à déposer leurs suppliques dans les deux mois. Ce fut une ruée invraisemblable, on enregistra selon un chroniqueur plus de cent mille demandes ! Devant ce flot ravageur, il dut, pour tenter de l'endiguer, se réserver à lui seul la distribution des bénéfices. Ce faisant, il ouvrait la porte au favoritisme.

De caractère généreux, Clément VI ne voyait pas le danger que comportait la distribution des faveurs. Renouant avec une pratique abolie par son prédécesseur, il combla sa famille de bienfaits. L'ascension de celle-ci est d'ailleurs remarquable. Petite famille terrienne et pauvre, elle le demeura jusqu'à l'élévation de Pierre Roger à l'archevêché de Rouen. On vit alors le vieux Guillaume acheter tout à coup, au comte de Ventadour, la seigneurerie de Rosiers-d'Egletons, petit village situé à côté du château familial de Maumont. Dans le même temps, son beau-frère, Jacques de la Jugie, se faisait anoblir et devenait chevalier. Ces faveurs obtenues grâce à son neveu devaient lui permettre d'allier ses enfants à de très nobles familles.

Lorsque Pierre Roger deviendra Clément VI, les choses iront beaucoup plus vite et beaucoup plus loin. Dès son avènement au pontificat, son frère Guillaume Roger recevra du roi la terre de Beaufort, en Anjou, avec le droit d'y posséder un château et d'y exercer la haute et basse justice. Une rente annuelle, perpétuelle et héréditaire de 1 000 livres venait s'ajouter à cette donation. En 1347, la terre de Beaufort était érigée en comté et Guillaume dispensé des chevauchées (1). Il achètera en outre, personnellement, la vicomté de Lamothe en Velay. Les treize enfants qu'il eut de ses trois femmes seront à leur tour bien dotés. L'aîné, Guillaume, recevra de Jean le Bon la châtellenie de Caylus. La terre de Valernes en Provence, érigée en vicomté par la reine Jeanne de Naples, sera donnée à Raymond le dernier des treize enfants. Deux autres enfants du second mariage recevront des rentes importantes de Jean le Bon. Non content de ces honneurs, Clément VI interviendra personnellement auprès du roi, écrivant plus de cinquante bulles pour que son neveu Guillaume soit armé chevalier, lors du sacre de Jean, en même temps que le dauphin.

Le second frère de Clément, Hugues, devait acheter à son tour la ville d'Alès et Bagnols-sur-Cèze, ainsi que les châteaux de Bouzols et Sévissac. D'un autre côté, ce frère, qui n'avait pas beaucoup progressé dans la hiérarchie catholique, fut promu cardinal dès le début du pontificat de son frère. De sa famille il ne sera pas le seul, puisque cinq membres bénéficieront de la pourpre cardinalice, dont son neveu Pierre qui la recevra à dix-huit ans. Ce Pierre, il est vrai, deviendra pape à son tour. Quant à l'oncle de Clément, Nicolas, qui l'avait orienté vers la voie ecclésiastique, il sera récompensé par le plantureux archevêché de Rouen.

En dehors de ces honneurs officiels recueillis par la famille, il est impossible de dénombrer tous les petits bénéficiaires venus s'abattre sur Avignon pour récolter les miettes du gâteau. Dès son arrivée au palais, Clément VI agréa les demandes de tous les clercs, domestiques, marchands et artisans qu'il avait connus. On aurait cru revivre l'invasion des Gascons du temps de Clément V.

(1) Service armé dû par un vassal.

Une autre invasion, mais celle-ci plus charmante, fut celle de nombreuses jeunes et jolies femmes qui hantèrent le palais. Elles étaient délicieuses, mais dépensaient pas mal d'argent. Dans les comptes, on retrouve la rubrique « Dames de la famille du pape » car elles étaient toutes ses parentes, que ce soient sa sœur, Guillemette de la Jugie ou ses nièces, Elise de Valentinois, Delphine de la Roche et surtout Alienor de Turenne qui fit beaucoup parler d'elle. Le chroniqueur florentin, Villani, qui n'aimait guère ce pape français, s'était empressé de rapporter : « Dans ses appartements circulaient les grandes dames de même que les prélats et parmi elles une comtesse de Turenne eut tellement sa faveur qu'une grande partie des grâces s'obtenaient par son entremise. Etait-il malade, les dames le servaient et gouvernaient les autres séculiers en tant que ses parentes. »

L'histoire d'Alienor de Turenne est encore une étonnante manifestation du népotisme de Clément VI. A la suite de la mort du comte Bertrand VIII de Comminges, une succession difficile déchirait cette famille. Le comte avait un frère, Pierre-Raymond et trois filles : Cécile, l'aînée, avait épousé Jaime d'Aragon comte d'Urgel, la seconde s'appelait Jeanne et la troisième Alienor. Clément VI, qui adorait se mêler de diplomatie, voulut concilier les différents intérêts en mariant Cécile à son oncle Pierre-Raymond. Son échec fut total. Il eut alors l'idée géniale de marier son neveu Guillaume Roger de Beaufort, qui avait dix-sept ans, avec la jeune Alienor qui en avait seize. Il avait pour lui un argument de poids, les dettes qui criblaient la famille de Comminges et qu'il se proposait de payer. Il espérait, en outre, récupérer dans cet héritage la vicomté de Turenne qui avait l'avantage d'être proche des terres familiales de Maumont et de Rosiers-d'Egletons. Le mariage eut lieu à la fin de l'année 1349.

Clément VI, ravi de cette union, écrivait en janvier 1350 à sa nouvelle nièce : « Hâte-toi, ma fille, de te mettre en route. Hâte-toi le plus rapidement possible, car nous désirons te voir, mû par une affection paternelle. » Cette affection ne pouvait être vraiment que paternelle, car Clément avait cinquante-neuf ans et souffrait de la gravelle, et sa nièce seize ans.

C'est peu après le mariage, en avril 1350, que la vicomté de Turenne fut enfin obtenue pour le jeune Guillaume de Beaufort. Il fallut payer 20 000 florins de dettes et désintéresser les autres héritiers avec 145 000 florins. Devenu vicomte et vicomtesse de Turenne, le jeune couple vint s'installer dans un hôtel situé à Villeneuve-lès-Avignon. Ils furent couverts de bienfaits. La naissance de la première fille, Jeanne, fut l'occasion de dépenses excessives. Le roi Jean le Bon assista à son baptême et Clément VI accorda au nouveau-né une dispense de mariage pour lui permettre d'épouser le fils du comte de Forez ! Tout était prévu de longue date. Ce que l'on n'avait pas prévu, c'est que le fils de Guillaume et d'Aliénor, Raymond, allait, dans quelques années, faire trembler la papauté.

Telle est l'histoire de la gentille Alienor. S'il n'y a rien dans tout cela de bien extraordinaire, on comprend parfaitement que des contemporains, voyant déambuler dans le palais cette jeune personne ou ayant simplement entendu rapporter le fait, en aient été choqués. Il est évident que des nièces, si charmantes soient-elles, n'auraient pas dû avoir tant de place dans une cour religieuse. Or, tout est là, car l'optique de Clément était celle d'un seigneur temporel sur un fond de religion. Il va encore le prouver en transformant, agrandissant, embellissant la sévère forteresse de Benoît XII.

Pour succéder à Pierre Poisson, il fit appel à un homme de la région, Jean de Loubières (1).

Celui-ci commença par ce qui était le plus pressé sous ce règne, les cuisines. On les trouvait trop exiguës et elles avaient été sérieusement endommagées par un incendie. On éleva une magnifique cheminée pyramidale, digne des festins auxquels elle devait contribuer. Clément VI voulut en même temps agrandir ses appartements. Contre la grosse tour du Pape, il en fit élever une nouvelle qui prit le nom de tour des Etuves, à cause des étuves qui furent installées tout au bas. Clément, qui s'en servait comme salle de bains, y fit mettre une baignoire de plomb. Au-dessus, il y avait deux étages de garde-robes, ce qui était tout juste pour ce somptueux pontife, amateur de belles étoffes et surtout de fourrures. On a retrouvé dans ses comptes l'achat de 1 080 peaux d'hermine pour garnir chapeaux, chapes, mosettes, capuchons et bonnets.

Au-dessus, un cabinet de travail communiquait avec la chambre pontificale. Enfin, au dernier étage, un bel et clair oratoire, dédié à saint Michel.

Ce n'étaient là que simples aménagements lorsqu'il entreprit l'*opus novum,* œuvre grandiose digne d'abriter un puissant seigneur comme lui. L'entreprise consistait à fermer, par deux vastes corps de logis, la petite place des Cancels où s'ouvrait l'ancienne entrée. Il acheta les terrains, fit démolir les maisons et bientôt l'on vit deux grands bâtiments en équerre clore une large cour qui devenait la place du Palais en remplacement de celle beaucoup plus modeste du Cloître.

Le nouveau bâtiment occidental faisait suite à l'aile des familiers. C'est en son milieu que s'ouvrait la nouvelle porte principale, appelée porte des Champeaux

(1) L'étude récente de M. Pierre Gasnault a démontré que Jean de Loubières n'était pas originaire du Midi mais de l'Ile-de-France, de Louvres, à quelques kilomètres au nord de Paris.

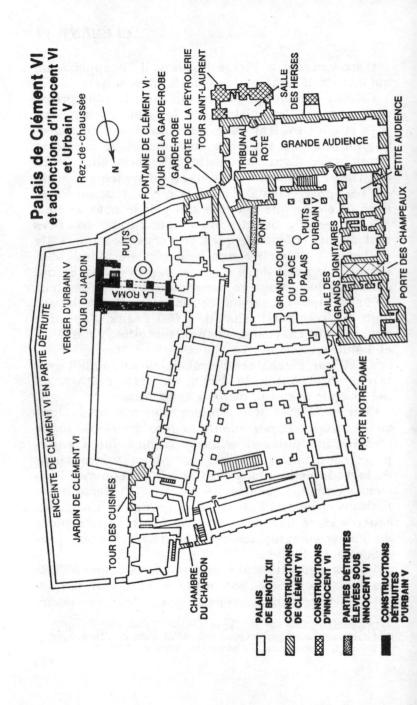

Palais de Clément VI
et adjonctions d'Innocent VI
et Urbain V

Rez-de-chaussée

N

ENCEINTE DE CLÉMENT VI EN PARTIE DÉTRUITE

VERGER D'URBAIN V

TOUR DU JARDIN

JARDIN DE CLÉMENT VI

TOUR DES CUISINES

CHAMBRE DU CHARBON

PUITS

LA ROMA

PORTE NOTRE-DAME

FONTAINE DE CLÉMENT VI

TOUR DE LA GARDE-ROBE

GARDE-ROBE

PORTE DE LA PEYROLERIE

TOUR SAINT-LAURENT

SALLE DES HERSES

PONT

GRANDE COUR OU PLACE DU PALAIS

PUITS D'URBAIN V

AILE DES GRANDS DIGNITAIRES

TRIBUNAL DE LA ROTE

GRANDE AUDIENCE

PETITE AUDIENCE

PORTE DES CHAMPEAUX

PALAIS DE BENOÎT XII

CONSTRUCTIONS DE CLÉMENT VI

CONSTRUCTIONS D'INNOCENT VI

PARTIES DÉTRUITES ÉLEVÉES SOUS INNOCENT VI

CONSTRUCTIONS DÉTRUITES D'URBAIN V

simplement parce qu'elle s'ouvrait sur la rue du même nom. La façade, bien qu'encore fortifiée, était égayée par des échauguettes, des décrochements, des ouvertures plus larges et plus nombreuses. La porte des Champeaux était surmontée de deux tourelles aux toits pointus, élégamment décorées.

Au-dessus du portail, comme pour symboliser la réussite de la famille, Clément VI fit placer les armes des Rosiers d'Egletons, d'argent aux six roses de gueules, bandé d'azur.

Cette aile fut réservée aux grands dignitaires. Le grand trésorier y logeait, ainsi que les notaires du trésorier ou clercs de la chambre apostolique chargés des affaires courantes, de même que le camérier. Les autres pièces qui entouraient la porte étaient réservées à la défense et aux gardes.

Le nouvel édifice qui fermait le palais vers le sud fut l'œuvre la plus importante tant du point de vue des proportions que de la beauté. Jean de Loubières allait y réaliser son chef-d'œuvre.

Dans la partie la plus basse, légèrement en contrebas de la cour, Clément VI installa son palais de justice dans l'énorme salle de la grande Audience. A son extrémité orientale et simplement séparée du reste de la salle par une barrière, se tenait l'audience des « auditeurs du sacré palais apostolique ». Le tribunal siégeait dans une enceinte de maçonnerie circulaire dont la forme, évoquant une roue, lui donna le nom qu'il a désormais gardé : le tribunal de la Rote (*rota*, roue). Les juges qui le composaient, appelés auditeurs, étaient uniquement chargés d'examiner les causes ecclésiastiques. Auparavant, les papes s'en chargeaient eux-mêmes, mais devant leur nombre sans cesse croissant, ils les confièrent aux auditeurs de la Rote. Toutefois, ceux-ci n'examinaient que les cas qui leur étaient confiés par le pape ou le vice-chancelier. Tous ces auditeurs portaient le titre de chapelain du pape (1).

A l'autre bout de la grande Audience, quelques marches conduisaient à la petite Audience, ou Audience des contredites. Là, présidait sur une estrade l'Auditeur des contredites, chargé de juger les incidents accessoires ou « contradictions » soulevés au cours du procès. Il s'agissait principalement de trancher sur la validité des documents produits par les parties.

L'œuvre la plus remarquable et la plus remarquée de Jean de Loubières est la grande chapelle qu'il élèvera au-dessus de la grande Audience. Ses vastes proportions en faisaient une église au sein du palais, au même étage et à peu de distance de la chambre du pape qui pouvait s'y rendre fréquemment. Désormais, délaissant la chapelle Saint-Jean de Benoît XII, toutes les grandes cérémonies s'y dérouleront. En souvenir de son inspirateur, on l'appellera la Clémentine.

Ce fut une des dernières réalisations de Clément VI qui ne put la voir totalement achevée. Il désirait notamment que les longues baies à meneaux, qui laissaient entrer la lumière, soient fermées par des vitraux. Malheureusement, le travail était long et le pape dut se contenter de simples toiles huilées rehaussées en trois tons, rouge, jaune et vert, par le peintre italien Matteo Giovanetti.

En dehors de ce petit travail, Clément VI avait confié à ce peintre la délicate mission de décorer entièrement l'intérieur du palais. Finie la pierre nue et froide qui parait seule les murs de Benoît XII. Clément voulait de la couleur, de la lumière partout.

---

(1) A l'emplacement de ce tribunal de la Rote, on a retrouvé inscrit sur le mur l'endroit où siégeait l'un d'eux, Bernard-Hugues de Cardaillac, parent de Jean XXII.

Avec toute une équipe de compagnons, Matteo Giovanetti s'attaqua à cette tâche considérable.

Avant de venir en Avignon, il était prieur de San Martino à Viterbe. Ce fut sans doute son maître Simone Martini (1), ami de Pétrarque, qui lors d'un séjour au palais le fit connaître au pape.

Ainsi, grâce à lui, seront peintes à fresques les salles du consistoire et de la grande Audience, le cloître de Benoît XII, l'oratoire Saint-Michel. De tout ceci il reste malheureusement peu de chose, et pour se faire une idée du talent de Giovanetti et se recréer l'atmosphère dans laquelle se mouvait la cour pontificale, il faut aller admirer les deux petites chapelles de Saint-Jean et de Saint-Martial. Les fresques y ont gardé leur fraîcheur primitive. Leur style clair et aéré est celui de l'école siennoise. Les couleurs sont fines et douces avec parfois des bleus intenses.

Deux autres pièces, la chambre du pape et son cabinet de travail, ont entièrement gardé leurs décorations de fresques, mais ne sont pas dues à Giovanetti. Le cabinet de travail est sans doute l'œuvre d'un artiste travaillant pour Giovanetti, dont la facture comme l'esprit font penser au Dauphinois Robin de Romans. Les sujets peints représentent différentes scènes de chasse ou de pêche et surtout une chasse au cerf qui valut à ce studium son nom de chambre du Cerf. Ces fresques sont la démonstration des goûts de Clément VI. Ainsi, loin de faire décorer son cabinet de travail et de réflexion par des sujets religieux, il fit peindre des scènes de la vie seigneuriale où trône le cerf, symbole de richesse et de justice. C'était bien là tout un programme.

Quant à la chambre pontificale, on ne sait comment elle était peinte alors, car les élégants rin-

(1) Rival de Giotto, il a laissé des œuvres à Florence et Pise. En Avignon, il décora le porche de Notre-Dame-des-Doms.

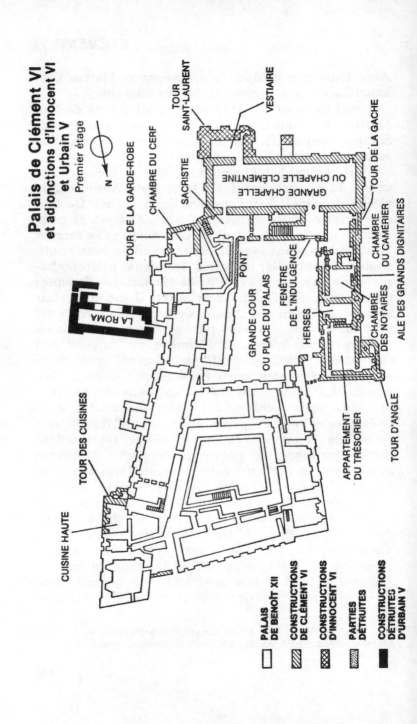

Palais de Clément VI
et adjonctions d'Innocent VI et Urbain V
Premier étage

N

TOUR DES CUISINES

CUISINE HAUTE

LA ROMA

TOUR DE LA GARDE-ROBE

CHAMBRE DU CERF

SACRISTIE

TOUR SAINT-LAURENT

VESTIAIRE

GRANDE CHAPELLE
OU CHAPELLE CLÉMENTINE

GRANDE COUR
OU PLACE DU PALAIS

PONT

FENÊTRE
DE L'INDULGENCE

HERSES

CHAMBRE
DU CAMÉRIER

TOUR DE LA GACHE

CHAMBRE
DES NOTAIRES

AILE DES GRANDS DIGNITAIRES

APPARTEMENT
DU TRÉSORIER

TOUR D'ANGLE

PALAIS
DE BENOÎT XII

CONSTRUCTIONS
DE CLÉMENT VI

CONSTRUCTIONS
D'INNOCENT VI

PARTIES
DÉTRUITES

CONSTRUCTIONS
DÉTRUITES
D'URBAIN V

ceaux animés d'oiseaux qui font aujourd'hui notre admiration datent vraisemblablement du temps d'Urbain V.

Non content de se construire un palais sur le rocher des Doms, Clément VI voulut avoir comme beaucoup de ses cardinaux une résidence à Villeneuve-lès-Avignon. Il acheta à côté de la tour Philippe-le-Bel l'ancienne livrée de Napoléon Orsini. Il la fit entièrement remettre en état, changeant bousculant, agrandissant. Pierre de Loubières fut chargé du gros œuvre et les peintres Robin de Romans et Bernard le Scot de la décoration intérieure.

Ces palais comme ceux que les cardinaux avaient élevés, non seulement dans Avignon, mais alentour, furent, comme il se doit, le théâtre de fêtes et de divertissements où banquets, danses, chants, joutes et tournois étaient les éléments de prédilection. On peut avoir une idée de ces étonnantes réceptions par le récit d'un auteur anonyme florentin rapportant celles qui furent données en l'honneur du pape par quelques-uns de ses cardinaux, dans la banlieue avignonnaise.

Le lundi 21 avril 1343, Clément VI, après sa sieste, quitta Avignon accompagné d'une multitude de cardinaux, prélats et autres personnes pour aller dîner et dormir dans la maison du cardinal Talleyrand de Périgord. Le lendemain après la messe, il se rendit dans son vaste et noble palais du pont de Sorgues où il resta jusqu'au mercredi suivant. Ce jour-là, il devait se rendre à Gentilly où l'attendait le cardinal Annibal de Ceccano.

Celui-ci était encore tout troublé par les préparatifs considérables qu'il avait entrepris, tant pour la décoration de sa maison que pour le festin. Il avait naturellement prévu d'attendre le pape à la grande porte pour le mener ensuite à la chapelle. Revêtu de ses plus riches vêtements, il attendait, entouré de vingt chapelains aux somptueux ornements, avec croix en tête pour la procession. Tout à coup quelqu'un cria « Monseigneur ! ils arrivent par la porte du jardin ! » Ce cri jeta la confusion la plus totale dans la belle ordonnance, chacun disant : « Ils arrivent par ici, non ils arrivent par là ! »

Finalement, Clément VI entra par une petite porte de côté donnant sur le jardin. Le cortège ayant retrouvé quelque dignité, le pape fut conduit dans la chapelle pour faire oraison. Celle-ci avait été entièrement décorée avec des draps d'or et de soie, et le sol recouvert de riches tapis. Sur l'autel brillait tout un trésor fait de croix d'or, de reliquaires, de statues d'or et de pierres et quantité d'autres objets précieux impossibles à décrire. A côté de l'autel avait été préparé un trône recouvert d'un tel drap d'or que l'on aurait dit de l'or en forme de trône.

Après s'y être recueilli un instant, Clément fut conduit dans sa chambre. Celle-ci avait également été ornée d'étoffes de soie et d'or de diverses couleurs. Les courtines du lit étaient aux armes du pontife. Les couvertures étaient de velours vermeil et d'hermine blanche et le ciel de lit de drap d'or. Sur le mur pendaient des tapisseries à sujets historiés. S'étant reposé un instant dans cette châsse d'or et de soie, le Saint-Père se rendit à table avec seize cardinaux. Il se lava les mains, bénit la table et vint s'asseoir à l'une des extrémités sur un trône recouvert d'étoffe d'or. Toute la salle était parée comme les autres pièces des étoffes les plus précieuses et les plus riches. Avec les seize cardinaux, avaient pris place vingt autres prélats et seigneurs laïcs. Une petite table avait été réservée à douze jeunes clercs qui avaient tout juste douze ans et étaient tous parents de Clément VI.

En outre, il y avait quatre chevaliers de sa famille et douze écuyers. Annibal de Ceccano leur fit revêtir de très belles cottes de drap d'or et de soie et donna à chacun une précieuse ceinture d'argent avec une bourse contenant vingt-cinq florins d'or pour les chevaliers et douze florins pour les écuyers.

Il y eut neuf services de trois plats. Après le troisième service, on présenta une forteresse entourée de gibiers et de venaisons de toutes sortes dont un magnifique cerf, véritable symbole, que l'on croyait vivant. Le bruyant éclat des cuivres accompagnait le service. Durant le quatrième, les clercs et écuyers du cardinal de Ceccano vinrent parader et l'un d'eux s'adressant au souverain pontife lui déclara : « Saint Père, il y a en bas un destrier blanc très beau et très noble ; et voici deux anneaux et une coupe avec son couvercle et son pied, comme vous le voyez. Le cardinal supplie votre sainteté de bien vouloir accepter ces présents. » Clément prit les anneaux, un très gros saphir et une belle topaze, recommanda qu'on prît soin du cheval et donna la coupe à l'un des quatre cavaliers de son service (1). Ensuite, clercs et écuyers distribuèrent à chacun une belle bague ornée de diverses pierres. Les douzes jeunes clercs reçurent une ceinture et une bourse avec vingt-cinq florins et les vingt-quatre sergents pontificaux une ceinture avec trois florins.

Au septième service, l'on vit entrer dix cavaliers en armes, le premier portant la bannière d'Annibal de Ceccano. Puis durant une heure, ils firent tournoi les uns contre les autres. Qu'on se rassure, les cavaliers ne montaient pas de vrais chevaux, mais portaient leurs chevaux faits de bois et de draperies autour de la ceinture, tels ces *chivaux frus* qui accompagnent encore la Fête-Dieu d'Aix-en-Provence. Le vainqueur fut un cavalier dont les armes étaient à

---

(1) Le cheval valait quatre cents florins d'or, les anneaux cent cinquante et la coupe cent.

la croix de gueules sur champ d'or. Pour le huitième service, ce fut le combat de six escrimeurs qui se livrèrent à des assauts avec force cris. Le neuvième et dernier service fut charmé par les doux accents d'un chœur invisible, tandis que les desserts arrivaient sous la forme de deux arbres, l'un d'argent avec pommes, poires, pêches et raisins, l'autre vert portant des fruits confits.

Le vin qui coulait généreusement venait de Beaune, de Saint-Pourçain et de la vallée du Rhin.

Pour clore joyeusement le repas, l'on vit arriver le maître queux suivi de la brigade de ses trente aides, dansant et chantant autour des tables dans une farandole endiablée.

Après le vin et les épices et s'être reposé un instant, le pape fut conduit à une fenêtre d'où il pouvait admirer le jardin et les prairies qui bordent la Sorgue. De l'autre côté de la rivière, cavaliers et écuyers s'étaient mis à chanter et danser. Tout le monde se précipita sur le pont pour mieux les voir. Tout à coup ce fut un grand cri, mêlé de rires et de bruits d'eau ; le pont était faux et tous barbotaient dans la Sorgue ! Clément rit beaucoup, puis alla se reposer avant de dire des vêpres solennelles. En fin de journée, il monta à cheval pour aller coucher dans son palais de Pont-sur-Sorgues.

Le lendemain après la messe, ce fut chez le cardinal Pedro Gomez, dit le cardinal d'Espagne, qu'il se rendit pour déjeuner avec dix-huit cardinaux et beaucoup d'autres seigneurs, clercs ou laïcs. La réception fut plus calme et très bien ordonnée. Le luxe affiché, bien qu'encore grand, était moins ostentatoire. Petit détail amusant, le cardinal avait placé à la porte d'entrée des personnes discrètes, chargées de filtrer les invités. Le repas fut moins somptueux, mais mieux au point et d'une chère plus délicate. Aucun cadeau ne fut fait aux personnes de la suite, seul Clément VI eut droit à un magnifique destrier d'Espagne, d'un bai éclatant et d'une valeur de mille florins d'or.

Une sieste fut la bienvenue avant les vêpres solennelles, puis le Saint-Père monta à cheval pour s'en retourner en Avignon, après ces deux journées bien remplies.

Il était évident qu'on était bien loin de la simplicité évangélique et que même à la cour de France on ne trouvait pas encore autant de raffinement et de luxe. Les ennemis de Clément VI ne manqueront pas de le lui reprocher.

Il serait toutefois faux de croire que Clément VI n'avait de goût que pour les divertissements. D'un esprit curieux et cultivé, il se plaisait en la compagnie des savants. Il avait en haute estime Pétrarque qu'il chargea particulièrement de s'occuper de sa bibliothèque et de lui procurer les œuvres de Cicéron. Curieux et avide de connaissances nouvelles, il fit traduire le traité d'astronomie de Levi ben Gerson. Il chargea aussi deux savants humanistes, Jean de Murs et Firmin de Beauval, de calculer le nombre d'or et d'étudier une réforme du calendrier julien.

Ami des arts, des lettres, des sciences, Clément VI n'en était pas moins un prince chrétien et un prince généreux. En faveur des courtisans, les dépenses de draps flamands passeront rapidement et un peu follement de 2 000 à 10 000 florins. Elles continueront à augmenter au point que Clément se verra obligé de remplacer ces achats par des indemnités. Néanmoins ; il pensait aux pauvres et, continuant l'œuvre entreprise par Jean XXII à la Pignote, il n'hésitera pas à la développer. Chaque jour il fera venir de quoi cuire 32 000 pains. Les bâtiments étant devenus trop petits pour le nombre d'indigents, il entreprit entre 1344 et 1348 les agrandissements nécessaires. Il acheta un grand jardin pour en faire un potager et un verger au service de tous.

Homme de goût, Clément VI ne se contenta pas de vivre confortablement dans son palais. Il voulait que l'harmonie règne aussi bien autour de lui que dans les événements extérieurs sous sa dépendance. Ses talents de diplomates allaient être mis à l'épreuve dans plusieurs occasions importantes. A la mort de Louis de Bavière, il réussit à faire élire un candidat de son choix, Charles IV de Luxembourg, dont les engagements solennels lui faisaient espérer un peu de tranquillité. Avec les rois de France depuis Philippe le Bel, les rôles étaient inversés. C'était bien souvent les papes qui influençaient leur politique par leurs conseils et leur entremise. Clément VI ne rencontra de réelles difficultés qu'en Italie. Tous les ferments de troubles de cette époque semblaient s'être rassemblés dans la péninsule. Rome et Naples étaient les deux grands pôles de l'agitation.

A Naples régnaient les Angevins, issus d'un frère de Saint Louis. Ils possédaient Naples, la Provence et Avignon et étaient vassaux du Saint-Siège pour Naples. Ils en étaient devenus les soutiens les plus sûrs, contrebalançant l'influence de l'empereur en Italie. Son dernier souverain, le roi Robert, avait été un grand personnage. C'était un érudit, aux idées larges, ami des lettres et des arts, et menant fermement la barque de son royaume. Sa mort survenue dans les premières années du pontificat de Clément VI, en 1343, laissait pour héritière sa petite-fille, une femme jeune et légère, Jeanne. Pressentant sa vulnérabilité, il voulut la marier avant sa mort. Jeanne ayant une sœur, Marie, il pensa réaliser un double mariage en unissant Marie avec le petit-fils de son frère aîné, le roi Louis de Hongrie, et Jeanne avec son frère cadet, André, dont Pétrarque a dit :

« C'était le plus doux et le plus innocent de tous les hommes. Un prince d'un caractère rare, un roi de grande espérance. »

Seul le mariage de Jeanne se réalisa avant la mort de Robert. Inquiet malgré ces précautions, il avait recommandé à toute sa cour de veiller avec soin sur Jeanne et de la regarder comme leur souveraine incontestée. Hélas ! à peine le roi Robert se fut-il éteint que les intrigues se déchaînaient avec une fureur digne du bas empire.

Robert de Naples, en dehors de son frère aîné devenu roi de Hongrie (1), avait eu deux autres frères, demeurés à la cour de Naples, Philippe de Sicile, prince de Tarente, et Jean de Sicile, duc de Durazzo ou plus commodément de Duras. Ces deux frères avaient, par malchance, laissé leurs épouses en mourant, Catherine de Valois et Agnès de Périgord. Toutes deux regardaient avec convoitise et dépit ce royaume de Naples échéant à cette jeune femme. Pour essayer de l'obtenir sinon pour elles, tout au moins pour leurs enfants, elles allaient s'employer avec un art consommé et un cynisme parfait à tenter de marier les deux petites-filles de Robert avec quelqu'un de leur progéniture. Ce fut Agnès de Périgord, duchesse de Duras, qui agit la première, en jetant son dévolu sur la jeune Marie qui était seulement fiancée avec Louis de Hongrie. Avec une astuce bien féminine, elle fera demander à Clément VI, par l'intermédiaire de son frère le cardinal Elie Talleyrand de Périgord, une dispense pour marier son fils Charles de Duras avec une de ses proches parentes sans, bien sûr, en mentionner le nom. Il s'agissait de Marie évidemment. La dispense obtenue grâce à Talleyrand, poussé par sa mère, Charles de Duras pour être sûr d'arriver à ses fins

(1) Voir tableau généalogique.

Généalogie de la famille Roger

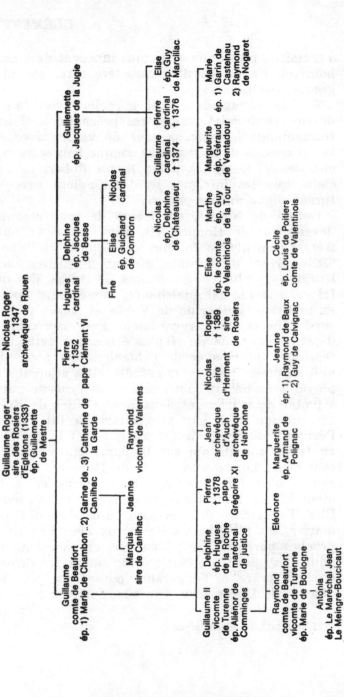

ne trouva d'autre moyen que d'enlever la jeune Marie. Le scandale fut grand, mais le mariage eut lieu.

Agnès de Périgord, par cette union, avait l'espoir, si Jeanne mourait sans enfant, de voir passer la couronne dans sa famille. Ceci ne manqua pas d'exciter la jalousie de Catherine de Valois, bien que, pour elle, les voies semblaient fermées puisque Jeanne était déjà mariée. L'ambition fut la plus forte. Elle monta une odieuse machination avec l'aide et par l'intermédiaire de la gouvernante de Jeanne, Philippa la Catanaise. Celle-ci, flattant les goûts de sa maîtresse, qu'elle savait rieuse et légère, sut gagner sa confiance. Par ses conseils et ses insinuations, elle contribua à creuser un fossé entre la reine et son mari.

Catherine de Valois allait marquer un premier point lorsque Jeanne refusa de considérer son mari comme roi et de l'associer au gouvernement. Elle lui fit même jouer un piteux rôle de prince consort, malgré les demandes réitérées de Clément VI. En tant que suzerain, celui-ci s'inquiétait de voir le royaume en proie à toutes les cabales. En septembre 1343, il envoya Pétrarque, espérant que son éloquence pourrait convaincre la jeune reine. Lorsqu'il arriva à Naples, Pétrarque fut horrifié et peiné de voir ce pays, dont il avait gardé un souvenir ému sous le règne de Robert d'Anjou, se disloquer sous les intrigues. « Un navire que ses pilotes conduisent au naufrage, un édifice ruiné soutenu par le seul évêque de Cavaillon (1). »

En vain exerça-t-il ses talents, en vain le cardinal Aimeric de Chatelus essaya-t-il d'user des droits de bailliste, lui incombant pendant la minorité de Jeanne. L'atmosphère de la cour de Naples était

---

(1) Philippe de Cabassole, vice chancelier du royaume de Naples, nommé par le roi Robert.

devenue irrespirable. L'intervention de la Hongrie dans ce nœud de vipères n'arrangea rien.

Le roi Louis, en effet, considérant comme outrageant le traitement réservé à son frère, pria le pape d'exiger que la reine accordât à son époux le titre royal. Celle-ci, de son côté, intriguait à la cour d'Avignon. Par deux fois, Louis de Duras s'y rendit de sa part avec l'aide de son parent le cardinal Talleyrand de Périgord. Ce fut pourtant le roi de Hongrie qui parvint à convaincre Clément du scandaleux agissement de Jeanne. Celui-ci envoya donc un ordre péremptoire à Naples. La reine s'inclina et le jour du sacre fut fixé au 20 septembre 1345. Dans le clan de Catherine de Valois, ce fut la consternation.

Le 18 septembre, soit deux jours avant le couronnement, le prince André était avec sa femme dans la petite ville d'Aversa. Il allait se coucher, lorsqu'il s'entendit appelé. Intrigué, inconscient, il se rendit à l'appel. Soudain, traversant un sombre couloir, il fut saisi, étranglé, abattu.

Ce meurtre ignoble, incroyable, fut aussitôt imputé à la reine. C'est en vain qu'elle tenta de se disculper, tant auprès de son beau-frère, le roi de Hongrie, que des Napolitains. La naissance même d'un fils (1), quelques mois plus tard, ne calma pas les esprits. Une émeute se déclencha, insultant la reine, réclamant la punition des traîtres. Devant la menace, Jeanne et son entourage livrèrent à la justice la fameuse Philippa la Catanaise et quelques comparses. La vraie coupable, Catherine de Valois, n'était pas inquiétée et, bien au contraire, poursuivait cyniquement ses desseins. Elle parvint à faire accepter au palais royal son fils Robert de Tarente poussant Jeanne à le prendre pour époux. Cependant, les jeunes gens étant cousins, il leur fallait une dispense du

(1) Charles Martel, qui mourra jeune.

pape. De son côté, Louis de Hongrie, dont la haine et la vengeance grandissaient devant ce projet de mariage sur le sang encore chaud de son frère, se répandait en menaces, envoyant des émissaires pour réclamer le jugement et la déposition de la reine adultère. Clément VI, ainsi pressé des deux côtés, parvint à se tirer habilement du mauvais pas.

Il refusa de déposer Jeanne, mais précisa qu'il n'accorderait point de dispense de mariage sauf pour motif grave. Enfin, le 4 novembre 1346, dans la grande salle du Consistoire, il excommunia solennellement les assassins d'André de Hongrie, chargeant le cardinal de Deux de les découvrir.

La mort de Catherine de Valois, survenue peu de temps avant, fut à l'origine d'un nouveau coup de théâtre. Robert de Tarente étant parti à l'enterrement de sa mère trouva porte close à son retour. Jeanne ayant cessé de subir l'influence de Catherine avait changé d'avis. Versatile ou influençable, ce n'était plus Robert qu'elle voulait, c'était son frère Louis. De nouvelles démarches furent donc entreprises auprès de la cour d'Avignon. Clément VI, comme précédemment, donna des ordres pour que la dispense ne soit accordée qu'en cas extrême. Ce cas sera trouvé par un ancien amant de Catherine de Valois. Il jettera Louis de Tarente dans les bras de la reine Jeanne. Louis entrera le 15 août 1347 dans le palais royal et le 22 lui remettra l'anneau nuptial.

Devant ce nouveau mariage, Louis de Hongrie ne se contint plus et donna libre cours à son désir d'aller remettre de l'ordre à Naples. Voulant éviter cette guerre, Clément VI dépêcha Pétrarque en ambassadeur auprès du roi de Hongrie. Jouant de malchance, le glorieux poète, parti d'Avignon en novembre 1347, ne put parvenir à temps. L'armée hongroise ayant traversé l'Italie arrivait devant Naples.

Jeanne, pour échapper aux fureurs vengeresses

de son beau-frère, dut s'embarquer précipitamment le 15 janvier 1348, pour rejoindre sa fidèle Provence, où du reste l'accueil ne fut pas aussi enthousiaste que l'on escomptait. Les Provençaux restaient frappés par l'assassinat d'André de Hongrie et craignaient que, dans son désarroi, la reine ne cédât le comté. Le 19 février, elle dut même s'engager à ne pas le vendre tandis qu'une partie de sa suite composée de Napolitains était retenue prisonnière à Aix-en-Provence.

⁂

Lorsqu'elle se dirigea sur Avignon, le temps des chants et des danses était passé. Un terrible fléau s'était abattu sur tout le pays : la peste. Cette affreuse maladie, tuant plus sûrement que l'épée, arrivait de Chine semant la mort sur son passage. L'Inde, le Proche-Orient avaient été contaminés et les navires commerçants de Gênes et de Venise l'avaient portée en Italie, puis à Marseille et de là, comme poussée par un vent maléfique, elle remontait la vallée du Rhône. Avignon, le comtat étaient atteints. Ce fut surtout dans la ville surpeuplée que le mal fut le plus virulent. La situation y devint effroyable. Nous en connaissons les échos désastreux par une lettre d'un ami de Pétrarque, Louis Sanctus de Beeringen. Sa lettre, qui date du 27 avril 1348, nous dit qu'en trois mois sept mille demeures se trouvèrent vides. La ville elle-même était comme morte. Tous ceux qui avaient pu fuir étaient partis dans la campagne, les autres se terraient dans leurs maisons. On n'osait plus parler aux parents d'un mort. Les malades eux-mêmes étaient souvent laissés sans soins. Leurs parents leur déposaient, en hâte, un peu de nourriture, avant de se sauver. Des prêtres ne voulaient plus confesser ni donner les derniers sacrements. Clément VI dut accorder l'absolution générale à tous ceux qui regretteraient simplement leurs fautes. Par crainte du mal, il y avait des gens qui n'acceptaient plus de nourriture ne datant pas d'un an, pensant ainsi qu'ils étaient à l'abri de la contagion. Beaucoup se demandaient d'où venait ce mal. Certains l'imputaient à la reine Jeanne et à l'assassinat de son mari, d'autres prétendaient que les puits avaient été empoisonnés.

Devant un tel malheur, Clément VI, qui était resté en Avignon avec une grande partie de la curie, voulut déceler l'origine de ce mal. Il fit faire de nombreuses études et autopsies par ses médecins. On remarqua de cette façon que la peste se manifestait sous trois formes différentes. Tantôt, elle s'attaquait aux poumons, tantôt aux intestins, tantôt, elle apparaissait sous forme de tumeurs purulentes qui envahissaient tout le corps. Pour lutter contre l'épidémie, ne connaissant pas de remèdes miraculeux, on donna aux habitants des conseils d'hygiène ; de manger et de boire avec mesure, d'éviter tout excès, de se mettre à l'abri du froid et d'éviter le plus possible les contacts avec les autres personnes.

La mortalité était telle que l'enterrement des morts posa vite un problème. Devant le risque de contagion, on ne trouva bientôt plus de volontaires pour cette indispensable besogne. On eut alors l'idée de faire appel à des paysans venus des montagnes de haute Provence, les Gavots, dont la santé et la robustesse semblaient les mettre à l'abri de toutes maladies. Ils furent à leur tour décimés comme les autres. Les cimetières de la ville ayant été vite remplis, Clément VI acheta un grand terrain près de Notre-Dame-des-Miracles. En quelques mois, 11 000 personnes y furent enterrées. Une chapelle, Notre-Dame-de-Chamfleury, fut même érigée pour cette circonstance, car en dehors des soins matériels si difficiles à donner, les prières ne manquaient pas. En plus de nombreuses et ardentes processions, une messe spéciale fut instituée pour implorer le ciel contre ce fléau que les astrologues prévoyaient d'une durée de dix ans !

Heureusement, la peste, poursuivant sa course vers le nord, arrêta assez rapidement ses ravages en Avignon. Il est vrai que la ville était au trois quarts vide. Des contemporains ont parlé de 62 000 morts.

Parmi les victimes, il y eut six cardinaux dont le cardinal d'Espagne, Pedro Gomez, qui avait si bien reçu Clément VI, et le cardinal Giovanni Colonna, ami de Pétrarque. Mais la plus illustre fut sans doute Laure. Pétrarque, parti en ambassade auprès du roi de Hongrie à la fin de l'année précédente, était demeuré en Italie, c'est là qu'il apprit la nouvelle. On a toujours la note qu'il écrivit sur la page de garde de son Virgile :

« Laure, illustre par ses propres vertus et longtemps célébrée par mes vers, pour la première fois apparut à mes yeux, dans ma première adolescence, l'année du Seigneur mille trois cent vingt-sept le sixième jour du mois d'avril dans l'église Sainte-Claire d'Avignon, à la première heure du jour ; et, dans la même cité, un même mois d'avril, le même sixième jour, à la même première heure, mais de l'année mille trois cent quarante-huit, de la lumière, cette lumière a été soustraite. J'étais alors à Vérone bien portant, ignorant, hélas ! mon malheur. Mais la malheureuse nouvelle me fut apportée à Parme par une lettre de mon ami Louis (1) dans le dix-neuvième jour du mois de mai suivant. Ce corps très chaste et très beau fut déposé ⁻dans le couvent des frères mineurs (2), le jour même de sa mort à Vêpres. »

Un siècle et demi plus tard, on montrait son pré-

(1) Louis Sanctus de Beeringen.
(2) L'église des Cordeliers.

tendu tombeau, devant lequel François Ier vint lui-même s'incliner. Il n'y avait là rien d'authentique. La tombe de Laure comme sa personnalité se sont dérobées à toutes les patientes recherches. Le mystère demeure et son voile embellit encore la légende lorsqu'il entoure la grande inspiratrice de Pétrarque :

> « Hélas le beau visage, hélas le doux regard.
> Hélas le fier et le charmant maintien !
> Hélas, ce parler qui tout esprit, âpre et farouche
> Rendait soumis et tout lâche vaillant !
>
> Hélas le doux sourire d'où jaillit le trait
> Dont mort, et autre bien, ose n'espère !
> Arme royale et bien digne d'empire
> Si tu n'étais si tard parmi nous descendue !
>
> Pour nous je dois brûler et en vous respirer
> Car je fus vôtre, et si de vous je suis privé
> Tous les autres malheurs m'affligent d'autant
> [moins.
> D'espoir m'avez comblé et de désir,
> Quand une partie de haute et vivante plaisance,
> Mais le vent emportait ses paroles... »

Non contente d'avoir semé la mort, la peste allait engendrer de nouveaux malheurs. Beaucoup de personnes, incapables de comprendre d'où provenait l'épidémie, cherchèrent une explication et pensèrent la trouver chez les juifs. Les fauteurs de mauvais sorts, c'étaient eux. Eux qui empoisonnaient les puits et les rivières pour faire périr les chrétiens. Ces accusations soulevèrent une violente réaction de haine. Il y eut des pogroms. On les persécuta avec d'autant moins de ménagement que le mal qu'ils étaient censés répandre était plus affreux. Devant cette flambée de colère populaire, Clément VI s'émut. Esprit large et ouvert, sachant que les juifs étaient

165

innocents, il entreprit de le démontrer. Pour les défendre, ils les prit sous sa protection et interdit tous sévices à leur égard, menaçant d'excommunication quiconque les molesterait. Cette protection, cette bienveillance attirèrent nombre d'entre eux dans les Etats pontificaux et particulièrement dans Avignon et Carpentras.

Tous les remous provoqués par la peste n'avaient pourtant pas cessé.

Le début de l'année 1349 devait voir naître, en Souabe, une curieuse secte, les flagellants. Ceux-ci prétendaient conjurer la peste et sauver leurs âmes en se mortifiant ou plus exactement en se flagellant. Le rite qu'ils avaient fondé tenait plus des cérémonies païennes que du culte chrétien. Nus jusqu'à la ceinture, ils se prosternaient face contre terre, les bras en croix, tandis qu'autour d'eux, d'autres faisaient cercle. Ces derniers, armés de fouets munis de pointes de fer frappaient jusqu'au sang les corps étendus. S'arrêtant un instant, tous se prosternaient à terre en formant une croix, mêlant des prières spéciales à des sanglots et des incantations au ciel. Puis, de nouveau, la flagellation reprenait. Ils prétendaient qu'en trente-trois jours l'âme était ainsi lavée de ses souillures et retrouvait sa pureté baptismale. Ces extravagances auraient pu n'avoir que peu de conséquences si les flagellants s'étaient contentés de se fustiger. Malheureusement, leur fanatisme les conduisit à toutes sortes d'excès. Non seulement, ils s'éloignèrent de l'Eglise et de son autorité, mais menacèrent les biens ecclésiastiques. Enfin et surtout, ils spolièrent et persécutèrent les juifs. Certains, propageant leurs douteuses doctrines, vinrent jusqu'en Avignon semer le désordre. Clément VI, toujours soucieux de paix et de justice, ne vit d'autre moyen de s'en débarrasser qu'en les excommuniant, prescrivant à tous les princes ou évêques de les obliger à se soumettre ou à se dis-

perser. Les récalitcrants furent enfermés, quelques-
uns même parmi les plus tenaces furent condamnés
au bûcher.

**

La reine Jeanne était donc arrivée en Provence,
presque en même temps que la peste. Lorsqu'elle
quitta Aix pour se rendre en Avignon où l'épidémie
sévissait avec une particulière vigueur, il lui fallut
quelque courage. Tout d'abord, elle se rendit le 27 février 1348 dans son château de Châteaurenard. Le
15 mars, elle le quittait, traversait la Durance à Bonpas escortée de trente sergents à pieds et se dirigeait
vers la résidence du pape, vers Avignon, la ville dont
elle était la suzeraine. Ne serait-ce qu'à ce titre on ne
pouvait mal la recevoir. De toute façon, étant donné
les tragiques circonstances, il n'était pas question de
fêtes ni de réjouissances. Seuls quelques cardinaux
vinrent à cheval pour l'accueillir aux approches de la
ville et la conduire jusqu'à son hôtel. Celui-ci était
situé en dehors de la vieille ville, le long de la Sorgue,
à l'emplacement de l'actuel temple de Saint-Martial.
La demeure n'avait pas été entretenue depuis longtemps et il fallut entreprendre d'importants travaux
pour la rendre simplement habitable.

Ne voulant pas s'aliéner le Saint-Siège par une
provocation inutile, elle s'était présentée seule aux
portes d'Avignon, Louis de Tarente étant arrivé la
veille de son côté. Ce ne fut que quelques jours après
qu'elle fut admise en audience solennelle dans la
grande salle du Consistoire. Accompagnée de Louis de
Tarente, elle pénétra par la porte du Cloître, puis à
pas lents traversa la salle dans toute sa longueur. Les
couleurs fraîches des fresques de Matteo Giovanetti,
représentant le couronnement de la Vierge et le Christ
en gloire entouré des saints, contrastaient avec la gra-

vité de l'instant. Si Jeanne n'était pas là en accusée, elle savait qu'il lui faudrait se défendre et supplier. Clément VI, qui trônait à l'extrémité de la pièce, vêtu de la mosette et du bonnet de velours écarlate, bordé d'hermine, la laissa venir jusqu'à lui. Elle s'agenouilla en signe de vassalité, puis, s'étant relevée, elle rendit hommage pour le royaume de Naples. Ensuite elle put demander au Saint-Père l'autorisation de s'unir avec son cousin Louis de Tarente dont elle était enceinte. Avec ce dernier argument, il était difficile à Clément de refuser. Il chargea les cardinaux Annibal de Ceccano et Bernard d'Albi d'absoudre les jeunes souverains de s'être mariés sans dispense. Leur seule pénitence fut l'engagement de construire une église.

Cependant la commission du Sacré Collège (1) chargée d'enquêter sur l'assassinat d'André de Hongrie voulut commencer ses travaux. Tout de suite, elle se heurta au refus de comparaître opposé par la reine et son mari, tant qu'ils n'auraient pas recouvré leur royaume. Ne disposant dès lors ni de témoins ni d'aucune pièce, elle fut totalement inefficace. On essaya bien d'en savoir davantage avec les Napolitains arrêtés à Aix et depuis transférés à Noves, mais ils furent libérés avant qu'on n'en pût rien tirer. Plus tard, pour tenter d'obtenir quelques précisions, le pape cita la reine à comparaître devant lui. Celle-ci ne s'y rendit point et dès lors n'alla plus jamais au palais pontifical.

Tout ceci n'empêchait pas Clément VI d'avoir de la sympathie pour le couple royal. Cette sympathie était peut-être l'œuvre de l'habile cardinal Talleyrand de Périgord qui soutenait la cause de ses parents. Clément VI, en tout cas, manifesta publiquement son

---

(1) Elle était composée des cardinaux Bertrand du Pouget, Guillaume d'Aure et Gailhard de la Mothe.

estime à Louis de Tarente en lui remettant, le 30 mars, la rose d'or, de préférence au roi de Majorque qui se trouvait là. Cette rose d'or, remise tous les ans le jour de Lætare, devait honorer tout particulièrement un prince ou un personnage important. Clément VI, en accordant la rose à Louis, montrait qu'il ne le considérait pas comme coupable.

Si le pape était sensible au charme des deux jeunes gens, cela ne lui fit pas perdre son sens de la diplomatie. Il allait en faire une démonstration éclatante.

La reine, partie précipitamment de Naples, se trouvait entièrement démunie d'argent. Aimablement, Clément VI lui en prêta. Ce prêt fut le point de départ d'une affaire beaucoup plus importante : la cession des droits de suzeraineté sur Avignon.

La curie se plaignait à juste titre de voir la papauté siéger dans une ville ne lui appartenant pas, tandis que le pays alentour, le comtat Venaissin, faisait partie des biens de l'Eglise. Des pourparlers s'engagèrent d'abord sans hâte, puis brusquement prirent un tour rapide à cause des nouvelles venues de Naples.

Louis de Hongrie, après s'être emparé sans difficulté du royaume de Naples, voulut faire justice lui-même du meurtre de son frère. Tous les princes de la famille royale demeurés en Italie furent emprisonnés. Quant au duc Charles de Duras, l'époux de la sœur de Jeanne, après avoir tenté de s'opposer à l'avance des troupes hongroises, il fut décapité sur les lieux mêmes de la tragédie d'Aversa. Cet acte de violence contre une personne qui n'avait pas été mêlée directement au crime, ainsi que les méfaits des soldats hongrois soulevèrent la population contre ses nouveaux maîtres. Louis de Hongrie ayant vainement sollicité pour lui-même l'investiture du royaume de Naples dut regagner ses Etats, ne laissant que quelques garnisons en Italie. Pour Jeanne, le moment du retour semblait propice. Or les moyens financiers pour entreprendre la moindre expédition lui manquaient. Déjà, en plus des nombreuses libéralités accordées par le pape, elle avait dû emprunter la somme de 18 000 florins contre le gage de ses joyaux. Ce fut pour Clément VI le moment idéal de négocier avec la reine la cession d'Avignon. L'affaire fut donc activement poussée et, dès le 6 juin 1348, un accord se fit pour l'achat de la ville contre la somme de 80 000 florins, somme considérable qui devait être payée en plusieurs fois. Trois jours plus tard, l'acte fut signé officiellement dans l'hôtel de Jeanne, aux bords de la Sorgue. Louis de Tarente, que la reine avait autorisé à se parer du titre de comte de Provence, confirma cette vente et s'engagea à la faire respecter.

Nantie de cet argent, la reine pouvait désormais envisager son retour dans ses terres italiennes. Dès le 15 juin, elle convoquait les états de Provence, puis ayant rassemblé quelques bateaux, se mit en route un mois plus tard. Le 24 juillet, elle arrivait à Marseille, de là longeant la côte par Sanary, Brégançon, elle parvint à Nice où elle prit la mer.

Ainsi se terminait la domination de la Maison d'Anjou sur Avignon. Avec tact, la papauté avait attendu le départ de la reine pour prendre effectivement possession de la ville. Sur la maison commune on remplaça les fleurs de lys angevines par les clefs de saint Pierre. Pour que la cession d'Avignon fût définitive, il fallut que l'empereur Charles VI, en tant que suzerain de toute la rive gauche du Rhône, ratifia à son tour le contrat. Longtemps encore, les Avignonnais se considérèrent comme les sujets de la reine de Naples. Ce n'est que dix ans plus tard, le 10 avril 1358, qu'ils prêtèrent serment de fidélité à l'Eglise romaine. De son côté, la reine Jeanne ne voulut point renoncer définitivement à sa ville. Après la mort de Clément VI, elle demanda même à revoir la vente, assurant que Clément auràit accepté une restitution contre remboursement. L'argument avancé n'ayant aucun poids juridique ne fut même pas écouté par la curie et Avignon demeura jusqu'à la Révolution terre pontificale.

Clément, homme habile qui se voulait arbitre de la chrétienté, n'eut pas ses seules difficultés politiques avec Naples. Rome aussi devait attirer son attention, bien que ce fût pour lui un merveilleux prétexte pour ne point ramener la papauté dans cette ville. Celle-ci au contraire n'avait pas renoncé à voir revenir le souverain pontife. Dès l'élection de Clément VI, elle s'était manifestée par l'envoi d'une délégation en Avignon pour réclamer son retour. L'année suivante, en 1343, une autre ambassade, dans laquelle se trouvait un certain Cola di Rienzo, vint rappeler le désir des Romains et demander que le jubilé au tombeau de saint Pierre ne se fasse plus tous les cent ans, mais tous les cinquante ans. Clément VI écouta chacune des députations avec attention, sans rien promettre, sauf pour le jubilé. Ce refus à peine voilé allait lui attirer l'hostilité immédiate de tout le clan italien. Il y eut Pétrarque, bien sûr, et ce jeune Cola di Rienzo qui resta plus connu sous le nom de Rienzi. Tous deux avaient fait connaissance dans la cité papale à l'ombre de l'église Saint-Agricol. Une même passion les rapprochait, Rome et sa splendeur passée. Chacun à sa manière rêvait de rétablir cette gloire. Rienzo parlant bien, de belle allure, possédait l'étoffe d'un tribun antique. Lorsqu'il repartit dans sa ville, ce fut avec la ferme volonté d'y remettre un peu d'ordre. Pétrarque, ravi de ces projets, l'assura de son plus ferme soutien. Clément VI luimême, qui avait remarqué l'aisance de son discours, lui conféra, pour l'honorer, l'office de notaire de la

Maison d'Anjou

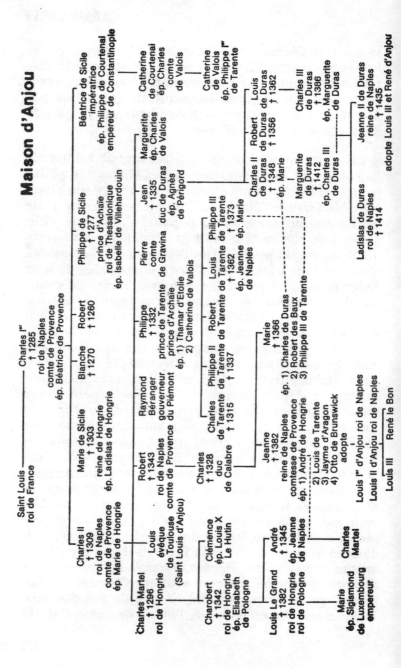

chambre urbaine. C'était trop peu pour Rienzo. A peine revenu à Rome, il entreprit de réaliser les projets ébauchés avec Pétrarque. Ses attaques se déchaînèrent contre la noblesse et les grandes familles dont les déchirements étaient une des causes du malheur de sa ville. Profitant de l'absence des troupes de Colonna — dont Pétrarque était pourtant l'ami — il suscita, le 20 mai 1347, un grand mouvement populaire qui le porta en cortège au Capitole. Sans coup férir, il prit le pouvoir, la noblesse ayant préféré s'éloigner.

Les débuts de son gouvernement furent prometteurs. Il rétablit l'ordre et la justice. Clément VI, incertain au début sur l'attitude à prendre à l'égard de ce tribun qui s'emparait du pouvoir sur l'un de ses Etats, finit par lui accorder sa confiance. La vanité, hélas ! devait bientôt compromettre ces belles espérances. Sa réussite lui tourna vite la tête. Se croyant devenu César ou Caton, son orgueil n'eut plus de limites. Les formules officielles qu'il employait témoignent de sa mégalomanie. « Nicolas par l'autorité de notre très clément Seigneur Jésus Christ, sévère et clément tribun de liberté, de paix et de justice, libérateur de la sacrée république romaine. » Ou encore : « Donné au Capitole où nous vivons avec un cœur droit, sous le règne de la justice. »

Il s'entoura d'un luxe pompeux, voulut traiter d'égal à égal avec les puissances, convoqua l'empereur, menaça la reine de Naples. Pour lui l'autorité du Saint-Siège ne comptait plus. Avignon ne manqua pas, alors, de réagir et envoya le légat Bertrand de Deux pour faire entendre raison au tribun. Avec beaucoup d'adresse, le légat laissa faire les événements et attendit les fautes de Rienzo. Celui-ci, qui s'était pris à son jeu de grand personnage antique, était devenu tyrannique. Son despotisme commençait à peser au peuple de Rome. Fomentée par le comte de Minorbino, une révolution éclata le 15 décembre 1347. Six mois après son triomphe le peuple renversait Rienzo aux cris de « Peuple ! Mort au tyran ! » Déchu, Cola di Rienzo n'essaya pas moins de reprendre le pouvoir. Après de vaines tentatives, il se cacha chez les spirituels, puis se rendit auprès de l'empereur Charles IV pour l'exhorter à venir à Rome, lui demandant en compensation de le nommer vicaire général de l'empire. L'empereur, prétextant d'un libelle rédigé suivant les idées des spirituels, le mit d'abord en prison, puis le fit conduire en Avignon. La curie, qui croyait devoir encore le redouter, lui fit faire un séjour d'un an dans la prison de la tour de Trouillas. Dans une lettre à son ami Francesco Nelli, Pétrarque a commenté ce lamentable événement. « Nicolas Rienzi est venu dernièrement à la Curie, ou, pour mieux dire, il n'y est pas venu, il y a été amené prisonnier. Jadis tribun, au loin redouté de la ville de Rome, il est maintenant le plus malheureux de tous les hommes. Et, pour comble d'infortune, je ne sais s'il n'est pas aussi peu digne de pitié qu'il est très malheureux, lui, qui ayant pu mourir avec tant de gloire au Capitole, a supporté à sa grande honte, à celle du nom romain et à la République d'être enfermé dans la prison d'un Bohême, puis dans celle d'un Limousin (1). »

Il lui écrira même cette phrase assez dure : « Vous me forcez à vous dire ce que Cicéron disait à Brutus : « Je rougis de vous. »

L'aventure de Rienzo fut courte, mais elle exacerba le patriotisme de ceux qui avaient cru voir renaître la splendeur de la Rome antique. Les partisans du retour de la papauté en Italie se firent encore plus passionnés.

---

(1) Pétrarque, *Epist. fam.* XIII — 6.
L'empereur était roi de Bohême et Clément VI, limousin.

Avignon devint plus que jamais la ville maudite, la ville de l'exil. Comme le peuple juif mené captif dans Babylone aux mœurs dissolues, le peuple chrétien était retenu captif dans Avignon. Un des premiers champions de ce parti italien fut évidemment Pétrarque qui déjà avait pris ses distances avec Avignon du temps de Benoît XII. Son amour pour Rome grandit encore, lorsqu'il y reçut la couronne de lauriers que lui avait décernée le roi Robert de Naples. Ce fut alors de la passion, passion qui devait l'aveugler au point de vouer aux gémonies tous ceux qui pouvaient la contrecarrer. Clément VI fut lui-même une des cibles de ses traits les plus acérés. Pourtant celui-ci avait notre poète en grande estime. Ne lui avait-il pas demandé de s'occuper de sa bibliothèque ? Ne l'avait-il pas chargé de deux missions en Italie ? Ne lui avait-il pas proposé la fonction de secrétaire apostolique, charge il est vrai refusée, malgré toutes les prières que l'on fit. Pour avoir reçu de telles marques de faveur il ne fallait pas qu'il fût si mal avec Clément et lui-même ne pouvait pas le considérer comme indigne. Pourtant, ses critiques s'abattirent sur lui sans ménagement, principalement dans les *Eglogues* où, adoptant le mode virgilien, il parle par allégorie.

Comme il fallait s'y attendre, le poète s'en prendra au défaut le plus apparent de Clément VI, son goût du luxe. Voici donc le berger Pamphyle qui personnifie saint Pierre aux prises avec Clément VI, appelé Mition à propos de son épouse l'Eglise et de sa maîtresse Epy qui n'est autre qu'Avignon.

« Mition. — Je garde l'or que nous avons échangé contre de tendres agneaux ; je garde de belles coupes. Je ne daigne point presser de mes lèvres un liège agreste et j'ai pitié de mes ancêtres grossiers (1)....

(1) Les papes ses prédécesseurs.

Je me suis fait de nombreux amis en leur donnant du lait (1). Mon épouse brille de diamants ; un collier entoure son cou et elle repose tranquillement avec moi sous un ombrage épais. Elle n'est point endurcie par la glace et les neiges, ni brûlée par le soleil, comme était ta vieille femme laide quand tu habitais les champs. En la voyant tu la prendras pour l'épouse d'un roi et non pour la mienne...

« Pamphyle. — Toi qui étais un berger tu charries les trésors le long des rivages ; tu ne feras bien ni l'un ni l'autre métier. Ose enfin quitter les forêts et voir des villes lointaines : ouvre tes voiles au vent et expose-toi aux violentes tempêtes. Depuis longtemps ton épouse erre sur des collines inconnues, abandonnant les frontières de sa patrie et son chaste lit (2). »

De nombreux auteurs ont cru déceler une allusion à la vie privée de Clément dans la suite de cette *Eglogue.*

« Pamphyle. — Quel motif as-tu de fuir ? Pourquoi quittes-tu un asile tranquille (3) ?... Où emportes-tu les clefs, insensé ? Jette-les plutôt, si un si lourd fardeau t'accable...

« Mition. — J'aime les grandes choses ; je ne serai pas toujours le serviteur d'une pauvre bergerie. Ayant rencontré en chantant une douce amie, je m'applique à devenir beau... Mon épouse sait et supporte tout, parce que je supporte à mon tour ses nombreuses rigueurs. Vantez vos maîtresses inconnues ; pour moi que ma chère Epy me presse contre son cœur dans de perpétuels embrassements.

(1) Les bénéfices accordés aux clercs et les décimes que les rois étaient autorisés à prélever.

(2) Les collines inconnues sont le rocher des Doms, la patrie et le chaste lit, l'Italie et Rome. *Eglogue* VI.

(3) Rome.

« Pamphyle. — Qu'une femme infâme et funeste te presse contre son cœur, insensé ! Epycus (1), tombé le premier dans ses coupables embrassements, a chanté dans les champs et dans les villes combien sa maîtresse était de noble extraction. C'est lui qui le premier ayant rencontré la jeune fille l'avait emmenée avec lui vers les jardins entrecoupés de ruisseaux. Il devint un objet de mépris pendant sa vie et après sa mort. Les chiens dévorèrent son cadavre et pissèrent sur son tombeau. Ceux qui vinrent après lui ne furent pas plus heureux. »

La citation d'une scule phrase de cette *Eglogue*, « Ayant rencontré en chantant une douce amie », a fait penser que Pétrarque accusait le pape d'avoir une maîtresse. Or en lisant l'ensemble de l'œuvre, il devient évident qu'il s'agit seulement d'une allégorie, comme le reste. A n'en pas douter, la douce amie dont il est parlé, c'est la chère Epy, sa maîtresse qu'il presse sur son cœur et qui n'est autre qu'Avignon et son palais. On conçoit mal en effet que Pétrarque, qui eut des rapports courtois avec Clément VI, se soit abaissé dans ce genre d'attaque. En outre, si vraiment il avait un tel reproche à lui faire, il est probable qu'il eût employé un ton autrement virulent dont il n'était pas avare. Il n'est qu'à l'entendre vitupérer contre Avignon qui, ayant le tort de n'être point Rome, devient un lieu de perdition et de corruption, objet de toute sa haine et de son mépris.

« Qui, je le demande, ne fuira Babylone (2), le triste foyer de tous les vices, de toutes les calamités et de toutes les misères ? Je dois en savoir quelque chose. Je parle de ce que j'ai vu et non entendu. Dès l'enfance, conduit par mon malheur dans ces parages par mon destin, j'y ai passé jusqu'à ce jour

(1) Clément V.
(2) Avignon.

la plus grande partie de ma vie, mais enchaîné par je ne sais quelles entraves de la fortune. Je sais par expérience qu'il n'y a là aucune piété, aucune charité, aucune foi, aucun respect, aucune crainte de Dieu, rien de saint, rien de juste, rien d'équitable, rien de sacré, enfin rien d'humain. L'amitié, la pudeur, la bienséance, la candeur en sont bannies. Je ne parle pas de la vérité : car que ferait-elle dans un lieu où tout est plein de mensonges, l'air, la terre, les maisons, les tours, les rues, les salles d'entrée, les places, les portiques, les vestibules, les cours, les chambres à coucher, les lambris des plafonds, les fentes des murs, les boutiques, les sanctuaires des temples, les sièges des juges, le trône des pontifes, enfin les visages des hommes, leurs mouvements de tête, leurs gestes, leurs voix, ces images de l'âme.

« ...Les eaux du Rhône, le souffle du mistral et de l'aquilon y sont moins violents que la fougue et l'instabilité des esprits. Vous ne diriez pas un peuple, mais une poussière que le vent fait tournoyer. Vous avoueriez que les rues de cette ville abominable ne sont pas moins hideuses et lugubres que ses habitants. Les hommes et les lieux ont même aspect obscène, laid, horrible... Aujourd'hui ce n'est plus une ville, c'est la patrie des larves et des lémures, et pour le dire en un mot, c'est la sentine de tous les crimes et de toutes les infamies (1). »

Avec cela il y a encore des gens pour considérer Pétrarque comme un pur produit d'Avignon !

Même s'il se laisse un peu emporter par son talent, Pétrarque dit sans vergogne ce qu'il pense et ce qu'il pense n'est pas toujours faux. La vie de cette petite ville remplie d'affairistes venus de France, d'Italie, de toute l'Europe ne devait pas être parti-

---

(1) Pétrarque, *Epist. Sine titulo.*

culièrement exemplaire, surtout avec un pontife plus temporel que spirituel et trop bienveillant. Ce qui rebutait surtout Pétrarque ce n'était pas seulement la ville en elle-même, mais cette curie où l'argent coulait à flots, sans le moindre souci de l'idéal évangélique.

« J'habite maintenant en France, la Babylone de l'Occident, tout ce que le soleil voit de plus hideux, sur les bords du Rhône indompté qui ressemble au Cocyte ou l'Achéron du Tartare, où règnent les successeurs jadis pauvres des pêcheurs qui ont singulièrement oublié leur origine. On est confondu, en songeant aux uns, de voir les autres chargés d'or et de pourpre, fiers des dépouilles des princes et des nations, de voir des palais magnifiques à la place des barques renversées, des montagnes entourées de murs (1) au lieu des petits filets avec lesquels les premiers cherchaient jadis une nourriture frugale... On est confondu d'entendre maintenant ces langues menteuses, de voir ces parchemins (2) dépourvus de vérités et qu'un plomb suspendu a changé en filets dans lesquels, au nom du même Jésus, mais par les œuvres de Belial, la foule des chrétiens est enfermée... On est confondu de voir, au lieu d'une sainte solitude, une affluence criminelle et des bandes d'infâmes satellites répandus partout ; au lieu des pieuses pérégrinations, une oisiveté cruelle et impudique ; au lieu des pieds nus des Apôtres, les coursiers rapides des voleurs, blancs comme la neige, couverts d'or, logés dans l'or, rongeant de l'or et bientôt, si le Seigneur ne réprime pas ce luxe servile, chaussés d'or. »

Ou bien encore :

« L'unique espoir de salut est dans l'or. L'or adoucit le roi cruel, l'or dompte le monstre féroce, l'or

(1) Le palais des papes.
(2) Les bulles.

179

tisse un cordon salutaire, l'or montre le seuil redoutable, l'or enfonce les portes et les murs, l'or attendrit le farouche geôlier, l'or ouvre le ciel, enfin le Christ se vend à prix d'or. »

Cette volée de bois vert administrée à Clément VI et à ses services curiaux n'était pas imméritée. En menant la vie princière dont on a vu les éclats, il était fatal qu'il s'attire de tels reproches. Clément VI croyait qu'il pouvait être à la fois un prince temporel et un pape, comme d'autres croient pouvoir être ouvrier et prêtre, mais dans les deux cas le religieux disparaît finalement pour faire place à l'ouvrier ou au prince. Clément VI n'était plus qu'un prince aux sentiments religieux et l'on comprend la révolte d'un Pétrarque. Pour lui, cependant, s'il est le fauteur de tous les troubles, il n'est pas le plus coupable. Ce sont les cardinaux auxquels il réserve sa plume la plus caustique. C'est pour lui matière de choix où son esprit endiablé peut se donner libre cours. Pour illustrer cette verve pétillante, je ne peux résister de citer cette réponse qu'il fit au cardinal d'Albi qui lui disait avoir fait trois cent dix-sept vers en une heure ! « Quand je songe combien vous en feriez en un jour, en un mois, dans un an, cela me fait trembler ! » Ceci s'adressait, bien sûr, à quelqu'un qu'il aimait bien. Il en va tout autrement pour les autres.

Dans son *Eglogue VII*, il nous montre Epy (Avignon) faisant ainsi la description des cardinaux, sous l'allégorie de boucs, à Mition (Clément VI).

« Celui que tu vois jouer au loin, remarquable par son dos jaune et par sa tête, dont une barbe, mêlée de poils blancs, couvre les joues et le menton, est connu partout dans les pâturages, comme étant rude et gaspillant l'herbe et le feuillage. Les chèvres même amoureuses craignent de le porter, tant il les couvre dures ou tendres, tant il pèse de tout son poids sur les malheureuses et ne dédaigne aucun accouplement. Il n'en est pas moins ardent pour sa compagne, qui porte les mêmes marques et est de même couleur que lui. Fatigué par les excès et par les années, il a vieilli ; mais grâce à sa nature sauvage, sa vieillesse est robuste et chaleureuse.

« Celui-là, lascif, quoique tout embrasé d'une pareille flamme, ne jouit pas d'une pareille vigueur. Toutefois, dans sa fureur, il trouble tous les enclos et ne laisse aucune chèvre dormir tranquillement pendant la nuit somnifère. C'est le désir et non le sang qui le fait rôder autour des bergeries. En étreignant pour les embrasser des cous rétifs, on voit qu'il a cassé ses dents peu solides, et il a perdu peu à peu l'usage de la voix. Je suis prise d'un éclat de rire quand je le vois, tout faible qu'il est, chercher à travers les broussailles des hymens répétés exhalant en tout temps de ses narines glacées le feu de l'amour et répandant une odeur infecte.

« Ce troisième, les cornes tordues, dévoré de luxure, n'épargne pas les tendres chevreaux. Le troupeau reconnaissant avoue lui-même qu'il leur doit beaucoup, car on peut compter autour des crèches leurs enfants agiles et les nombreux essaims de leurs petits-enfants.

« Cet autre, paresseux, est engourdi par l'âge ; autrefois, dans sa jeunesse, il avait coutume de prendre ses ébats en secret et ne dédaignait pas les feuilles vertes ; maintenant il est couché et regarde le ciel. Celui-ci la tête haute aime à se tenir sous les branches les plus élevées de la forêt ; celui-là parcourt les vallées et les campagnes lointaines. Cet autre est affamé de mûres sauvages ; il se penche sur les eaux où brille l'or et la soif qui le consume ne pourrait être étanchée par le Tage tout entier. Cet autre a l'âme fière et son œil farouche est menaçant... »

Et le tableau continue ainsi jusqu'au moment où il parle des cardinaux italiens. Les défauts disparaissent alors subitement. A l'époque, ce devait être un amusant jeu de devinette pour mettre un nom sur chacun des membres du Sacré Collège arrangé de la sorte. Ces accusations sont-elles vraies, il est difficile de le certifier aujourd'hui, car il est le seul à les avoir ainsi formulées. Se laissa-t-il emporter par sa verve satirique ? Cela n'est pas impossible tant il se complaît à brosser des tableaux qui n'ont rien à envier à son ami Boccace. Que penser de ce portrait d'un cardinal déjà rudement égratigné dans l'*Eglogue* précédente ?

« Il y avait donc dans ce nombre (1) un petit vieillard capable de féconder tous les animaux. Il avait la lascivité d'un bouc, ou s'il y a quelque chose de plus lascif et de plus puant qu'un bouc. Soit qu'il eût peur des rats ou des revenants, il n'osait pas dormir seul. Il trouvait qu'il n'y avait rien de plus triste et de plus malheureux que le célibat. Il célébrait tous les jours un nouvel hymen et usait sans cesse des droits d'époux dans de volages embrassements quoique sa bouche fût vide et sa vie pleine. Il avait depuis longtemps dépassé la soixante-dixième année, et il lui restait tout au plus sept dents. Parmi ses nombreux pourvoyeurs de jeunes filles, il y en avait un dont l'ardeur à la chasse égalait la passion de son maître. Ses rets et ses lacets assiégeaient toutes les rues, toutes les maisons et principalement celles des pauvres. Il apportait ici de l'argent, là des rubans, ici des bagues, là des caresses, ici les restes de la table, là toute sorte de friandises et ce qu'il jugeait capable de séduire l'esprit des femmes. Lui-même, lorsqu'il était à bout d'expédients, chantait, car il était chantre, mais il avait transporté sa voix

(1) Les cardinaux.

des autels aux danses et aux lupanars. Je connaissais cet homme que l'on montrait publiquement du doigt et qui par de tels moyens avait coutume de jeter de nombreuses proies dans la gueule du vieux loup. Ce chapitre contient mille histoires risibles, en voici une :

« Il avait engagé à force de promesses une pauvre jeune fille ou une petite prostituée, à vouloir céder à son maître d'un rang élevé et très riche, mais d'un extérieur et d'un âge peu aimables. Bref, elle consentit, et comme la Psychée d'Apulée, s'attendant à être honorée par un heureux hymen, elle entra dans la chambre à coucher de l'inconnu. A cette nouvelle le vieillard impatient accourt ; il la prend dans ses bras, de ses lèvres pendantes la couvre de baisers et, la mordillant de sa bouche édentée, brûlait de consommer un nouvel hymen. Emue de cette situation imprévue et rebutée par cette odeur de vieillesse et ce visage livide, elle s'écrie qu'elle est venue vers un grand et célèbre prélat, et non vers un prêtre laid et décrépit ; qu'on ne la trompera pas ; que si l'on use de violence, elle se défendra tant qu'elle pourra avec ses mains, puis par ses gémissements et ses cris, et que, tant qu'il lui restera un souffle, elle ne se laissera pas violer par un vieillard dégoûtant. En disant cela, elle pleurait à chaudes larmes. L'autre de sa main rude et de sa bouche velue et baveuse, fermant la bouche tendre de la jeune fille, s'efforçait d'étouffer ses sanglots et ses plaintes. A l'aide de sottes caresses et de sons inarticulés (car en outre il était si bègue qu'on ne pouvait le comprendre), il tâchait de calmer sa douleur. Voyant qu'il ne réussissait pas, l'honorable vieillard court dans son cabinet, prend le chapeau rouge qui distingue des autres les pères conscrits, et mettant son insigne sur sa tête blanche et chauve : « Je suis cardinal, dit-il, je suis cardinal, ne crains rien, ma fille. » Après avoir consolé largement et par l'apparence présente et par l'espoir futur la jeune amante encore en pleurs, il la mena au lit conjugal, et ce ne fut pas Junon qui présida l'hymen, mais Tisiphone et Mégère (1). Ainsi ce vétéran de Cupidon, consacré à Bacchus et à Vénus, triompha de ses amours non en armes, mais en robe et en chapeau.

« Applaudissez la farce est jouée.

« Si vous connaissiez l'homme, le récit vous aurait amusé. Il existe mille traits semblables de lui et des autres, les uns non divertissants, mais honteux, les autres cruels et horribles. »

Cet humour grinçant demeure à la limite de l'indécence par sa vigueur, sa spontanéité et un certain accent de vérité. Il y avait trop de cardinaux nommés par simple faveur, dont beaucoup n'étaient pas prêtres pour qu'ils fussent toujours de saints hommes.

A cette scène d'alcôve, il faut rapprocher cette satire plus polémique, qui dépeint assez l'atmosphère parfois sordide qui devait régner autour de la curie.

« Une foule énorme de solliciteurs, dont cette cité misérable et odieuse à Dieu est particulièrement pleine, assiégeaient, suivant l'usage, le seuil sourd et dur. A la vue de leurs chefs en qui ils avaient confiance, ils se mirent à les acclamer et à demander anxieusement, chacun pour soi, quel était auprès du pape leur sort ou l'état de leurs affaires. Alors un des pères sans s'émouvoir de cet incident subit, en homme qui était habitué depuis longtemps à de tels spectacles, sans être touché de honte ou de commisération pour ces malheureux qui perdaient dans les plus vaines espérances leur âme, leur vie, leurs biens et tout leur temps, insigne artisan de mensonges, se mit à débiter une foule d'impostures. Il imagina ce que chacun pouvait espérer, ce que le

(1) Avec Alecto, elles formaient les Erinnyes ou Furies.

pape avait répondu aux demandes de tel ou de tel, et parla de tout avec une impudence inébranlable sans la moindre hésitation. Tous le crurent sur parole et, comme cela arrive, ils se retirèrent de différents côtés, celui-ci joyeux, celui-là un peu triste. L'autre père d'une nature plus noble et d'une âme plus honnête, qui aurait pu être un homme de bien s'il n'avait appartenu à cet ordre, dit en plaisantant à son collègue : « N'avez-vous pas honte de vous moquer de ces gens simples et de forger à votre gré des réponses du pape que vous n'avez pu voir, vous le savez, non seulement aujourd'hui, mais depuis plusieurs jours ! » A cela ce révérend père et fin matois, dont le front de courtisan ne savait pas rougir, réplique en riant : « N'avez-vous pas plutôt honte d'avoir l'esprit si tardif que vous n'ayez pu depuis si longtemps apprendre les artifices de la curie ! » A ces mots je fus frappé de stupeur, mais tous les autres éclatèrent de rire... »

Petite scène courante et de toujours qui ne se rencontre malheureusement pas seulement à la curie avignonnaise.

Aux côtés de Pétrarque, il est une autre grande voix qui s'éleva pour dénoncer la vie par trop séculière que l'on menait dans Avignon. C'était une femme qui cette fois osait apostropher le souverain pontife. Cette femme était suédoise et de sang royal. Elle s'appelait Brigitte. Elle était venue à Rome pour célébrer l'année jubilaire de 1350 accordée par Clément VI. Son séjour la transforma en fervente partisane du retour du pape dans la cité de saint Pierre. Les informations que l'on voulut bien lui donner furent désastreuses sur la cour d'Avignon. Il faut dire que le spectacle donné par le clergé romain lui fit croire à la véracité de ce qu'on lui rapportait. Sa foi violente s'indigna et sans prendre le soin de vérifier si tout ce qu'on lui disait n'était pas un peu amplifié par un esprit partisan, elle tonna les malédictions célestes qui lui étaient dictées dans ses *Revelationes*.

Contre Avignon : « C'est comme un champ rempli d'ivraie qu'il faut extirper avec un fer aigu, puis purifier par le feu et enfin aplanir avec une charrue... »

Contre les curiaux : « A la curie règne un orgueil insolent, une cupidité insatiable, une luxure par trop exécrable, le fléau détestable d'une horrible simonie (1). »

A Clément VI, elle adressa un appel pressant et menaçant pour qu'il retourne en Italie. « Le fils de Dieu parle à l'épouse sainte Brigitte en disant : Ecrivez de ma part au pape Clément, ces paroles : Je vous ai exalté et vous ai fait monter par-dessus tous les degrés de l'honneur : sortez donc pour faire la paix entre le roi de France et le roi d'Angleterre, qui sont des bêtes périlleuses et la perte des âmes. Venez après en Italie et annoncez la parole et l'an de salut et de la délectation divine, et voyez la place et les carrefours arrosés du sang de mes martyrs et je vous donnerai la récompense qui ne finit jamais. Considérez aussi le temps passé, où vous m'avez provoqué à colère, avec effronterie et je l'ai tu, où vous avez fait ce que vous avez voulu et ne deviez pas faire...

« D'ailleurs, je n'oublierai point combien l'ambition a été grande et la cupidité insatiable en l'Eglise et a augmenté de votre temps, ce que vous pouviez beaucoup réformer et amender ; mais vous qui aimez la chair, n'avez point voulu (2). »

Il faut remarquer le ton modéré, par rapport à d'autre *Revelationes*, employé ici par sainte Brigitte.

(1) *Revelationes* Lib. IV. c. 142.
(2) *Revelationes* Lib. VI. c. 63.

Pourtant, Clément n'entendit ni cet appel ni cet avertissement.

Il ne fit rien pour tenter un retour vers Rome, bien au contraire. Quant à un certain désordre régnant à l'intérieur des affaires de l'Eglise, il en est certainement responsable, trop occupé qu'il était des formes extérieures. Encore une fois, il fut avant tout un prince séculier, ce qui ne l'empêcha pas d'être un bon prince à l'esprit religieux. Néanmoins, étant donné la place qu'il occupait, ce n'était pas ce qu'on lui demandait. Le rôle d'un pape est autre chose. Il ne suffit pas de dire les offices, comme le disait sainte Brigitte, il fallait réformer, amender. Quand on connaît les hautes qualités de Clément VI, d'intelligence, de connaissances et de largeur d'esprit, on ne peut que regretter qu'il ne les ait pas toutes mises à la disposition de la gloire spirituelle de l'Eglise, lui préférant sa gloire personnelle.

Il est curieux de remarquer que les attaques contre sa personne ont été peu nombreuses. Jean XXII, pourtant irréprochable dans la conduite de sa vie, fut traité d'antéchrist pas Clément VI dont la personnalité prêtait davantage à la critique. Seuls quelques personnages s'en prirent, sans beaucoup de mordant, au penchant qu'il aurait pu avoir pour les femmes. Parmi eux on trouve Guillaume Occam, ami de Michel de Césène, de Louis de Bavière et de l'antipape Nicolas. Ses convictions le prédestinaient à traiter Clément VI en ennemi et pourtant c'est avec la plus grande prudence qu'il avança ses accusations. « On dit et c'est le bruit public divulgué de par le monde, qu'il eut publiquement des maîtresses et qu'il éleva à des dignités des fils nés d'elles. »

Le « on dit », le « bruit public », tout cela est bien flou et rien justement ne vient appuyer cet « on dit » de Guillaume Occam. Cinquante ans après sa mort, un Anglais, Thomas Burton, reprendra ces bruits en rapportant une scène incontrôlable entre Clément VI et son confesseur. Il lui aurait avoué : « Quand nous étions jeune nous en usions, à présent ce que nous faisons, nous le faisons sur le conseil des médecins. » Petite calomnie posthume vraisemblablement, que la vie au palais des jolies femmes de sa famille a rendue possible. De son côté, le chroniqueur italien Villani a voulu attribuer la mort du pape à sa vie dissolue. Malheureusement pour lui, il n'en a rien été. Les maladies de Clément VI nous sont connues dans le détail. On sait ainsi qu'en 1343 il souffrit d'un pied, puis en 1345 d'un rhumatisme dans la tête, dont il eut une nouvelle attaque en 1349. La cause de ces maladies aurait été la gravelle qui lui occasionnait également des crises de coliques néphrétiques. Ces crises en se renouvelant provoquèrent des tumeurs dans la région lombaire. Le 17 décembre 1351, Clément VI, dont le visage était ravagé par la souffrance et la fièvre, répondit aux personnes s'inquiétant de sa santé que son pénible état était dû à des calculs occasionnant des abcès purulents. Au début du mois de décembre 1352, une nouvelle tumeur apparut au bas du dos. Le 6 décembre, vers l'heure de midi, l'abcès éclata, provoquant une hémorragie interne qui entraîna la mort.

La terrible Brigitte de Suède, que le pontife n'avait point écoutée, lui fit un éloge funèbre à sa manière : « Le pape est décédé, que ce jour soit béni, mais non pas ce seigneur. O chose admirable ! Là où tous devraient crier : Qu'il vive longtemps et que ce seigneur vive heureux ! Là tous crient avec joie : Qu'il meure et ne ressuscite point ! Il n'est pas de merveille, car celui qui devait leur dire : Venez et vous trouverez le repos de vos âmes, criait et disait : Venez et voyez-moi en ma pompe et en mon ambition plus que Salomon. Venez à ma cour et videz vos bourses, et vous trouverez la perdition de vos âmes. »

Si tel fut sans doute l'opinion des Italiens, il en alla tout autrement en Avignon où sa mort fut regrettée et où de nombreuses personnes célébrèrent ses vertus. Sa gloire fut d'avoir été un mécène. L'argent que lui reproche sainte Brigitte, il ne le garda point pour lui en tout cas, puisqu'à sa mort le trésor était quasiment vide. Benoît XII lui avait laissé 1 117 000 florins, il n'en laissait à son successeur que 311 115, bien que les recettes pontificales aient triplé.

Ses funérailles furent grandioses, non point somptueuses (1) et l'occasion de nombreuses aumônes. Le lendemain de sa mort, le directeur de l'aumône, Pierre de Froideville, distribuait à la Pignote 400 livres, aux pauvres.

Selon les consignes reçues, d'autres libéralités furent distribuées aux dominicains, aux franciscains, aux augustins et aux carmes qui reçurent 400 florins. Les religieuses eurent, pour leur part, 300 florins, les hôpitaux et les maisons de charité 425 florins.

Pendant ce temps dans la grande chapelle du palais que Clément avait inaugurée, en grand apparat, un mois avant, une courte cérémonie eut lieu. Sous les hautes voûtes de pierre, la voix du cardinal Jean de Cardaillac retentit pour rappeler les vertus du défunt, son extrême affabilité, son accueil toujours bienveillant, sa clémence et sa magnificence. Le corps avait été mis dans un lourd cercueil bardé de fer avec, par hygiène, de la chaux vive. Durant le transport du palais à Notre-Dame-des-Doms, Jean de Sion donna encore 40 livres à tous les pauvres présents. L'intérieur et l'extérieur de la cathédrale avaient été décorés de draps noirs. Le cercueil recouvert d'un drap de cendal noir brodé d'or portant les

---

(1) Elles coûtèrent environ 8 000 de nos francs.

armes du pape fut déposé au milieu de la chapelle ardente, décorée de candélabres drapés de noir. Tout autour se trouvait des urnes funéraires. Aux quatre coins du catafalque des écussons représentaient les armes de sa famille.

Pendant la neuvaine qui suivit, cinquante prêtres et religieux célébrèrent chaque jour une messe pour l'âme du défunt. La neuvaine passée, le cercueil demeurera dans Notre-Dame-des-Doms jusqu'au jour de son transport à la Chaise-Dieu. Clément VI avait gardé un filial attachement pour ce monastère où sa vie religieuse avait commencé. Il lui avait fait de nombreux dons et s'était déjà fait ériger un mausolée où il pensait reposer pour l'éternité. On attendit trois mois que l'hiver soit moins rude, que les hautes pentes du Velay aient perdu leur neige pour l'y conduire dans un dernier cortège. Tous les membres éminents de sa famille s'y trouvaient. Son frère, ses neveux, Guillaume de la Jugie, Nicolas de Besse, Pierre Roger de Beaufort (1) et son cousin, Guillaume d'Aigrefeuille. Pour témoigner sa sollicitude, le successeur de Clément VI accorda 5 000 florins à tous ceux qui s'étaient rendus à la Chaise-Dieu.

Après un long et pénible voyage à travers la montagne, le convoi funèbre parvint avec les premières douceurs du printemps à la célèbre abbaye. Le monument funéraire, véritable œuvre d'art, se dressait au milieu du chœur des moines. Tout autour du gisant de marbre, quarante-quatre statues avaient été sculptées, représentant prêtres et diacres et les membres de sa famille, son frère et ses femmes, son neveu, le vicomte de Turenne. Depuis ce jour d'avril 1353 Clément VI y reposa en paix jusqu'à cette année funeste de 1562 où les protestants vinrent profaner et saccager sa tombe.

---

(1) Futur **Grégoire XI**.

AVIGNON MENACÉE

T ANDIS que se déroulaient les grandioses cérémonies en l'honneur du pape défunt à Notre-Dame-des-Doms, on préparait en hâte les appartements pour recevoir le conclave. Profitant de l'atténuation apportée à la règle par Clément VI, vingt-huit chambres furent aménagées avec un confort plus grand, à cause des premiers froids. Les lits furent entourés de courtines et les menus se trouvèrent améliorés. Le dernier jour de la neuvaine de prières, soit le 16 décembre 1352, les cardinaux se firent enfermer pour délibérer. Le froid fut-il plus vif qu'on ne le craignait ? Toujours est-il que les débats furent rapides. Les suffrages se portèrent sur le nom du général des chartreux, Jean Birel. Néanmoins, le très influent cardinal Talleyrand de Périgord s'employa à convaincre ses collègues du danger qu'il y aurait d'élire un saint homme, sans doute, mais totalement étranger aux affaires publiques. L'exemple de Célestin V n'était pas si ancien (1). Ce léger contretemps n'empêcha point l'élection d'un nouveau pontife le 18 décembre à l'heure tierce. Deux jours à peine avaient suffi à porter sur le trône de saint Pierre l'évêque d'Ostie, Etienne Aubert, c'était un record.

(1) Prédécesseur de Boniface VIII qui démissionna.

Les hommes sont ainsi faits qu'ils n'aiment rien tant que ce qu'ils n'ont pas et les hommes d'Eglise sont comme les autres. Déjà, lors du précédent conclave, ils avaient choisi pour remplacer un Benoît XII trop sévère et trop stricte, un homme affable, complaisant, prodigue. Cet homme affable, complaisant, prodigue, Clément VI, s'étant imposé comme une forte personnalité, ils portèrent leur choix sur un être apparemment sans relief, âgé, de faible volonté et de surcroît maladif.

Tel était le cardinal de Saint-Jean et Saint-Paul, Etienne Aubert. C'était, lui aussi, un Limousin. Sa famille était originaire d'une région assez proche de celle des Roger, dans les environs immédiats de Pompadour. Or autant la famille Roger possédait quelques lustres, autant les Aubert étaient obscurs et sont demeurés mal connus. Etienne, fils d'Adhémar Aubert, serait né vers 1295 dans le hameau des Monts-de-Beyssac où il fut baptisé. Il est difficile de dire si sa famille appartenait, ou non, à la petite noblesse, bien que son père Gauthier fût sire des Monts-de-Beyssac et de Saint-Sornin-Lavolps, pour lesquels il rendait hommage au seigneur de Pompadour.

C'est à Toulouse que le jeune Etienne fit ses études et devint un spécialiste du droit, en obtenant le doctorat en 1337. Ses qualités de jurisconsulte avaient été, d'ailleurs, remarquées par le pouvoir royal qui lui avait confié, en 1328, la fonction de juge-mage pour la sénéchaussée de Toulouse. Ainsi commencera pour lui une carrière civile au service du roi de France qui le conduira à Paris et au Parlement.

Ce fut seulement à ce moment qu'il entra dans le sacerdoce. Sa carrière fut rapide, grâce à l'aide de Philippe VI dont il était devenu le conseiller. En 1338, il était nommé évêque de Noyon et, en 1340, de Clermont. Il fut alors en rapport fréquent avec le futur Clément VI, qui, une fois nommé pape, s'empressa de lui témoigner son amitié en l'élevant au rang de cardinal.

Les membres du Sacré Collège, en portant sur Etienne Aubert leurs suffrages, ont certainement tenu compte de sa fidélité et de son amitié à l'égard de Clément VI, mais comme je le disais, c'est surtout parce qu'on espérait que ce petit homme, maigre, souffreteux et maladif, serait peu encombrant. En effet, lors des délibérations du conclave, les cardinaux s'étaient montrés soucieux de limiter le pouvoir pontifical. Ainsi le pape ne devait point nommer de nouveaux cardinaux avant que leur nombre ne soit revenu à seize. En aucune façon ils ne devaient dépasser vingt. De plus, le pape ne pouvait ni nommer, ni déposer, ni condamner un cardinal, sans le consentement du Sacré Collège. Pour toutes les transactions concernant les villes ou pays appartenant à l'Eglise, il était nécessaire d'obtenir l'approbation des deux tiers des cardinaux, dont le droit de regard s'étendait aux impôts, subsides et jusqu'au choix du personnel de la curie. Dorénavant, la charge de maréchal de justice devait être interdite à tout parent du pape. Toutes ces clauses ayant été rédigées, chacun avait juré de les observer.

C'était une petite révolution qui voulait remettre en cause, comme cela arrive de temps à autre, l'autorité du pape, en associant plus étroitement les cardinaux à la marche de l'Eglise. Pour lors, c'était le résultat des menées de l'ambitieux cardinal de Talleyrand, dont l'influence n'avait cessé de grandir et qui pensait, de la sorte, pouvoir gouverner par personne interposée, ou tout au moins participer directement à la politique pontificale.

Tout commença le mieux du monde, le nouvel élu, comblant les vœux des cardinaux, prit le nom peu agressif d'Innocent. Le couronnement eut lieu douze

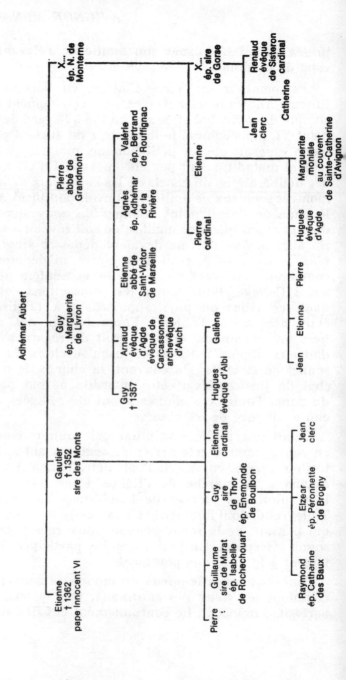

Généalogie de la famille Aubert

jours après l'élection, le dimanche 30 décembre 1352. C'était la première fois qu'une telle cérémonie se déroulait dans la grande chapelle clémentine. A cette occasion, elle avait été décorée de tapisseries de roses rouges sur fond vert. Au milieu, l'on avait édifié une chambre de bois pour permettre à Innocent VI de revêtir ses ornements sacrés. Au cours de l'office qui dura près de neuf heures, on lui remit, tout d'abord, le « signum pontificii », la marque de son pontificat, c'est-à-dire la mitre précieuse, puis l'anneau papal, et enfin le pallium, souvenir de l'ancien manteau dont les empereurs chrétiens faisaient présent aux prélats. Ce n'était plus qu'une mince bande d'étoffe blanche entourant les épaules, que tout patriarche devait avoir reçue pour que ses actes soient reconnus.

Après, vint la grand-messe, accompagnée de chants liturgiques d'une très belle interprétation. Innocent fut ensuite conduit jusqu'à la porte de la chapelle dont on avait ouvert tout grand les battants, pour donner accès à l'estrade dressée face à la fenêtre de l'Indulgence qui avait été drapée d'une étoffe en or (1). Dans la cour, se pressait la foule, accourue pour voir le moment capital de la cérémonie, le couronnement du nouveau pape, l'instant où le cardinal Guy de Boulogne poserait la tiare aux trois couronnes, le *signum imperii,* la marque du pouvoir. Ainsi revêtu de la majesté suprême, le pape bénit les fidèles agenouillés. Puis les acclamations s'élevèrent bruyamment au milieu du concert des cloches de toute la ville. Descendant par le grand escalier, Innocent VI s'apprêta à la grande cavalcade à travers la ville.

Contrairement à la plupart des autres sacres,

_____

(1) Cette étoffe est une preuve que les meneaux gothiques édifiés dans la restauration du XXe siècle n'avaient pu exister.

aucun prince n'était présent pour escorter le pontife. La ville d'Avignon n'en avait pas moins fait de minutieux préparatifs. Le damoiseau Hugues de Malespine avait été chargé de faire nettoyer les rues, de les sabler, de les débarrasser de leurs cancels ou barricades de bois qui en fermaient un certain nombre. Partout sur le passage du cortège, il avait fait pavoiser. Draperies et oriflammes s'agitaient dans l'air vif de l'hiver, leurs camaïeux de couleur rendant plus gaie encore la joie générale. Tous ceux qui participaient à la procession étaient montés à cheval. En tête, quatorze cavaliers portaient des bannières de soie rouge, suivis de deux autres tenant des chérubins ou flabels de plumes de paon qui escortaient Innocent VI revêtu d'une chape de cendal rouge, allant au petit pas de son cheval caparaçonné de samit blanc. Derrière lui, à chacun des arrêts de la cavalcade, le maître de l'aumône lançait par cinq fois de la menue monnaie à la foule.

De retour au palais, le pape remonta dans la chapelle Clémentine, s'assit sur la *cathedra* recouverte d'une étoffe d'or, brodée à ses armes. Les cardinaux défilèrent alors devant lui, mettant un genou en terre et tendant leur mître dans laquelle il jetait un peu d'argent, rémunération symbolique appelée *presbyterium*. Ces offrandes terminées, le pape put enfin gagner le grand Tinel où l'attendait un festin monstre. Devant le nombre considérable de convives, les tables avaient été dressées non seulement dans le grand Tinel, mais aussi dans le petit Tinel, dans la grande salle du Consistoire et même dans l'ancienne chapelle de Benoît XII. Les cuisines étant trop petites pour nourrir tout ce monde, l'administrateur Raymond Guibaud s'était vu obliger d'en aménager d'autres en dehors du palais, nécessitant une organisation précise.

Dans le grand Tinel, Innocent VI prit place, selon

la coutume, au milieu de la table placée le long
du mur de la salle du Parement (1). Il s'assit sur
une *cathedra* recouverte d'un drap d'or, doublé de
velours violet. Autour de lui, les cardinaux occupaient de simples escabeaux, tandis que les autres
convives se contentaient de bancs. La salle du Tinel
avait été soigneusement ornée de draps de parements
tendus sur les murs. Le sol avait été recouvert de
tapis d'écarlate. Quant aux fenêtres, on en avait
renouvelé les toiles peintes et agrémenté leur enca-
drement avec des festons de rubans.

Les comptes de la curie nous donnent le nombre
impressionnant de victuailles qui furent achetées
pour ce formidable banquet. On y relève : 2 000 pains
blancs, 52 588 pains bis, 20 banastrons de poissons,
1 432 perdrix, 1 560 lapins, 324 pluviers, 100 oiseaux
de rivière, 11 paons, 18 lièvres, 7 800 œufs, 1 400 pâtés
de volaille, 17 quintaux de fromage, 300 livres de
confiture, 7 000 oublies, 6 000 pommes, 1 500 poires,
plus un magnifique entremets, monté en charpentes
recouvertes de toiles élégamment décorées. Les vins
étaient de Beaune et de Saint-Pourçain, l'eau du
Rhône... Le nombre des convives que l'on peut esti-
mer d'après le nombre de verres devait être de
9 900 personnes (6 900 gobelets et 3 000 verres à pied).
Pour un prix sensiblement équivalent, le repas
de couronnement du roi Philippe VI avait réuni
10 000 personnes.

Au milieu de toutes ces réjouissances, le nouveau
pape n'oublia pas de montrer sa générosité. Le maître de l'aumône, Pierre de Froideville, fut chargé de
distribuer de l'argent aux pauvres de la Pignotte et
aux hôpitaux. Le personnel de la curie bénéficia

(1) Ce mur placé au sud était percé par une grande arche, ouverte
durant les conclaves. Elle venait tout juste d'être rebouchée pour
le couronnement.

également de libéralités, recevant des florins d'or, des vêtements, voire des poules.

Sainte Brigitte de Suède, qui avait accablé d'invectives Clément VI, célébra avec espoir le nouveau pontificat. Ainsi s'exprime-t-elle dans ses *Revelationes* :

« Le Fils de Dieu parle à son épouse, disant : ce pape est de meilleur métal que son prédécesseur et d'une matière plus apte à recevoir de meilleures couleurs, mais la malice de l'homme exige qu'il vous soit bientôt ôté. Sa bonne volonté lui sera réputée en couronne et augmentation de gloire (1). » Donc ce petit homme au visage maigre, à la barbe triste, à la démarche rendue difficile par la goutte (2), semblait plaire à tout le monde par son effacement et son humilité. Il allait cependant bien vite étonner son entourage et, en premier lieu, les cardinaux, en se déliant au bout de quelques mois, du serment prêté lors du Conclave et abolissant du même coup toutes les réformes prévues. Fort habilement, il sut atténuer le dépit des cardinaux en distribuant judicieusement quelques dignités. Tout falot qu'il fût, Innocent VI allait se montrer digne de sa charge. Avec lui, l'ère des grandes fêtes fut définitivement close, les libéralités somptueuses de Clément VI ne furent plus de mise. Les clercs, comme au temps de Benoît XII, furent renvoyés à leur ministère. « Cilz pappe, disait de lui le chroniqueur Jean de Noyal, fut dur aux clercs et pour ceste cause, fut l'estude pour la grande partie admeurée à Paris et ailleurs en son temps, car il ne voulait nul bénéfice de sainte Eglise pourveoir aux clercs, ne à ceux qui le valaient. » Un autre chroni-

(1) *Revelationes* Lib. IV. C. 136.
(2) Il fera construire un pont, aujourd'hui disparu, pour se rendre plus aisément de ses appartements à la chapelle.

queur, Pierre de Herenthals, nous a rapporté une anecdote caractéristique de l'esprit du nouveau pontife. Il aurait répondu à un chapelain nanti de sept bénéfices venu en demander pour un de ses neveux : « Tu as sept bons bénéfices. Le mieux est que tu en résignes un en faveur de cet enfant. Tu as de la sorte six bénéfices ; mais un plus petit nombre te suffirait pour tes dépenses. Choisis donc pour toi les trois meilleurs et résigne les autres sans réserve : je les donnerai, pour l'amour de Dieu, à trois pauvres clercs. »

Innocent, esprit juste, simple et honnête, eut bien du mal à redresser les fâcheuses conséquences du libéralisme de Clément VI. Chez certains religieux, régnait à nouveau le plus déplorable désordre. Les spirituels franciscains faisant à nouveau parler d'eux, il n'hésita pas à remettre en marche l'Inquisition et deux d'entre eux furent brûlés en Avignon. Le visionnaire franciscain, Jean de Roquetaillade, qui prédisait de grandes tribulations pour l'Eglise, fut lui aussi traité sans ménagement. Déjà mis en prison sous Clément VI, il l'y maintint, sans le juger pour autant.

Son intervention auprès des frères prêcheurs fut plus positive. Décimé par la peste de 1348, l'ordre, pour recruter de nouveaux convers, avait sensiblement assoupli sa règle. La pauvreté requise n'était plus qu'un vain mot. Le général des dominicains, Simon de Langres, ordonna des réformes, suscitant aussitôt une véritable révolte. Les contestataires voulurent le déposer. Innocent, comprenant le critique de la situation, intervint pour donner tout son appui à Simon de Langres, usant de tout son pouvoir pour obliger les révoltés à accepter les réformes.

D'un autre côté, l'inactivité rongeait à son tour les hospitaliers. Leur décrépitude était si grande que l'on songea à donner leurs biens à un autre ordre. En 1354, Innocent envoya auprès du grand maître une mission dirigée par le grand prieur d'Emposte,

Juan Fernandez de Heredia. Il fut question, pour leur redonner un peu de mordant, de transférer le chef d'ordre de Rhodes en territoire turc et ce sous menace de leur retirer les biens ayant appartenu aux Templiers. Finalement, un chapitre général, réuni en Avignon, prit de sévères mesures pour rétablir la discipline.

Seuls, les chartreux attirèrent sa sympathie et obtinrent sa sollicitude. Sans doute était-ce à cause des grandes qualités de leur général, Jean Birel, choisi un instant par le conclave pour succéder à Clément VI. Pour leur prouver son estime, Innocent leur fit don de terrains qu'il possédait, près de sa livrée de Villeneuve-lès-Avignon dans le val de Bénédiction, au pied de ce lumineux puy d'Andaon qui domine la ville. Le 19 avril 1358, le cardinal Guy de Boulogne vint en consacrer l'église en présence du pape. Comme Clément VI à la Chaise-Dieu, celui-ci avait prévu de s'y faire enterrer.

.*.

Le pontificat d'Innocent VI fut surtout marqué par les événements survenus en France et en Italie, dont les conséquences allaient grandement influer sur la suite de l'histoire de l'Eglise.

Fidèle serviteur de Philippe VI, Innocent avait gardé le même attachement à l'égard de son fils et successeur, Jean II le Bon. Celui-ci était en proie aux plus grandes difficultés, tant à cause de son cousin, le roi de Navarre Charles le Mauvais, que du roi d'Angleterre. Le pape, voulant aider le roi Jean, tenta en vain de le réconcilier durablement avec Charles le Mauvais et ne put éviter la reprise des hostilités. Il s'entremit de même avec l'Angleterre invitant les deux parties à venir discuter un accord en Avignon.

Les chevauchées entreprises par le prince de Galles,

plus connu sous le nom de Prince Noir, devaient tout remettre en question.

Celui-ci, en effet, après avoir ravagé le Languedoc, avait entrepris depuis Bordeaux, avec l'aide des seigneurs gascons, un important raid qui s'était enfoncé dans le royaume jusqu'à Bourges. Désireux d'en finir, le roi Jean marcha contre eux avec toutes ses forces disponibles. Voulant éviter un drame qu'il pressentait, Innocent dépêcha aux belligérants deux cardinaux, Elie de Talleyrand et Nicolo Capocci. Ils parvinrent près de Poitiers au lieudit Maupertuis, où les deux armées se trouvaient face à face. Talleyrand alla vainement d'un camp à l'autre pour obtenir un règlement sans combat. Devant son échec, il se retira à Poitiers, laissant une partie de sa suite dirigée par le grand prieur d'Emposte, Juan de Heredia, au service des Français.

Tout le monde connaît la désastreuse bataille qui s'ensuivit, le 19 septembre 1356 : les forces françaises anéanties, le roi fait prisonnier. Le cardinal de Talleyrand n'ayant pu empêcher le combat voulut en limiter les conséquences et se rendit auprès du vainqueur qui s'était retiré à Bordeaux avec ses prisonniers. Ce fut encore sans résultat qu'il s'employa à faire libérer le roi. Il faut dire que Juan de Heredia, en se faisant prendre par les Anglais, mettait le cardinal dans une situation difficile. Celui-ci obtint cependant, grâce à ses parents, le captal de Buch et le seigneur de Chaumont, du parti anglo-gascon, de pouvoir racheter pour 10 000 francs le grand prieur. Enfin, grâce à ses efforts, une trêve survint entre la France et l'Angleterre. Cette trêve, contrairement à toute apparence logique, allait avoir de très néfastes conséquences.

Les armées n'étaient plus alors ce qu'elles étaient au début de la féodalité. L'ost royal n'était plus seulement formé par les seigneurs et leurs vassaux répondant à l'appel de leur suzerain. Pour grossir leurs effectifs, les princes embauchaient des hommes à prix d'argent. Ces corps de mercenaires ou de routiers avaient pris une grande importance avec le conflit franco-anglais. Aussi, lorsque la trêve eut lieu, tous ces combattants de métier se trouvèrent brusquement sans emploi, réduits en quelque sorte au chômage. Beaucoup, ne sachant que faire, avaient gardé la nostalgie des batailles. L'un d'eux, Arnaud Amanieu d'Albret, disait : « Quand nous chevauchions à l'aventure, tous les jours, nous ne faillions point que nous n'eussions quelques bonnes prises dont nous estoffions nos superfluitées et jolietées et maintenant tout est mort. »

Ces soldats errants, qui avaient très vite compris que, seuls, ils étaient condamnés à périr, se regroupèrent en « Compagnies ». Profitant de leur nouvelle force, ils prirent les vivres et l'argent dont ils avaient besoin, en pillant villes, villages, châteaux ou monastères. Le chef le plus important de ces compagnies était un certain Arnaud de Cervol qui avait servi le duc d'Alençon lors de la bataille de Poitiers. C'était un curieux personnage qui semble bien, d'après les récentes recherches, avoir été prêtre avant de devenir archiprêtre de Vélines en Périgord, dont il acquit le surnom d'Archiprêtre. Ayant peu de goût pour l'état ecclésiastique, il préféra s'en aller avec les bandes armées que l'on recrutait. Sa destitution en 1355, ne l'empêcha pas de garder son surnom.

Devant les ravages commis par les Compagnies, Innocent lança l'excommunication contre elles. Malheureusement, il en fallait plus pour arrêter ces rudes gaillards. L'inquiétude de la cour d'Avignon se transforma en angoisse lorsqu'elle apprit qu'Arnaud de Cervol et ses Compagnies descendaient vers le comtat et la Provence. L'Archiprêtre y avait été appelé par le sire des Baux en conflit avec la Maison royale de Naples. Aussitôt Avignon se hâta d'aménager sa défense. Dès le 6 juillet 1357, Innocent entreprit de faire réparer les portes, de relever les remparts à demi écroulés. Il fit venir en hâte des spécialistes des fortifications et de l'artillerie. Quatre cents « brigands (1) », divisés en compagnies de vingt-cinq hommes, furent recrutés pour défendre la ville et surveiller les mouvements d'Arnaud de Cervol. Celui-ci étant signalé le 14 juillet, à Valence, le pape lui écrivit immédiatement pour tenter de l'éloigner. Nullement dissuadé, l'Archiprêtre répondit qu'il n'avait point de mauvaises intentions à l'égard d'Avignon, car il dirigeait ses armes contre le roi de Naples. Ce n'était qu'à moitié rassurant car ce que l'on redoutait ce n'était pas seulement la guerre, mais le pillage et les exactions de ces soldats qui se payaient sur les pays qu'ils traversaient, et Avignon avait la malencontreuse réputation d'être une ville riche.

Le danger était alors tout proche puisque le comtat voyait ses terres sillonnées par les Compagnies. On les vit de la sorte s'emparer des châteaux de Lagnes et de Cabrière-d'Avignon à quelques kilomètres de l'Ile-sur-Sorgue et s'avancer jusqu'à deux pas d'Avignon, à Graveson. Pour essayer d'écarter cette menace, Innocent ordonna la mise en place d'une force d'intervention composée de deux cents hommes d'armes et de trois cents sergents à pied dont il confia le commandement à l'hospitalier Juan de Heredia, celui qui avait combattu à Poitiers aux côtés d'Arnaud de Cervol.

Une lueur d'espoir éclaira le ciel, pourtant limpide, d'Avignon, lorsque, avec les premières fleurs du printemps de 1358, l'Archiprêtre remonta sur Paris où il était appelé par le dauphin Charles, menacé par

(1) Soldats armés de brigandines.

Etienne Marcel. Ce ne fut qu'une brève éclaircie, car l'Archiprêtre revint promptement.

Le problème se posa de nouveau : comment se débarrasser des Compagnies ? Par la force, c'était impossible. Restaient les moyens diplomatiques et parmi ceux-là il n'y en avait qu'un qui pût intéresser les Compagnies : l'argent ! Innocent se décida donc à monnayer leur départ. Le chroniqueur Jean Lebel rapporte ainsi l'événement : « Le pape et tous les cardinaux demourans adoncques en Avignon avaient si grande paour qu'ils ne sçavaient que devenir, ainsi faisaient prestres et clercs, armer chacusne nuict pour garder la ville encontre les pilleurs. Et manda au derrain le pape, messire l'Archiprêtre en Avignon et lui fist aussi grande révérence que s'il fust le roy de France. Si disait en communément que le pape et le collège lui avaient donné XL mil escus vielz pour départir entre ses compaignons et pour eulx assurer. »

Bien que Froissart raconte les faits d'une façon semblable, il faut renoncer à l'amusante image du pape recevant en grande pompe un archiprêtre défroqué, devenu chef de bande.

Il n'y a nulle trace dans les archives de la venue d'Arnauld de Cervol au palais des Papes. Par contre, l'on sait que les tractations se firent par l'intermédiaire du grand prieur d'Emposte, Juan de Heredia. Entre anciens compagnons d'armes, il était plus facile de s'entendre. Quant à la somme du traité, elle ne fut point de 40 000 écus, mais de 1 000 florins d'or, comme l'atteste une lettre.

En septembre 1358, l'Archiprêtre et ses compagnies quittèrent donc les poches pleines la joyeuse contrée d'Avignon. Le calme n'y revint pas longtemps. Deux ans plus tard, le traité de Brétigny, en normalisant les rapports de la France et de l'Angleterre, laissait encore une fois les mercenaires sans occupation, les abandonnant à leurs terribles errances. L'une des plus importantes compagnies qui s'étaient alors formées avait pris le nom de « Tard-venus », probablement par regret de s'être mis si tardivement au pillage. Ces Tard-venus avaient pour chef un chevalier gascon nommé Seguin de Badefols, se disant volontiers : « Amy de Dieu, anemy de tout le monde ». Ils étaient près de deux mille combattants, venant pour la plupart des troupes du Prince Noir et quelques-uns, comme Talebart Talebardon, le petit Meschin, le Bourc de l'Espare, devinrent tristement célèbres.

Ces charmants personnages commencèrent par piller la Champagne, puis descendirent en Bourgogne. Ayant ruiné le pays, Seguin de Badefols porta ses regards sur la vallée du Rhône et sur Avignon, la riche cité. Dans celle-ci, ce fut avec angoisse que l'on se mit à suivre la marche des compagnons, le long du Rhône. Le sénéchal de Beaucaire, Jean Souvain, se porta avec quelques hommes sur Pont-Saint-Esprit menacé. C'était une place importante toute proche d'Avignon qui commandait les deux rives du Rhône. Aussi, lorsque dans la nuit du 28 décembre 1360 les Tard-venus s'en emparèrent, faisant prisonnier le sénéchal, ce fut la consternation générale. Avignon et la papauté étaient à la merci d'un coup de main. On avait craint Arnaud de Cervol qui avait un prétexte pour venir, on redoutait beaucoup plus Seguin de Badefols qui n'en avait point, et dont les intentions étaient un peu trop claires.

La fièvre, qui avait poussé le pape et les Avignonnais à réparer leurs vieilles murailles, les reprit. On s'aperçut que ces anciennes défenses ne protégeaient plus qu'une partie de la ville qui, en grandissant, les avait largement débordées. Innocent ordonna donc la construction d'une nouvelle enceinte, qui mettrait à l'abri toute l'agglomération. C'était une entreprise considérable et il fallut quinze ans pour la mener à bien, quinze ans pour ériger ces 4 330 mètres de remparts, brisés de 35 tours et de 55 tourelles et former cet ensemble unique que l'on admire encore aujourd'hui. Sachant que les travaux seraient longs, le pape fit élever, le long de la nouvelle ligne de fortification, une palissade de pieux taillés à vif, gardée jour et nuit pour permettre aux bâtisseurs d'y travailler en paix. L'organisation de la défense fut confiée à Juan de Heredia.

A Pont-Saint-Esprit, la situation n'était pas brillante. Les Tard-venus y menaient la bonne vie. Les viols, les larcins et toutes les exactions qu'ils y commettaient attiraient sans cesse de nouvelles bandes de routiers. Enhardis, ils n'hésitaient point à faire des incursions aux portes d'Avignon, à Sorgues ou Entraigues. Froissart, dans son langage coloré, nous a décrit les inquiétudes du Saint-Père.

« Quand le pape Innocent VI et le Collège de Rome se virent ainsi vexés et guerroyés par les mal-dites gens, si en furent durement ébahis, et ordonnèrent une croiserie sur ces mauvais chrétiens, qui se mettaient en peine de détruire chrétienté, ainsi comme les Waudes (1) firent jadis, à titre de nulle raison ; et gâtaient tous le pays où ils conversaient sans cause, et robaient sans deport quant qu'ils pouvaient trouver, et violoient femmes, vieilles et jeunes, sans pitié, et tuoient hommes, femmes et enfans sans merci, qui rien ne leur avait méfait ; et qui plus de vilains faits faisoit, c'était le plus preux et le mieux prisé ; si firent le pape et les cardinaux sermoner de la croix partout publiquement. Et absolvaient de peine et de coulpe tous ceux qui prenaient la croix et qui s'abandonnoient de corps et de volonté pour

_____
(1) Les Vaudois.

détruire celle mauvaise gent et leur compagnie ; et élurent lesdits cardinaux, monseigneur Pierre de Monestier, cardinal d'Arras, dit d'Ostie (1), à être capitaine de celle croiserie. Le quel se tray tantot hors Avignon et s'en vint demeurer et séjourner à Carpentras à quatre lieues d'Avignon ; et retenait toutes manières de gens et de soudoyers qui venaient devers lui et qui vouloient sauver leurs âmes et acquérir les pardons de la croiserie. »

Innocent avait, en effet, prêché la croisade à ses voisins, le duc de Bourgogne, le gouverneur du Dauphiné. On avait battu le rappel des nobles de la sénéchaussée de Beaucaire, du Gévaudan, du Velay et du Vivarais. Le maréchal Arnoud d'Audrehem, envoyé par le roi Jean, rejoignit Juan de Heredia et ses troupes. Tous deux, avec les effectifs rassemblés par la croisade, assiégèrent Pont-Saint-Esprit. Mais les Compagnies avaient de rudes soldats et les assiégeants manquaient de subsides. Vers le 13 février 1361, on pensa qu'il fallait peut-être mieux négocier. Juan de Heredia fut chargé de représenter les intérêts pontificaux. De leur côté, les compagnies expédièrent auprès du Saint-Père un dominicain et un franciscain pour l'assurer de leurs bonnes intentions. Une circonstance imprévue allait aider à la conclusion de l'accord. En Italie, le marquis de Montferrat était en guerre avec Galéas Visconti, le vieil ennemi de la papauté. On lui proposa donc d'employer pour sa cause tous ces mercenaires ne rêvant que plaies et bosses. On s'engagea même à donner de l'argent pour qu'il pût les payer. Les Compagnies acceptèrent cette transaction, qui se conclut sur la base de 14 500 florins. Grâce à cela, le Midi était enfin délivré des indé-

(1) Il s'agit de Pierre Bertrand du Colombier, évêque d'Arras, cardinal d'Ostie.

sirables. C'était cher, mais la tranquillité n'a pas de prix.

Avignon qui avait souffert d'un mauvais ravitaillement et de la vie chère, pendant cette période trouble, n'eut guère le temps de profiter de la tranquillité. Un mois à peine après le départ des Compagnies, le terrible fléau de la peste faisait à nouveau son apparition. Durant quatre mois, elle sema la mort, faisant presque plus de victimes que lors de la première épidémie. Le personnel de la curie fut particulièrement éprouvé. On compta la perte de neuf cardinaux, dont Pierre Bertrand du Colombier. Le nombre total des morts aurait été de 17 000.

Tous ces malheurs avaient été durement ressentis par Innocent et son entourage. Ainsi, sur ces bords du Rhône que l'on croyait paisibles, la cour pontificale se trouvait menacée, à la merci de soudards sans que le roi de France puisse l'en protéger. L'insécurité de Rome que les papes avait fui était ici retrouvée. C'était un argument de poids pour ceux qui réclamaient le retour en Italie, d'autant plus que, là-bas également, la situation s'était profondément modifiée.

Au début du pontificat d'Innocent, le désordre y était total, l'autorité du Saint-Siège y était constamment battue en brèche. Résolu à remettre de l'ordre, le pape fit un choix heureux en désignant, pour le représenter en Italie, le cardinal Gil d'Albornoz. Cet Espagnol de hautes qualités avait été un conseiller très apprécié d'Alphonse XI de Castille, avant d'être disgracié par son fils, Pierre le Cruel. Durant la guerre contre l'invasion arabe, il s'était particulièrement distingué à la bataille de Tarifa. Il était grand pénitencier à la cour d'Avignon, lorsque, le 30 juin 1353, il fut nommé légat.

Excellent diplomate, habile et courageux soldat,

homme droit et juste, Albornoz allait entièrement
retourner la situation. Par une subtile politique, il
sut contenir les Visconti à Milan, ramener à l'obéissance les Malatesta de Rimini, mater Ordelaffi de
Césène, contrer les Manfredi de Faenza, tout en
sachant se ménager le bon vouloir et l'alliance des
d'Este, des Gonzague, des della Scalla.

Ayant bien jugé le véritable personnage de Cola
di Rienzo, il le laissa revenir à Rome, d'où Francesco Baroncelli avait été chassé par une émeute.
Aidé par le condottiere fra Moriale, Rienzo rentra en
triomphateur et prit le titre de sénateur. Les malheurs n'avaient pas changé Rienzo et Rome revécut
des scènes du bas-empire. Des arrestations de toutes
sortes, l'exécution de fra Moriale exaspérèrent les
Romains. Le 8 octobre 1354, le peuple, las de ce
tyran, envahit le capitole et y mit le feu. Rienzo, qui
avait perdu sa superbe, tenta de s'échapper déguisé
en paysan. Reconnu, il fut percé de coups et son
cadavre reçut les outrages d'une foule en délire.

Cette fin misérable eut des conséquences heureuses pour la Ville éternelle. Albornoz sut à nouveau
imposer l'autorité pontificale, faisant taire les passions qui agitaient l'aristocratie, semeuse de troubles.

Enfin, il promulgua dans les Etats de l'Eglise un
code législatif dont l'efficacité se manifesta jusqu'au
début du xixᵉ siècle.

Ainsi donc, le calme revenu en Italie, l'inquiétude
persistant aux portes d'Avignon, la question du
retour du souverain pontife à Rome se posait plus
que jamais. Innocent VI en était conscient, seulement
il était vieux — soixante-sept ans — impotent,
usé par les soucis et ses caisses vides ruinées par les
grandes compagnies et les expéditions militaires
d'Albornoz. Pour lors, tout départ était impossible,
sans que l'annonce de la venue du roi Jean en Avi-

gnon y fût pour quelque chose. D'ailleurs, la santé du pape déclinait rapidement et le 13 septembre 1362 il s'éteignit doucement.

Après la neuvaine célébrée selon la coutume dans Notre-Dame-des-Doms, le cercueil d'Innocent fut porté dans une chapelle de l'abbatiale de la chartreuse de Villeneuve-lès-Avignon où son mausolée l'attendait. Aujourd'hui encore, on peut le voir sous sa châsse de fine pierre sculptée, figé dans le marbre, les yeux clos, le visage las, l'expression humble, heureux d'un repos qui lui était enfin accordé.

UNE VAINE TENTATIVE

D<small>ANS</small> les salles qui lui étaient réservées au palais des Papes, le conclave se réunit le 22 septembre 1362, après la neuvaine de prières pour le défunt. Deux personnalités dominaient ce conclave, les cardinaux Elie Talleyrand de Périgord et Guy de Boulogne. Tous deux, de haute naissance, apparentés à toutes les cours, hommes de prestige et d'autorité, habiles politiques, croyaient pouvoir prétendre au siège de saint Pierre. Or à cette rivalité d'hommes s'ajoutait une troisième division provoquée par le parti limousin. Le grand nombre de cardinaux de cette province leur permettait de croire qu'ils pourraient désigner un candidat de leur choix. En pleine expectative, les membres du conclave, pour gagner du temps, usèrent du procédé qui consiste à voter pour une personne dont les chances sont minimes. Le même hasard capricieux, qui avait précédemment désigné le chartreux Jean Birel, fit élire le cardinal Hugues Roger, propre frère de Clément VI. C'était parfaitement régulier, mais personne n'était content. Heureusement Hugues Roger, contrairement à son frère, était sans ambition. Comprenant fort bien la délicate position où il se trouvait, il refusa d'accepter la dignité qu'on lui avait malencontreusement conférée. Après de nombreux votes sans résultat et des discussions stériles, les car-

dinaux comprirent qu'il fallait chercher en dehors
de leur collège pour aboutir. Leurs voix se portèrent
alors sur l'abbé de Saint-Victor de Marseille, Guillaume Grimoard, « qui était moult saint homme et
de belle vie, grand clerc, et qui moult avait travaillé
pour l'Eglise en Lombardie et ailleurs ».

Guillaume Grimoard appartenait à une famille
noble de la région de Florac en Lozère. Son grand-
père était sire de Bellegarde et vassal de l'évêque de
Mende. Quant à son père, Guillaume II, il était châ-
telain de Grisac proche de Fraissinet-de-Lozère. C'est
dans ce château qu'il naquit en 1310.

Tonsuré dès l'âge de douze ans, il n'en fit pas moins
des études très complètes de droit à Montpellier et à
Toulouse. Deux de ses oncles étaient déjà dans les
ordres, Elzear, qui fut prieur des chartreux de Bonpas aux portes d'Avignon, et Anglic, qui était moine
à l'abbaye bénédictine de Chirac, proche des domaines
paternels.

Ce fut dans cette dernière abbaye qu'il entra dans
les ordres. Par la suite, devenu professeur de droit
canonique, il fut remarqué par l'évêque d'Uzès, Pierre
d'Aigrefeuille, qui le nomma vicaire général à Clermont et Uzès. En 1352, il était devenu abbé des
bénédictins de Saint-Germain d'Auxerre, puis en
1361, soit un an avant son élection, abbé de Saint-
Victor de Marseille. Depuis longtemps il avait la
confiance de Clément VI et d'Innocent VI qui le
chargeaient de missions en Italie, lui permettant
d'être au courant des délicats problèmes de la péninsule. Le jour de son élection, il se trouvait justement à Naples, en légation auprès de sa suzeraine,
la reine Jeanne, dont le mari, Louis de Tarente, venait
de mourir. Il tentait vainement de ramener la paix
dans cette cour et dans ce pays en proie aux désor-
dres, lorsqu'un courrier lui apporta la décision du
conclave, l'obligeant à revenir le plus promptement

possible. Malgré sa célérité, il ne put débarquer à Marseille que le 27 octobre. C'est avec la plus grande discrétion qu'il se rendit au palais d'Avignon, au milieu de grandes difficultés provoquées par les crues de la Durance et du Rhône. Il arriva, solitaire, le 30 octobre au soir, son cheval pataugeant dans l'eau qui débordait des fossés, sans que personne soit là pour l'accueillir. Le lendemain seulement, le Sacré Collège lui fit part de son élection.

Guillaume Grimoard prit désormais le nom d'Urbain pour marquer son désir profond de ramener la papauté dans Rome, dans la Ville (*urbs*). Le jour du couronnement fut fixé au 6 novembre 1362. Mais Urbain, contrairement à toutes les traditions avignonnaises, ne voulut ni luxe ni fête. Point de chevauchée à travers la ville, point de fantastique banquet. Seule eut lieu la cérémonie religieuse dans la grande chapelle Clémentine, suivie de l'imposition de la tiare par le neveu d'Innocent VI, le cardinal Audoin Aubert et de la bénédiction publique à la fenêtre de l'Indulgence. Toutefois, en plus des aumônes rituelles, les cardinaux reçurent en apaisement 2 000 florins chacun.

Urbain V, à cinquante-deux ans, n'était pas le pâle personnage que fut Innocent VI lorsqu'il monta sur le trône pontifical. De santé robuste, il avait l'esprit net et une autorité naturelle. Rappelant en cela Benoît XII, il avait gardé les habitudes frustes et régulières des moines. Malgré les honneurs reçus, il continua à porter la robe de bure noire des bénédictins. Sa vie, dans ce palais qui avait servi de cadre aux fastes de Clément VI, demeura pieuse, studieuse et simple. Chaque jour, il se confessait avant de dire la messe et se recueillait longuement après avoir avoué ses fautes. La messe, les petites heures récitées, il traitait les affaires courantes, donnant audience jusqu'à l'heure du déjeuner. Celui-ci n'avait rien d'un festin, bien au contraire. Urbain V jeûnait deux à trois fois par semaine, sauf pendant le carême où il jeûnait tous les jours. Sa seule imitation des princes était d'avoir autour de lui, à cette occasion, ses familiers pour parler avec eux sans façon. Après une sieste, il expédiait son courrier, puis étudiait théologie, philosophie, Ecriture sainte et droit, domaines qu'il aimait aborder pour se parfaire dans sa lourde tâche. Il y avait loin entre lui et cet humaniste lettré que fut Clément VI amateur de Cicéron et des poètes antiques. A l'étude succédait la prière et de nouveau les audiences reprenaient. Quand elles étaient terminées, Urbain aimait à se promener dans les jardins auxquels il apporta un soin particulier. Non seulement il les agrandit, mais il y fit aménager tout un bâtiment avec une promenade couverte, qu'on appela du mot significatif de Roma. Tout en déambulant au milieu d'animaux de toute espèce et notamment des cerfs, formant un véritable zoo, il discutait librement avec ses cardinaux. Ensuite, toujours méthodique et régulier, c'était l'heure du dîner. Enfin, il récitait matines avec les siens et allait se coucher tout habillé sur un lit sans mollesse, dans cette chambre où, sur les murs, les oiseaux chantaient dans des rinceaux de couleurs vives.

A peine couronné, Urbain écrivit au roi Jean qui s'était mis en route depuis le mois d'août pour rendre visite à Innocent VI. Le roi reçut cette lettre en Bourgogne dont il venait d'hériter et qu'il parcourait. Le pape s'y montrait aimable, sans manifester aucune servilité, bien au contraire, il lui rappelait ses devoirs de roi et de défenseur de la Sainte Eglise. Le roi Jean arriva le 16 novembre 1362, à Villeneuve-lès-Avignon où il s'installa, voulant marquer son respect de l'autorité pontificale sur Avignon. Ce ne fut que quatre jours plus tard, le 20 novembre, qu'il y fit son entrée en grande pompe. Les cardinaux vinrent à son devant sur le pont Saint-Bénezet et l'escortèrent jusqu'au palais, au milieu d'un grand concours de peuple. Urbain, par honneur particulier, l'attendait à la porte des Champeaux pour le conduire lui-même à la salle du Consistoire. Deux jours plus tard, le roi avec la curie assistait à la translation à Villeneuve des restes de celui qu'il était venu voir, Innocent VI.

Bien évidemment, ce long voyage n'avait pas été entrepris uniquement pour saluer Innocent ou à défaut Urbain V. Le chroniqueur Villani déclare qu'il était venu pour la nomination de quatre nouveaux cardinaux. C'était la raison officielle. Ce qu'il désirait surtout, c'était trouver l'argent nécessaire pour payer sa rançon aux Anglais. Pour cela, il voulait obtenir un décime sur les revenus de l'Eglise de France. D'autre part, il venait se poser en médiateur (intéressé) pour négocier la paix entre le pape et Bernabo Visconti. Pressé par les succès du cardinal d'Albornoz, celui-ci avait demandé au roi de s'entremettre. Moyennant 400 000 florins, il se disait prêt à rendre les territoires de Bologne dont il s'était emparé. Le roi pensait pouvoir intercepter cette somme pour sa rançon. Malheureusement, le pape exigea de Visconti une soumission totale, faisant échouer la transaction.

Une autre raison avait amené le roi en Avignon, c'était le désir de marier son dernier fils, Philippe, alors duc de Touraine, avec la veuve de Louis de Tarente, la reine Jeanne. Le royaume de Naples et le comté de Provence n'étaient pas sans attrait pour la France. Par malchance, lorsque le roi s'en ouvrit au pape, celui-ci venait tout juste d'écrire à la reine pour approuver son projet de mariage avec Jaime III de Majorque. Toutefois, pour ne pas mécontenter le fidèle protecteur de la papauté, conciliant, il reprit la plume pour vanter à la jeune femme les mérites d'une union avec Philippe. Il lui rappela entre autres que tous deux étaient issus de la même race et que son refus pourrait être un violent déplaisir pour le valeureux roi de France. Appâts et menaces voilées furent de l'éloquence perdue, Jeanne épousait bientôt Jaime de Majorque.

Tout ceci prit un certain temps et Jean le Bon se trouvait encore en Avignon lorsque, le 29 mars 1363, y arriva un hôte de marque, le roi de Chypre, Pierre de Lusignan.

Dernier rempart de la chrétienté devant les Turcs à l'assaut de l'Occident, il était venu chercher l'aide de l'Eglise, auprès du pape. Il voulait que celui-ci prêchât la croisade pour que les princes d'Occident viennent à son secours. Il souhaitait surtout que le roi de France, le monarque le plus puissant malgré la défaite de Poitiers, lui vînt en aide. Pour sa part, Urbain V était convaincu de longue date de la nécessité de cette croisade. Quant à Jean le Bon, toujours chevaleresque et courageux, il était prêt à partir pour la Palestine, à condition d'en avoir les moyens. Contrairement à beaucoup d'autres rois, il était sincère.

Deux jours après l'arrivée de Lusignan, le vendredi saint 31 mars, le pape au cours de l'office demanda à tous ceux qui étaient présents de prendre la croix contre les Turcs. Il s'adressait à une assistance particulièrement choisie, puisque, aux côtés des rois de France et de Chypre, se trouvaient le roi de Danemark, le comte d'Eu, le comte de Tancarville, les maréchaux Arnoud d'Audrehem et Jean Boucicaut. Après la cérémonie, le pape remit lui-même à chacun la croix. Pour sceller cette heureuse détermination, un repas fut donné pour les futurs croisés dans le grand Tinel. Urbain V plaça le roi Jean à ses côtés, comme étant le plus illustre. Celui-ci, à son tour, pria Pierre de Lusignan de s'asseoir près de lui. « Très cher sire, lui répondit Pierre, heureux de flatter un peu son allié, il ne m'appartient pas de seoir jouxte vous, qui estes le plus noble roy crestiens, car au regard de vous, je ne suis qu'un vôtre chevalier. »

La croisade, « cette chose dont on parle beaucoup et que l'on n'entreprend jamais », comme disait Pétrarque, semblait prendre corps. Lorsqu'il partit le 3 mai, Jean le Bon était bien décidé à revenir avec son armée. Lusignan de son côté, fort de l'appui du roi, espérait entraîner d'autres princes dans l'expédition. Cependant, ce fut Urbain qui eut l'idée susceptible de satisfaire tout le monde : mobiliser les Compagnies contre les Turcs. Celles-ci, en effet, n'avaient jamais vraiment cessé de sévir. Disparaissant parfois, elles renaissaient sans cesse, promenant la terreur au gré de leur fantaisie. Au mois de mars, sans même se soucier de la présence du roi, elles s'étaient avancées jusqu'à Montpellier.

Désireux de les gagner à sa cause, Urbain commença par leur témoigner de l'estime sinon de la sympathie. Le 25 mai 1363, il envoya une bulle aux différents capitaines pour les exhorter à prendre la croix, leur montrant qu'eux seuls, par leur courage, étaient capables de mener à bien cette grande entreprise. Puisqu'ils aimaient les combats, ils pourraient, là-bas, réaliser des exploits utiles, sans malmener le pauvre peuple de France. Hélas ! cette belle initiative fut sans effet sur les Compagnies. Les capitaines n'avaient nulle envie d'aller chercher au loin ce qu'ils avaient trop commodément sous la main. Ils continuèrent donc à vivre tranquillement sur les pays qu'ils traversaient.

La nouvelle concernant l'arrivée de bandes venant d'Espagne jeta l'alarme dans Avignon. Le pape décida de former une ligne de défense, regroupant les seigneurs et les prélats de Provence, du comtat, du

Dauphiné et de la Savoie. On y remarquait le sénéchal de Provence, le gouverneur du Dauphiné, le
maréchal Arnoud d'Audrehem et le comte de Savoie.
Urbain V, qui avait été ulcéré de voir sa proposition
rejetée, se résolut à sévir contre eux. En premier lieu,
il les excommunia. Comme ils ne s'en souciaient
guère, il tourna la question en publiant, le 27 février 1364, une bulle accordant l'indulgence plénière
à tous ceux qui combattraient les Compagnies. Un
peu plus tard, il compléta ses instructions par une
nouvelle bulle qu'il fit afficher à Notre-Dame-des-
Doms, interdisant, sous quelque prétexte que ce soit,
de rassembler et d'utiliser des Compagnies. Interdiction également d'avoir tout rapport avec elles,
de leur fournir du ravitaillement ou des subsides.
Urbain pensait que sans employeur, pourchassées,
affamées, les Compagnies se dissoudraient. Malheureusement, il n'en alla pas ainsi, car beaucoup de
paysans et d'autres personnes sans expérience de la
guerre avaient pris les armes pour chasser ceux qui
les pressuraient. Or ceux-ci étaient des soldats résolus et, quoiqu'on puisse en penser, disciplinés. Aussi,
ce fut sans peine qu'ils massacrèrent ces pauvres
gens.

Pour remédier à cet état de choses, le pape dut
intervenir encore une fois, en précisant que les indul-
gences seraient gagnées à seule condition de combattre sous les ordres d'un chef délégué par l'autorité.
Ces chefs avaient eux-mêmes bien du mal à contenir
les Compagnies, quand il ne leur arrivait pas de se
faire battre.

La mort de Jean le Bon ayant définitivement ôté
tout espoir de croisade, Urbain, devant le danger
croissant, usant de ses faibles moyens, promulgua,
en avril 1365, une nouvelle bulle retirant tout privilège aux villes, villages, châteaux, et même monastères qui pactiseraient avec les Compagnies. Il déliait

en outre du serment de vasselage tous ceux dont
le suzerain aurait, de façon quelconque, partie liée
avec celles-ci.

C'était alors l'époque où Avignon eut le privilège
de voir arriver l'empereur Charles IV. Il ne venait
point seulement pour visiter le pape, mais pour se
faire consacrer roi d'Arles selon une lointaine tradition quelque peu oubliée. Par la même occasion, il
voulait faire acte de suzeraineté sur la Savoie, le
Dauphiné, le comtat, la Provence, provinces qui
s'éloignaient de plus en plus de son autorité (1).

A son arrivée dans Avignon, le 23 mai 1365, Charles IV trouva une ambassade du duc de Bourgogne.
Philippe le Hardi désirait s'entretenir avec l'empereur
des grandes Compagnies. Lui aussi avait un plan
pour s'en débarrasser. Il voulait les faire traverser
l'empire pour les conduire en Hongrie menacée par
les Turcs. L'empereur accepta de les laisser passer,
mais ce furent les Compagnies qui refusèrent de
partir. Seul Arnaud de Cervol réussit à en convaincre un certain nombre. Ils ne purent aller bien loin,
car, dès l'Alsace, les Allemands leur refusèrent le
passage.

On désespérait lorsqu'une nouvelle possibilité pour
s'en défaire s'offrit cette fois en Espagne, exactement en Castille. Alphonse XI, le vainqueur de Tarifa,
avait laissé son trône à son seul fils légitime, Pierre Ier.
Or il avait eu trois autres fils de Léonora de Guzman.
Ces enfants ambitieux, et singulièrement l'aîné, Henri
comte de Transtamare, complotèrent, poussant les
grands à la révolte. Pierre, que l'on a taxé de cruel,
se voyant sans cesse menacé, mata avec violence
toutes tentatives d'insurrection, il se montra un jus-

(1) Les privilèges qu'il distribua aux villes irritèrent le roi Charles V qui considérait le Dauphiné comme définitivement rattaché
à la couronne.

ticier particulièrement implacable, non un criminel. Henri de Transtamare, pour justifier sa cause et obtenir de l'aide, fit une campagne habile de propagande. Il accusa son frère de meurtres et notamment, auprès de Charles V, de celui de sa femme Blanche de Bourbon, parente du roi. De plus, prenant prétexte des bonnes relations de Pierre avec les musulmans de Grenade et les juifs, il fit croire à Urbain V qu'il était mauvais chrétien, protecteur des hérétiques. Ainsi trompés, le pape et le roi accordèrent leur soutien à Henri de Transtamare. Charles V, tout en étant désireux de venger sa parente, y vit l'occasion d'éloigner, pour quelque temps du moins, les Compagnies. En accord avec le pape, il convint de confier ces redoutables mercenaires au seul homme capable de leur en imposer, Bertrand du Guesclin. Par malheur, celui-ci était prisonnier depuis la bataille d'Auray. Il fallait donc le racheter. Tous les intéressés y contribuèrent, Urbain V comme les autres. Une fois libéré, du Guesclin convainquit, sans trop de peine, les Compagnies de le suivre en Espagne. Or quelle ne fut pas la surprise du pape, se trouvant à Marseille, pour consacrer l'abbaye de Saint-Victor restaurée par ses soins, d'apprendre qu'au lieu de marcher directement sur la Castille, les Compagnies se rassemblaient en Bourgogne. A sa surprise, succéda la crainte lorsqu'on lui annonça qu'elles descendaient le Rhône. Regrettant d'avoir participé à la libération de du Guesclin, il pensa sérieusement à quitter Avignon pour Rome. Néanmoins, courant au plus pressé il demanda du secours à ses amis marseillais qui lui envoyèrent 150 arbalétriers pour grossir la garnison.

Derrière ses murailles récemment terminées, Avignon attendait. Arrivé à Villeneuve à la mi-novembre, Bertrand fit bientôt connaître ses intentions. Ce qu'il voulait, c'était de l'argent. « De l'argent ou alors je ne réponds plus de mes troupes », fit-il savoir. Pour un preux chevalier, c'était un assez vilain chantage. Chantage d'autant moins plaisant qu'il était prémédité, car ce n'était pas le hasard qui l'avait conduit sur les bords du Rhône. Certes, pour faire plaisir au pape, les Compagnies demandaient à être absoutes de l'excommunication qui pesait sur elles, voulant faire croire qu'elles allaient entreprendre une croisade en Espagne. Que faire ? Comment résister ? Le pays était trop faible pour les affronter. Il fallut donc céder et payer. Le 22 novembre 1365, Urbain fit remettre à Bertránd du Guesclin la somme de 4 000 francs-or, à titre de prêt. C'était une façon de ne pas perdre la face, car évidemment il ne fut jamais question de le rendre. D'un autre côté, la Provence et le comtat durent payer pour n'être point pillés. Les Compagnies ne quittèrent finalement Villeneuve que le 26 janvier 1366, prenant la direction de Montpellier où elles exigèrent, au passage, un impôt de 1 000 florins.

Le danger étant conjuré, il était temps de quitter ce lieu si facilement menacé. Désormais, l'Italie semblait calme, grâce à la paix signée avec Bernabo Visconti. Urbain, manifestant son désir de retourner à Rome, fit entreprendre des travaux à Saint-Pierre et remettre en culture les jardins.

Pourtant, ce ne fut qu'au mois de septembre 1366 qu'il prit officiellement la décision de revenir. Le 14 septembre, il avertit l'empereur de sa décision, le 15, Bernabo Visconti en était informé et, le 19, le peuple romain. Pour tous les partisans de ce retour, ce fut une explosion de joie. Pétrarque toujours passionné vit aussitôt en Urbain V un grand pape. Déjà, lorsque le bruit courait, lors des festivités de Marseille, de la possibilité d'un prochain départ, il écrivait :

« Dernièrement, lorsque vous vous rendîtes à Marseille, poussé par votre piété et par le désir de revoir cet humble nid d'où la divine Providence et votre vertu vous ont fait voler au sommet des honneurs, le peuple qui vous est dévoué et qui vous chérit, vous a reçu non comme un homme, mais comme Dieu lui-même dont vous êtes le vicaire et le représentant. Marseille vous a accueilli avec une joie sans bornes et un respect infini. Emu par un spectacle si attendrissant, je ne sais si vous avez pu retenir vos larmes, mais vous avez laissé échapper des paroles qui ont résonné agréablement à nos oreilles et nous ont apporté de douces espérances. Quand vous n'auriez, avez-vous dit, d'autre motif d'aller à Rome et en Italie que celui d'exciter ainsi la dévotion des fidèles, cela suffisait largement à vous déterminer (1). »

Après avoir loué son désir de départ, Pétrarque célébra avec éclat ses qualités d'homme d'Eglise et ses réformes.

« J'ai appris que vous aviez renvoyé dans leurs églises les prélats qui remplissaient la cour romaine. C'est bien et très bien fait. Car y a-t-il rien de plus inepte et qui contribue davantage à amener un naufrage que de voir les matelots abandonner rames et cordages, se ramasser tous à l'arrière du navire, embarrasser sans cesse le pilote dans ses mouvements ? J'ai appris que vous aviez mis un frein à la poursuite effrénée des bénéfices et forcé les ambitieux insatiables à se contenter d'un seul. C'est juste. N'était-il pas honteux de voir les uns surchargés de revenus et beaucoup d'autres meilleurs qu'eux vivre dans le besoin (2) ? »

Avec son esprit partisan, Pétrarque oubliait que ces

(1) Pétrarque, *De rebus senilibus,* Lib. VII. ep. 1.
(2) *De rebus senilibus,* Lib. VII. ep. 1.

réformes avaient déjà été entreprises du temps de Benoît XII. Il avait alors tourné le pape en dérision parce qu'il avait construit un palais pour s'installer en Avignon.

Brigitte de Suède, l'autre grande voix qui appelait le retour de la papauté dans Rome, voulut bien, devant son attitude, montrer quelque indulgence à son égard. Elle disait dans ses *Revelationes* : « De même ce pape Urbain est du bon or qui peut servir à bien, mais il est entouré des soins du monde (1). »

Tandis que le parti romain triomphait et chantait les louanges du pontife, à la cour de France, c'était la consternation. Charles V appréciait la présence d'un pape français aux portes du royaume, médiateur vigilant dans les guerres avec l'Angleterre. Qu'allait-il advenir si la curie quittait le Rhône pour le Tibre ? En se rapprochant de l'empire, le pape en subirait l'influence et la France serait plus lointaine dans ses préoccupations ! Décidé d'arrêter ce néfaste départ, Charles V dépêcha une ambassade solennelle, dirigée par le comte d'Etampes avec mission de retenir le souverain pontife. L'ambassade à Chalon « se mit sur l'eau et partit pour Avignon » le 22 avril 1367.

Pourtant, les projets étaient bien avancés. Urbain avait déjà fait des visites d'adieu aux monastères qu'il avait fondés à Montpellier et, lorsque arrivèrent les envoyés du roi, tous les préparatifs étaient terminés.

Les orateurs français ne furent que plus pressants. L'un d'eux, sans doute le maître de l'Université de Paris, Ancel Choquart, lança, dans la salle du Consistoire, un éloquent appel au pape. Après lui avoir montré combien le roi de France était dévoué à sa

---

(1) *Revelationes*, Lib. IV. 137.

personne, témoignant à son égard l'affection d'un fils pour son père, il supposa ce dialogue imité des actes de saint Pierre, entre le pape et le roi : « Seigneur, où allez-vous ? interroge le fils auquel le père répond : Je viens à Rome. — Pour vous faire crucifier une seconde fois ? » réplique le fils. Et maître Choquart de développer tous les dangers qu'encourait le pape. Puis « ne devez-vous pas, très Saint-Père, avant tout songer à apaiser les discordes qui s'élèvent de toutes parts en France et rendre la paix à ce peuple au milieu duquel vous avez vécu, afin de ne pas ressembler à ce serviteur qui, voyant venir un loup, s'enfuyait, tant il avait peu de souci des brebis confiées à sa garde... Enfin, Saint-Père, considérez la route que vous choisissez et les dangers qu'elle représente, car c'est par mer... »

Dernier argument qui pouvait encore effrayer.

Inquiet de cette contre-attaque, Pétrarque avait aussitôt écrit à Urbain V : « Plus que personne le roi de France, fils de l'Eglise, et qui aime sa mère d'un amour sincère, mais peu réfléchi, désirant la garder auprès de lui et ne considérant pas combien il serait plus honorable pour elle de s'éloigner, a cherché, au moment où vous êtes prêt à accomplir une œuvre pieuse et sainte, à arrêter vos pieds dans toutes sortes d'entraves ; un homme docte et disert, à ce qu'on assure, a prononcé devant vous et devant vos frères — ceux-ci trop disposés à se laisser dissuader — un discours où il s'est efforcé d'exalter la France, sa patrie et de rabaisser l'Italie. »

Pétrarque avait tort de s'émouvoir. Les orateurs usèrent en vain leur salive et le comte d'Etampes déploya pour rien sa diplomatie. Quelques jours à peine après l'entrevue, Urbain quittait Avignon.

Avant de partir, il confia la ville et le comtat à Philippe de Cabassole, l'ami de Pétrarque, et à Jean de Blauzac. Il promulgua encore une bulle contre ceux qui troublaient l'ordre et la société, s'adressant aussi bien aux Compagnies qu'aux cardinaux qui, par mauvais vouloir, refusaient de l'accompagner.

Le 30 avril 1367, Urbain V, sous les yeux navrés du comte d'Etampes et de toute la délégation française, au milieu de tout le peuple d'Avignon, silencieux, consterné, franchit la porte des Champeaux. Le ciel clair des beaux jours, les fleurs qui émaillaient la campagne, les premières feuilles qui pointaient sur les tiges lisses des arbres semblaient unir leurs séductions pour retenir le Saint-Père. Celui-ci accomplissait son devoir, non sans avoir au cœur quelque tristesse. Comme pour ne pas se séparer brusquement de ce pays accueillant, tournant le dos à la route de la mer, il se dirigea vers Sorgues où il passa deux jours dans son château. Après avoir mis la dernière main à ses affaires, après avoir respiré une dernière fois l'air léger des eaux vives de la Sorgue, le 2 mai, il prit la route de Marseille. Il passa la Durance à Bonpas et coucha à Noves. Le lendemain à Orgon, le jour suivant à Aix et enfin, le 6 mai, à Marseille où on était venu l'accueillir en foule. L'abbé de sa chère abbaye de Saint-Victor l'hébergea en attendant que tout fût prêt. Dans le port s'étaient rassemblées un grand nombre de galères napolitaines, génoises, pisanes, vénitiennes. Il fallut patienter pendant quelques jours que les vents deviennent favorables. Profitant de ce répit, les cardinaux français qui étaient hostiles à ce voyage tentèrent une dernière fois de fléchir le souverain pontife. Il demeura inébranlable.

Le 19 mai, la brise se leva et on hissa les voiles. Urbain s'embarqua et bientôt toute la flotte appareilla avec à sa tête la galère du grand maître de l'Hôpital. Toutes voiles dehors, enrubannées de pennons et de bannières agités par le vent, les galères longèrent lentement les côtes. Les premiers jours, elles

firent escale à Toulon, puis, par petites étapes, gagnè-
rent Gênes le 28 mai. C'était le premier contact avec
l'Italie. Le pape s'y reposa cinq jours, avant de reprendre sa route maritime. Il passa successivement par
Porto-Venere, Salsadas, Pise, où il s'arrêta le 2 juin,
Piombino et enfin Corneto (1) où il débarqua le 3 juin.
Une foule considérable vint le saluer et l'acclamer.
Après quelques jours de repos dans ce petit port, il
se rendit à Viterbe, ancienne résidence pontificale, où
le rejoignirent les membres de la curie qui avaient
emprunté la route terrestre. C'est là qu'il apprit la
mort du cardinal d'Albornoz, le pacificateur de l'Italie.
Ce fut plus qu'un deuil, une perte considérable qui
privait la papauté d'un défenseur et d'un conseiller
efficace. Des événements de bien mauvais augure
semblèrent en être la conséquence.

Comme au temps des Gascons de Clément V, une
bagarre éclata entre le personnel de la curie et les
habitants de Viterbe, bagarre qui dégénéra en une
émeute qui fit rage pendant trois jours. Les Viterbois,
que les curialistes français avaient peut-être irrités,
criaient sans ménagement : « Meure l'Eglise ! Vive
le peuple ! » contraignant les cardinaux, comme
Etienne Aubert, à quitter leur maison sous un déguisement, pour se mettre à l'abri dans le palais pontifical, lui-même assiégé. Il fallut huit jours pour apaiser la tempête qui ne fut totalement calmée que lorsque sept des meneurs furent pendus. C'était un mauvais début. En tout cas, Urbain comprit qu'il n'était
pas en sûreté à Viterbe et, puisqu'il était en Italie,
le mieux était de se rendre à Rome, sans attendre
davantage la fin des préparatifs. Escorté de 2 000 hommes d'armes conduits par le marquis de Ferrare,
Nicolas d'Este, les Malatesta et le comte de Savoie,
il fit une entrée triomphale, le 16 octobre 1367, dans

(1) A repris aujourd'hui son ancien nom de Tarquinia.

Rome au milieu des acclamations délirantes de la ville entière qui retrouvait enfin « son » évêque et « son » pape. Très ému, Urbain se rendit directement à Saint-Pierre pour se prosterner devant le tombeau du saint Apôtre.

Dès lors, ce fut pour Rome une période de liesse. Les princes s'empressaient de venir y saluer le souverain pontife. La reine Jeanne fut la première, avec son nouvel époux, Jaime III de Majorque. Elle s'y retrouva au début de l'année 1368, avec le roi de Chypre, Pierre de Lusignan, toujours à la recherche d'une aide militaire. Urbain reçut ses hôtes avec dignité et lorsque vint le temps de Lætare, époque où selon la coutume il accordait la rose d'or, ce fut à la reine Jeanne qu'il l'octroya. Cette galanterie fit murmurer son entourage, qui ne comprenait pas pourquoi le chevaleresque et courageux Lusignan, qui s'était emparé sans aucune aide d'Alexandrie, n'avait pas reçu cet honneur. Urbain leur rappela alors, non sans malice, « qu'on n'avait jamais vu non plus l'abbé de Marseille devenir pape. Et, ajoute le chroniqueur, tous les cardinaux et les autres se turent ».

C'était faire preuve d'autorité, et de celle-ci le pape avait grandement besoin pour remettre de l'ordre dans son Eglise. Comme il arrive dans les temps troublés, les clercs se croyaient tout permis et interprétaient à leur manière la vie religieuse, choisissant, bien sûr, la plus facile. Les progressistes spirituels et leurs détestables habitudes avaient contaminé tout le clergé. Lui aussi voulait être au goût du jour. Le théologien Ruysbroek écrivait : « Les religieuses portent des robes courtes qui ne vont qu'aux genoux, nouées par-devant comme des vêtements de fous. Quant aux moines, ils montent à cheval tout armés, portant de longues épées comme des chevaliers. Mais vis-à-vis du démon, du monde et de leurs passions, ils demeurent **sans** arme. » Voilà qui après six siècles demeure étonnamment d'actualité, de même que les faits rapportés par sainte Brigitte.

« Il y a aussi dans la ville (1) plusieurs habitations de moines et chacun a sa maison pour soi ; et quelques-uns embrassent un enfant à l'arrivée de leurs amis, disant : voici mon fils. A grand-peine aussi peut-on reconnaître un moine par l'habit, car la tunique, qui autrefois tombait sur les pieds, maintenant couvre à peine les genoux ; leurs manches, qui étaient autrefois grandes et larges, sont aujourd'hui étroites et tirées. On porte maintenant un glaive au lieu de tablettes et d'un style, et à grand-peine peut-on trouver actuellement un habit par lequel on puisse reconnaître un moine, hormis le scapulaire que l'on cache souvent afin qu'on ne le voit pas, comme si c'était un scandale de porter un habit monacal !... Or, aujourd'hui, il y a des abus si détestables en ce qu'on donne indifféremment l'entrée (des monastères) à des clercs laïques et aux sœurs auxquelles on se plaît ; voire, leurs portes sont même ouvertes la nuit. Et, partant, ces lieux sont maintenant plus semblables aux lieux infâmes qu'à des monastères, à des cloîtres saints et sacrés (2). »

La vie serait donc un éternel recommencement ? Brigitte de Suède menaçait de la damnation le pape qui oserait bénir le mariage d'un prêtre ! Le problème s'était donc posé.

La présence d'Urbain à Rome, sans tout rénover immédiatement, redonna vie au culte endormi. Les églises abandonnées se rouvrirent et les activités religieuses reprirent. Un ami de Pétrarque lui écrivait : « Votre piété d'âme bénirait celui qui a rebâti

(1) Rome.
(2) *Revelationes*, Lib. IV. 33.

le Latran, restauré Saint-Pierre, réveillé toute la cité. »

Effectivement, Urbain voulait aussi redonner aux lieux illustres une parure digne. C'est ainsi qu'il demanda à Giotto de venir travailler pour Saint-Pierre.

Une petite faute de diplomatie allait malencontreusement ternir cette euphorie. Avec les premières chaleurs de l'été, Urbain avait quitté Rome pour le séjour de Montefiascone, plus apaisant et plus frais. Ce fut là que, le 22 septembre 1368, il proclama la nomination de nouveaux cardinaux. Depuis le début de son pontificat, il n'avait guère procédé qu'à deux discrètes promotions. Dans la première, il avait désigné son frère Anglic et pour équilibrer cette faveur, nommé un Italien, Marco de Viterbe et un Limousin, Guillaume Sudre. La nomination du jeune Guillaume d'Aigrefeuille, juste avant de partir pour Rome, n'avait pas beaucoup changé la composition du Sacré Collège. Il en allait être tout autrement avec la promotion de Montefiascone. Les Italiens, en effet, espéraient que pour fêter son retour dans leur pays, le pape allait les honorer de nombreux chapeaux de cardinaux. Aussi, la déception fut-elle grande lorsqu'ils apprirent que, sur les huit nouveaux cardinaux, un seul était italien, le Romain Francesco Tebadelschi. Pour eux, l'installation de la papauté à Rome n'était possible qu'avec une majorité italienne au Sacré Collège. Ils prêtèrent donc aussitôt au pape l'intention de retourner en Avignon. Cependant, leur crainte s'estompa un peu quand, le 21 octobre de la même année, ils virent leur pontife entrer dans Rome, monté sur son cheval blanc tenu en bride par l'empereur lui-même. Celui-ci venait témoigner son attachement à la papauté et solliciter pour sa femme son couronnement des mains du

Saint-Père (1). A cette occasion, une grandiose cérémonie se déroula le jour de la Toussaint, dans l'église Saint-Pierre où l'on vit l'empereur officier comme diacre.

La canonisation, au printemps suivant, du Provençal Elzear de Sabran, fut moins appréciée, car pour les Italiens c'était une preuve que le pape avait laissé son cœur sur les bords du Rhône.

En revanche, cette même année fut marquée par un triomphe de l'œcuménisme. L'on vit le 18 octobre 1369, dans l'église du Santo-Spiritu, l'empereur de Constantinople, Jean Paléologue, venir abjurer, pour reconnaître l'Eglise de Rome comme l'unique et véritable Eglise. Le schisme stupide qui séparait l'Orient et l'Occident était terminé. C'était une belle victoire pour Urbain V que cette unité enfin retrouvée. Malheureusement, cette victoire ne fut pas de longue durée. En effet, Jean Paléologue était venu à Rome comme à Canossa, uniquement pour obtenir l'aide des Latins contre les Turcs qui le tenaillaient, faisant rétrécir son empire comme une peau de chagrin. Les Latins n'ayant pu intervenir, la grande union n'eut pas lieu.

Ce n'en fut pas moins, pour Urbain V, une des dernières joies de son pontificat. Après avoir passé l'hiver à Rome, comme les années précédentes, il se rendit, aux approches de l'été, à Montefiascone, pour bénéficier du bien-être de la campagne. Il n'eut guère le temps d'en profiter, car une révolte éclatait brutalement à Pérouse. Les Pérugins avaient fait appel aux bandes du routier anglais, John Hawkwood. Urbain dut se retirer de Montefiascone pour se réfugier à Viterbe, que John Hawkwood tenta même de prendre d'assaut. Pour comble de malheur, les rou-

(1) Charles IV avait déjà été couronné en 1355 par le cardinal légat Pierre Bertrand du Colombiers.

tiers de Bernabo Visconti se mirent de la partie, en ravageant la Toscane. Devant ces brûlots qui arrivaient de toutes parts et dont il ne pouvait mesurer l'exacte importance, Urbain pensa que son retour au tombeau de l'Apôtre avait été prématuré. Ce voyage, il ne l'avait entrepris que pour satisfaire sa conscience. Si les Italiens s'ingéniaient à lui rendre tout séjour impossible, c'était la preuve que sa destinée n'était point de rester.

La décision de regagner Avignon jeta la consternation parmi les Italiens, mais ne suffit pas à ramener l'ordre. Sainte Brigitte, que ce départ bouleversait, vint elle-même à Montefiascone lui porter une de ses *Revelationes* qui était en même temps un avertissement. On y lisait notamment : « En effet, il (1) se dégoûte de l'œuvre divine et préfère les commodités corporelles. De même, le diable l'attire avec la jouissance du monde, car sa terre natale est en ses affections à la manière mondaine. De même, il est attiré par les conseils de ses amis charnels qui recherchent plus son plaisir et sa volonté que l'honneur et la gloire de Dieu ou l'élévation et le salut de son âme. S'il retourne au pays où il a été élu pape, il recevra rapidement un coup ou une gifle tels que ses dents se serreront et grinceront. Sa vue sera obscurcie, il pâlira et tout son corps en frémira (2). »

Urbain, aussi déterminé pour repartir qu'il l'avait été pour venir, ne se laissa pas impressionner par cette prédiction. Aux Romains qui le suppliaient, il déclara : « Le Saint-Esprit m'a amené dans cette région ; il me ramène à d'autres pour l'honneur de l'Eglise. Si je ne suis pas de corps avec vous, j'y serai de cœur. »

(1) Urbain V.
(2) *Revelationes*, Lib. IV. 138.

Avant de partir il donna à son frère, Anglic Grimoard, la fonction de recteur pour les Etats de l'Eglise, avec la charge d'y défendre les intérêts de celle-ci.

La France, trop heureuse de ce retour, dépêcha des bâteaux pour servir au transport de la curie sur les bords du Rhône. Les Avignonnais et les Provençaux s'empressèrent également d'obéir à la reine Jeanne, en participant à ce voyage. La petite flottille formée de trente-quatre galères se réunit à Corneto, ce port où, trois ans plus tôt, Urbain débarquait dans l'enthousiasme général.

Lorsque, le 5 septembre 1370, il monta sur sa galère, personne ne vint l'acclamer, la joie qui l'attendait était de l'autre côté de la mer, à Marseille où il débarqua le 16 septembre. Après quelques jours de repos à l'abbaye de Saint-Victor, il se dirigea sur Avignon où il entra le 27 septembre, accueilli en grande pompe par toute la population qui le conduisit au milieu des cris de joie jusqu'à la porte des Champeaux, grande ouverte pour mieux le recevoir.

Urbain n'eut pas le temps de retrouver ses habitudes derrière les murs de son palais venteux. Son échec l'avait frappé et les soucis ne l'épargnaient pas avec la guerre entre France et Angleterre. Comme si la prédiction de sainte Brigitte se réalisait, deux mois à peine après son arrivée, lui qui n'était jamais malade se sentit atteint. Il comprit alors que la mort était au bout. Par esprit d'humilité, il demanda qu'on le transporte dans la livrée de son frère Anglic, au palais épiscopal. Le 19 décembre, le mal empira. Après avoir reçu les saintes onctions, il commanda d'ouvrir toutes les portes de la demeure, afin que chacun puisse voir comment mourait un pape. A trois heures, il rendit son âme à Dieu.

Il ne laissa que des regrets. Pétraque lui-même ne lui tint pas rigueur d'avoir quitté Rome. « J'en prends ma conscience à témoin, écrivit-il à Francesco Bruni, jamais mes paroles n'ont égalé ce que je pense de ce pontife. Je lui ai fait des reproches que je croyais justes, mais je ne l'ai pas loué comme je voulais. Mon style a été vaincu par ses mérites. Ce n'est point l'homme que je célèbre, c'est cette vertu que j'aime et que j'admire avec étonnement. » Ce n'était pas un mince compliment de la part de quelqu'un qui condamnait à priori tout ce qui se rapportait à Avignon. L'abbé de Saint-Vincent-de-Laon, le chroniqueur Jean de Noyal, a dit de son côté : « Il remist sur l'estude, qu'estait décheue dou temps son devancier ; il pouveust aux clercs et à personnes qui le valaient, desquels il avait grande connaisance par la volonté de Dieu et la bonne diligence qu'il mettait. Il était de moult sobre vie et de bon exemple à tous ceux qui conversoient avec lui. »

Il est certain qu'une de ses actions les plus positives fut de s'intéresser au développement de l'intelligence et des études. Il enrichit considérablement la biliothèque pontificale, fonda des collèges, des universités, entretint les études de plusieurs centaines d'élèves. A ceux qui doutaient de l'utilité de ses bienfaits, il répondait avec sagesse : « Je souhaite que les hommes instruits abondent dans l'Eglise de Dieu. Tous ceux que je fais élever et soutiens ne seront pas ecclésiastiques, j'en conviens. Beaucoup se feront religieux ou séculiers, les autres resteront dans le monde et deviendront pères de famille. Eh bien ! quel que soit l'état qu'ils embrasseront, dussent-ils même exercer des professions à travaux manuels, il leur sera toujours utile d'avoir étudié. »

Cette largeur d'esprit, sa simplicité de mœurs, sa haute idée de sa fonction religieuse lui faisant vòir avant tout le bien de l'Eglise lui valurent après cinq siècles d'attente, malgré de nombreux miracles, de faire partie des bienheureux.

Ses obsèques furent célébrées trois jours après sa mort dans Notre-Dame-des-Doms. En l'absence de son frère Anglic retenu en Italie par ses fonctions, ce fut le cardinal Guy de Boulogne qui fit son oraison funèbre, rappelant sans peine ses vertus. Son dernier vœu avait été d'être enterré dans sa chère abbaye de Saint-Victor sous une simple dalle.

Le cercueil recouvert d'un drap de velours vermeil quitta Avignon le 31 mai, porté par une litière. Six cardinaux suivaient. Le cortège allait lentement dans le recueillement général. A la première étape dans la vieille église de l'abbaye de Saint-Ruf, aux portes d'Avignon, la foule dans un excès de dévotion se jeta sur le drap mortuaire pour en arracher, comme relique, une parcelle. Il fallut quatre jours par Orgon et Salon-de-Provence pour atteindre Marseille, où un grand concours de peuple, ayant à sa tête l'archevêque d'Aix, l'attendait. L'abbé de Saint-Victor, dom Etienne Aubert, reçut la dépouille qu'il fit inhumer dans le chœur de l'église. Contrairement au vœu d'Urbain, un monument considérable, aujourd'hui disparu, s'éleva bientôt à cet endroit pour magnifier la mémoire de ce grand pape.

LE RETOUR

L ES cardinaux entrèrent en conclave le 29 décembre 1370 et, à l'inverse de leurs précédentes habitudes, n'hésitèrent pas sur leur choix, car, dès le lendemain, ils avaient désigné le nouveau pape, à l'unanimité des voix. Il s'agissait de Pierre Roger de Beaufort, neveu de Clément VI, fils de Guillaume Roger de Beaufort et de sa première femme, Marie de Chambon. Pierre Roger, qui avait quarante et un ans, était cardinal depuis vingt-deux ans. S'il devait sa carrière, en grande partie à son oncle, ses vertus prouvèrent que celui-ci ne s'était point trompé. Ce fut lui, au temps où il était archevêque de Rouen, qui le poussa dans la voie ecclésiastique et fit qu'à l'âge de onze ans il devint chanoine de Rodez et de Paris. Lorsque son oncle fut pape, bien que simple diacre et malgré ses dix-neuf ans il fut nommé cardinal de Sainte-Marie-la-Neuve. Heureusement, loin de se laisser bercer par les honneurs et la vie plaisante d'Avignon, Pierre Roger poursuivit ses études et, pour ce faire, s'éloigna volontairement de l'influence pontificale en se rendant à Pérouse pour y recevoir les leçons du célèbre jurisconsulte Pietro Baldo degli Ubaldi. Il y devint vite expert en droit et fit preuve d'un jugement sain et pondéré qui suscita l'admiration de tous. Son maître lui-même admirait sa perspicacité et se plaisait à citer ses jugements en exemples.

Revenu à la curie, sa modestie, sa piété lui valurent l'estime de tout le monde. Ses aptitudes en droit, sa connaissance de l'Italie achevèrent de le désigner pour diriger l'Eglise. Seulement, au moment de son élection, il n'était toujours pas prêtre. Il fallut l'ordonner quelques jours après, le 4 janvier 1371. Le lendemain, il disait sa première messe, juste avant son couronnement dont il avait hâté la date. A cette occasion, Pierre Roger de Beaufort prit le nom de Grégoire et c'est en tant que Grégoire XI que le cardinal Guy de Boulogne lui posa la tiare, face aux Avignonnais réunis sous la fenêtre de l'Indulgence. Contrairement à Urbain V, ennemi de tout faste, Grégoire XI voulut les déployer à nouveau. Quand on le vit se promener par les rues en fête, sur son cheval blanc tenu par le duc d'Anjou frère du roi, on pouvait croire que l'époque éblouissante de Clément VI allait recommencer. Or, fort heureusement, le neveu n'avait pas du tout la même conception de la splendeur que son oncle. Pour lui, c'était simplement une manière d'honorer Dieu et de montrer l'importance qu'il attachait à sa fonction. Au demeurant, sa vie resta modeste et simple, sa constitution fragile et un peu maladive l'incitant à mener une existence calme. Cette quiétude ne l'empêcha pas de déployer l'énergie et la fermeté nécessaires à sa tâche.

On avait pris le retour d'Urbain V pour un événement quasi définitif. Grégoire XI, loin d'y souscrire, manifesta tout de suite sa ferme volonté de ramener le Saint-Siège en Italie. Brigitte de Suède, que la précédente tentative avait profondément déçue, mais que la mort du pape avait fortifiée dans son opinion, lui lança un avertissement sévère et menaçant, au nom de la Vierge.

« Maintenant aussi, afin qu'il n'ait aucun sujet d'ignorer mes volontés et s'en excuser, je le préviens avec une charité maternelle et lui dis ce qui suit, savoir que s'il n'obéit pas aux choses susdites, indubitablement il ressentira des punitions et des châtiments, c'est-à-dire les rigueurs de la justice de mon Fils et son indignation, car sa vie sera abrégée et il sera appelé aux jugements de Dieu. Or alors aucune puissance temporelle ne l'aidera ; la sagesse et la science des médecins ne lui profiteront de rien, ni l'air ni la température de son pays ne lui seront favorables pour prolonger sa vie, comme il dit, parce que même s'il vient à Rome et ne fait pas les choses susdites sa vie lui sera abrégée et les médecins n'avanceront rien et sa vie lui sera abrégée et il ne retournera pas en Avignon pour y prendre l'air, mais plutôt il y mourra (1) ! »

Bien que secrètement touché par cette injonction, qui venait après la mort d'Urbain V, Grégoire ne partit pas tout de suite. Il se hâta avec lenteur, car tel était son tempérament. Il aimait que tout soit parfaitement en place avant d'agir. Nulle brusquerie, mais ce qu'il voulait, il le voulait bien. Ce n'est pas par esprit timoré qu'il recula souvent son installation à Rome, ce fut pour des problèmes qu'il croyait devoir régler avant de se lancer dans l'aventure.

Tout d'abord, il voulut parachever l'œuvre de remise en ordre de l'Eglise, entreprise par son prédécesseur. Il apporta tous ses soins à ramener les hospitaliers dans la discipline et l'observance de leurs règles trop souvent bafouées. Il se pencha également sur les réformes intérieures de l'ordre des dominicains et apporta toute son aide aux missions dirigées vers l'Orient. Toutefois, ce fut contre les hérétiques qu'il déploya le plus de zèle. L'Europe, en effet, travaillée par des mouvements qui devaient aboutir plus

(1) *Revelationes*, Lib. IV. 139.

tard à la Réforme, était en proie à une recrudescence des hérésies. Sans hésiter, avec une fermeté un peu rude, il relança l'Inquisition somnolente. Il força Charles V à ordonner aux fonctionnaires royaux d'appliquer les lois contre les hérétiques. Près de Lyon, dans le Dauphiné, ce seront les vaudois qui seront poursuivis, en Allemagne, les béguins et les flagellants, en Corse, les cathares. Les spirituels ou fraticelles de Sicile seront surveillés de près. Partout les prisons se rouvriront tristement et même parfois le bûcher se rallumera. Cette déplorable méthode, qui fortifie plutôt qu'elle ne convainc, n'eut d'ailleurs pas le succès escompté. On n'y croyait plus.

Bien que personne à l'époque n'ait songé à reprocher cette action à Grégoire, ce ne fut pas une page glorieuse de son pontificat. Beaucoup plus efficace allait être son action politique, qu'il sut mener avec infiniment d'intelligence et d'habileté.

La situation n'était pas des plus claires ni des plus paisibles, partout la guerre pointait son dangereux visage. La France et l'Angleterre recommençaient à se battre. Le propre frère de Grégoire, Roger Roger de Beaufort, venait d'être fait prisonnier par le captal de Buch, Jean de Grailly. Toute l'Italie s'agitait, les intenables Visconti avaient repris les armes, Venise et Padoue se disputaient, Florence bouillait. Le comte de Savoie avait maille à partir avec le marquis de Saluce, des conflits opposaient l'Espagne et le Portugal, l'empereur à Louis de Hongrie.

Le but de Grégoire était d'entreprendre une croisade contre les Turcs et, pour y parvenir, il lui fallait avant tout ramener la paix. Cette paix ne serait vraiment acquise que si les Français et les Anglais cessaient de se combattre. C'est pourquoi, dès le mois d'avril 1371, il essaya de s'entremettre en confiant une mission pacificatrice à deux de ses cardinaux particulièrement bien introduits auprès des

belligérants : Simon de Langham, archevêque de
Cantorbery (le seul Anglais du Sacré-Collège) et Jean
de Dormans, chancelier du roi de France. Leur tentative n'eut pas tout de suite le succès espéré, car
la conjoncture était mauvaise : les Français rempor-
tant des succès en Aquitaine où le prince de Galles
luttait farouchement pour conserver cette province
dont il était duc.

Brigitte de Suède, quant à elle, déconseillait au
pape d'attendre cette paix et d'entreprendre une croisade avec les Compagnies : « Je signifie encore au
même pape que jamais de la sorte, la paix ne se fera
ferme en France, car ses habitants n'en jouiront
jamais qu'ils n'aient apaisé le Fils de Dieu (en menant
désormais une vie plus chrétienne)... Qu'il sache aussi
que le chemin ou le passage qu'on fait aux armées,
ramassis de mauvaises sociétés (les Compagnies)
pour aller au Sépulcre de mon Fils, me plaît autant
que l'or que les israélites fondirent et dont le diable
fit un veau, car en leur dessin, sont Superbe et Cupidité (1). »

Dans une de ses dernières révélations qu'elle eut
un mois avant sa mort, en juillet 1373, elle réclama
encore une fois de façon pressante le retour en Italie. « Derechef Notre-Seigneur dit : D'autant que ce
pape doute s'il doit venir à Rome pour la reforma-
tion de l'Eglise et pour la paix, je veux qu'il vienne
de fait cet automne prochain et qu'il sache qu'il ne
peut rien faire de si agréable que de venir en Italie (2). »

Est-ce le résultat de ces objurgations, les succès
militaires remportés contre Visconti, un espoir de
paix pour la France ? Peut-être tout cela, toujours
est-il qu'en février 1374, Grégoire XI proclama, au

(1) *Revelationes*, Lib. IV. 140.
(2) *Revelationes*, Lib. IV. 143.

cours d'un consistoire, son prochain départ pour l'Italie. Toutefois, fidèle à sa saine lenteur, il ne précipita rien. Une trêve survenue en avril entre le duc d'Anjou et le duc de Lancastre l'incita à patienter jusqu'à la fin du conflit. D'autant plus que la peste faisait sa réapparition dans le Midi avec tout son cortège de morts et une terrible disette. Moins virulente que les deux premières, elle n'en sévit pas moins entre avril et juillet, faisant de nombreuses victimes, dont cinq cardinaux.

Les malheurs provoqués par l'épidémie commençant à s'estomper en juillet, Grégoire précisa à un envoyé de la ville de Sienne son désir de partir avant le mois de mai de l'année suivante. Pétrarque, qui s'était retiré à Arqua depuis quatre ans, mourait le 28 juillet 1374, sans connaître cette décision qui comblait ses vœux les plus chers. Grégoire, en apprenant cette mort, fut très affecté car il admirait le caractère et le talent de ce grand poète dont il possédait les principales œuvres.

La perte de cet inconditionnel du retour à Rome l'incita peut-être davantage à réaliser ses projets. Le 8 octobre, il écrivit à l'empereur pour lui demander son aide et son assistance, afin de faciliter son voyage. Dans sa lettre, il prenait soin de rappeler que « dès notre promotion à l'apostolat, nous avons toujours eu parmi nos vœux, comme nous l'avons sans cesse, de visiter la ville sacrée, où se trouve le principal siège de notre puissance et d'y résider ainsi que dans les pays avoisinants avec notre cour ».

Le 2 janvier 1375, il déclarait à une délégation avignonnaise qu'il avait cru mourir l'année précédente et il imputait cette maladie au fait qu'il n'était pas encore parti, selon la demande de sainte Brigitte.

Il prévint également tous les princes de sa résolution : le roi de Hongrie, la reine Jeanne, le duc Léopold d'Autriche, les rois de Castille et d'Aragon, le roi d'Angleterre et, bien entendu, Charles V. A ce dernier il confiera : « Il nous est dur de quitter ce pays où nous sommes né. »

Le roi s'empressa aussitôt de tout faire pour l'empêcher de s'en aller. Le duc d'Anjou fut chargé de convaincre le pontife. C'était un prince aimable et brillant qui s'était illustré dans les campagnes d'Aquitaine. Il connaissait bien Grégoire XI, dont il avait tenu le cheval le jour de son couronnement et venait souvent en Avignon. Si l'on en croit Froissart, il lui fit cette étonnante prédiction : « Car si vous mourez par de là, ce que il est bien apparent, si comme vos maîtres de physique me disent, les Romains qui sont merveilleux et traîtres seront maistres de tous les cardinauls et feront pape de force à leur séance. »

Dès lors, il ne quitta pratiquement plus la ville ni le pape, comme s'il avait peur de le voir s'échapper. Il donna de grandes et belles fêtes, à Villeneuve, espérant ainsi se concilier l'amitié, voire la complicité, de tout le milieu curial et particulièrement des cardinaux. Il savait qu'il avait en eux des alliés de choix et qu'il pouvait compter sur leurs efforts et ceux même des membres de la famille du Saint-Père. Il savait qu'ils ne se gêneraient pas pour faire remarquer à Grégoire que sa santé était très fragile et qu'elle ne résisterait pas à un long voyage. Certains ajoutaient avec un semblant de bon sens : « Saint Père, pourquoi aller à Rome, alors que les rois, si longtemps divisés par une guerre qui a causé tant de maux à la Chrétienté, veulent conclure une paix ? Non seulement vous ne devez pas partir, mais fussiez-vous à Rome, vous devriez revenir. »

En effet, la trêve de Bruges du 27 juin semblait annoncer une paix prochaine. Pourtant, les préparatifs en vue du départ étaient commencés. Grégoire, qui avait refusé l'aide du duc d'Autriche pour un voyage par terre, avait accepté les galères proposées par Venise et la reine Jeanne, et avait donné rendez-vous à celles-ci entre le 25 et le 31 juillet 1375, à Marseille.

Sous la pression de plus en plus forte exercée par la France, faisant miroiter une paix pour septembre, il écrivit tout d'abord au doge Contareno afin de retarder l'arrivée des galères au 1er septembre, puis, finalement, cédant aux instances du roi et du duc d'Anjou, il reporta sa décision au printemps 1376.

Cet ajournement de dernier moment eut de néfastes conséquences en Italie. Florence, que la politique pontificale contrariait, crut le moment venu de prendre les armes et d'entraîner avec elle les villes des Etats pontificaux. Ces villes qui souffraient d'une administration souvent confiée à des Français peu scrupuleux, se croyant abandonnées par le pape, écoutèrent les promesses de Florence. Seule Rome, soucieuse de ménager l'avenir, resta fidèle. La guerre qui s'ensuivit prit le nom de guerre des « Huit Saints » par allusion aux huit chefs que Florence s'était donnés à cette occasion, et que l'on appela tout d'abord les « Huit de la guerre », puis par dérision les « Huit Saints ». Cette guerre, qui allait ensanglanter l'Italie, devait fortifier encore davantage Grégoire dans ses projets de retour.

On ne peut poursuivre davantage l'histoire de cette époque sans évoquer l'image de sainte Catherine de Sienne, dont le nom reste lié avec le départ d'Avignon.

Catherine de Sienne, de son vrai nom Catherine Benincasa, était née le 25 mars 1347 à Sienne, près du faubourg de Fontebranda. Sa famille était modeste, son père était teinturier. Son ardeur religieuse, son amour pour le Christ l'avaient amenée à prendre l'habit du tiers ordre de saint Dominique. Son ascendant était si grand, sa piété si convaincante, que quelques disciples, qu'on appelait la « Famille », s'étaient groupés autour d'elle. Le plus connu d'entre eux était son confesseur, Raymond de Capoue, qui deviendra un de ses principaux hagiographes. Aucun des événements d'Italie ne laissait Catherine indifférente. C'est avec passion qu'elle prenait parti. Comme la plupart de ses compatriotes, elle souhaitait ardemment le retour de la papauté à Rome.

Raymond de Capoue, le temps, les Italiens nous ont habitués à voir en sainte Catherine un personnage essentiel dans le retour de la papauté, une héroïne nationale italienne, comparable à notre Jeanne d'Arc. Des travaux récents ont prouvé qu'il n'en était pas tout à fait ainsi. Plutôt qu'à la belle légende écrite par Raymond de Capoue, il vaut mieux se fier à ses lettres (1).

C'est sans doute vers la moitié de l'année 1370 qu'elle se fit connaître dans les milieux de la curie, en écrivant au cardinal Pierre d'Estaing, récemment nommé légat en Italie. On peut s'étonner qu'une jeune fille de vingt-trois ans ait eu l'audace d'écrire à un personnage aussi important pour lui donner des conseils. A l'époque il est vrai, on aimait le langage direct et Pierre d'Estaing ne semble pas s'en être offusqué. Dans cette lettre, Catherine, faisant un jeu de mots avec le mot légat, l'invitait à se lier du lien de charité et l'engageait à prendre la croix. La croisade était en effet l'objectif primordial de la sainte. Il fallait faire la paix pour entreprendre la croisade, car la croisade amènerait le triomphe de la chrétienté. Après cette première lettre, elle lui en fit bientôt parvenir une autre, où elle s'exclamait :

(1) Catherine ne sachant pas écrire dictait ses lettres à ses amis.

« La paix, la paix, la paix, père très cher : considérez, vous et les autres, et faites voir au Saint-Père plus la perdition des âmes que celles des villes, parce que Dieu a plus le souci des âmes que des cités (1). »

Ce ton et les arguments durent sinon convaincre, du moins attirer l'attention du cardinal sur la personnalité de Catherine. Sa renommée dut aller jusqu'en Avignon car l'année suivante l'abbé de Lézat, envoyé par Grégoire en Toscane, lui écrivit pour lui demander des remèdes aux maux de l'Eglise. Celle-ci, sans hésiter, répondit en condamnant le népotisme, coupable habitude de la papauté avignonnaise. « Je vous prie, ajoutera-t-elle, de dire au Saint-Père de porter remède à tant d'iniquité et quand reviendra le temps de faire des pasteurs et des cardinaux, de ne point en faire par intrigue, deniers ou simonie (2). »

Pour transmettre de telles paroles au pape et pour qu'il daigne envoyer auprès d'elle le confesseur de Brigitte de Suède, il fallait que sa réputation religieuse soit fortement établie. Dans une lettre écrite en mars 1374, à un membre de sa « Famille », elle rapportait ainsi cet épisode : « Le pape a envoyé ici son vicaire et ce fut le père spirituel de cette comtesse qui mourut à Rome... Il est venu à moi de la part du Saint-Père, disant que je dois faire spéciale oraison pour lui et pour Sainte Eglise, et en signe m'a concédé la sainte indulgence... Un jeune homme ira vous donner cette lettre. Croyez ce qu'il vous dira, car il a saint désir d'aller au Saint Sépulcre ; et c'est pourquoi il s'en va vers le Saint-Père pour en obtenir la permission pour lui et quelques personnes religieuses et séculières. J'ai écrit une lettre au Saint-

(1) *Lettre* **24**.
(2) *Lettre* **41**.

Père et que je lui envoie en le priant, par amour de ce très doux Sang, de nous permettre de donner nos corps à tous les tourments. Priez, cette grande et éternelle Vérité qui si cela est pour le mieux, il nous fasse cette miséricorde, à nous et à vous, de donner tous ensemble en belle compagnie, notre vie pour lui (1). »

Ainsi donc Catherine était prête à payer de sa personne en prenant la croix. Pour l'époque, une femme à la croisade, c'était un événement aussi étonnant que Jeanne d'Arc à la tête d'une armée ! Cette lettre que Catherine dit avoir écrite au pape ne lui parvint jamais. Peut-être est-ce un membre de la « Famille » qui trouvant trop osée la proposition de Catherine ne l'expédia point.

Pendant quelque temps, la sainte n'écrira plus. Avant qu'elle reprenne ses missives, il faudra attendre la guerre des « Huit Saints » et le moment où les villes des Etats de l'Eglise suivirent la bannière rouge chargée de la fleur de lys des Florentins. Devant le danger menaçant la paix de l'Eglise et du même coup l'espoir de la croisade, elle s'adressa de nouveau à Grégoire pour qu'il agisse, afin d'empêcher Pise et Lucques de rejoindre la ligue. En même temps, elle lui montrait les causes profondes de la révolte : « Donnez vos soins aux choses spirituelles, aux choix de bons pasteurs et de bons recteurs dans vos villes, car c'est le fait des mauvais pasteurs et recteurs que vous avez la rebellion. » Elle ajoutait, ce qui était pour elle le vœu le plus cher : « Levez le gonfalon de la très Sainte Croix, parce que le parfum de la Croix vous vaudra la paix. Je vous prie d'inviter à une sainte paix ceux qui vous sont rebelles afin que toute la guerre tombe sur les infidèles. J'espère que l'infinie bonté de

(1) *Lettre* 117.

Dieu vous donnera bientôt son aide. Courage ! point de peur, et venez ! Venez consoler les pauvres serviteurs de Dieu et vos fils. Nous vous attendrons avec un ardent et tendre désir (1). »

Cette lettre, qui demande pour la première fois au pape de venir à Rome, date du début de l'année 1376. Or Grégoire, nous l'avons vu, était décidé depuis le mois de février 1374. Seules les circonstances l'avaient empêché de réaliser son intime volonté. En fait, ce qui comptait jusqu'ici pour Catherine, c'était surtout de rétablir la paix avec Florence, afin d'aboutir à la croisade. Un mois plus tard, elle reviendra d'ailleurs à la charge à peu près dans les mêmes termes, donnant les motifs de la révolte, réclamant le retour à Rome et l'entreprise de la croisade.

Cependant, en Italie, loin de se calmer, l'insurrection s'étendait dangereusement. Le 12 mars, Pise et Lucques se joignaient à Florence, le 21 mars, c'était au tour de Bologne. Devant cette menace, la curie instruisit fébrilement un procès contre Florence qui aboutit, le 31 mars, à l'anathème jeté contre la ville et tous ses ressortissants. Tous ceux qui se trouvaient dans Avignon durent partir.

Vers cette époque, Catherine envoya une nouvelle lettre à Grégoire, lui annonçant la prochaine venue de son fidèle compagnon, Raymond de Capoue. « Je vous prie d'ouïr et d'écouter ce que vous dira frère Raymond et les autres de mes fils qui sont avec lui, qui viennent de la part du Christ crucifié et de la mienne, qui sont de véritables serviteurs de Dieu et de vrais fils de la Sainte Eglise (2). »

Parvenu en Avignon, Raymond de Capoue eut sans doute une entrevue avec le Saint-Père, sûrement avec son entourage. Il leur parla de Catherine et de ses

(1) *Lettre* 1.
(2) *Lettre* 5.

mérites. Il rapporta vraisemblablement la vision que la sainte avait eue récemment et dont elle lui avait fait part. C'est en effet l'aspect mystique de la Siennoise qui intéressait le plus Grégoire. Il espérait que, par son intermédiaire, il obtiendrait peut-être un signe du ciel qui le fortifierait dans sa résolution. C'est pourquoi il lui fit demander ce qu'elle pensait de l'opportunité de son retour. « Mon doux père, vous me demandez ce que je pense de votre venue. Et je vous regarde et dis de la part du Christ crucifié de venir le plus tôt qu'il vous sera possible. Si vous le pouvez, venez avant septembre et si vous ne pouvez pas, ne tardez pas au-delà de septembre. Et ne soyez surpris d'aucune contradiction qui vous viendra, mais venez en homme viril et sans crainte. Et gardez sur votre vie de venir avec force gens d'armes, mais la Croix en main comme un agneau plein de douceur. C'est ainsi que vous ferez la volonté de Dieu : mais en venant autrement vous l'outrepasseriez. Jubilez, père et exultez, venez ! venez » (1) ! Cette réponse satisfit probablement Grégoire puisque, le 18 avril 1376, il écrivit pour demander aux Vénitiens de préparer leurs vaisseaux pour le 2 septembre. Néanmoins, il ne semble guère avoir tenu compte de la supplication de ne pas venir avec force gens d'armes, car les fameuses Compagnies se rassemblaient près d'Avignon pour mettre à la raison les « Huit Saints » et leur ligue.

Ces Compagnies, que nous retrouvons prêtes à intervenir en Italie, n'ont en fait que rarement cessé leurs méfaits. Durant le séjour d'Urbain V à Rome, elles vinrent même jusqu'à Tarascon, jetant l'effroi en Pro-

(1) *Lettre 6.*

vence. Celles à qui Grégoire XI faisait appel étaient des Compagnies dites bretonnes parce que commandées par des Bretons. Il y avait un certain Jean de Malestroit, Olivier du Guesclin, propre neveu du connétable, et un de ses parents, Sylvestre Budes, dont un frère devait être l'ancêtre de la famille de Guébriant. Ces Compagnies de Bretons avaient courageusement guerroyé en Gascogne contre les Anglais. Plus tard, quelques-unes allèrent en Espagne aider Jaime III de Majorque à reconquérir son royaume, tandis que d'autres, rôdant à l'aventure, s'étaient dangereusement rapprochées du comtat. Grégoire XI, quelque peu affolé, écrivit aussitôt à du Guesclin pour s'en défaire : « Les hommes d'armes menacent le Comtat et Forcalquier. Aux sentences que nous avons publiées contre eux, ils répondent qu'ils sont au service du roi de France ; sous ce prétexte, il n'est pas de rapines, d'oppressions, de vols qu'ils ne commettent journellement ; aussi, très cher fils, te supplions-nous, par l'amour de ton salut et la révérence du Saint-Siège, de leur envoyer un chef en qui tu aies confiance et de les éloigner du Comtat afin d'éviter la ruine du pays. »

Les chefs, Olivier du Guesclin et Sylvestre Budes, étaient là ; quant à les éloigner, la chose n'était pas aisée. Grégoire essaya de les excommunier le 22 février 1375, sans que cela ne produise aucun effet. Au mois de mai, les Compagnies se trouvaient à Pont-Saint-Esprit et Carpentras. Devant l'impossibilité de les chasser, on ne vit encore qu'une solution : acheter leur départ. On réussit à réunir 5 000 francs pour qu'elles aillent se battre avec Enguerrand de Coucy contre le duc d'Autriche. Malheureusement pour les Avignonnais, la guerre ne fut pas longue et, au printemps 1376, les Bretons revinrent attirés comme par un aimant.

La guerre de Florence redonna l'espoir de se servir

utilement de ces trop « fidèles » Compagnies. Le cardinal Robert de Genève se proposa de les conduire en personne, pour seconder l'action du routier John Hawkwood qui, pour lors, défendait les intérêts de la papauté. Le plus difficile fut de se mettre d'accord sur le prix. On en disputa longuement avec Sylvestre Budes. Finalement, un contrat d'engagement pour quelques mois renouvelables fut signé, concernant 1 844 lances (1) à raison de 18 florins par mois, la lance. On conçoit qu'entre ce difficile accord qui le libérait des Compagnies et les conseils de Catherine, Grégoire n'ait pas hésité sur son choix.

Tandis que les Compagnies de Sylvestre Budes se mettaient en marche pour l'Italie, la sainte écrivait à Raymond de Capoue, demeuré en Avignon, pour lui réclamer une entrevue avec le pape : « Dites à Christ sur terre qu'il ne me fasse plus attendre (2). » L'autorisation dut venir peu après, car la petite Siennoise arriva le 18 juin 1376 aux portes de la fameuse cité d'Avignon, accueillie avec joie, bien que modestement, par sa « Famille ».

Avant qu'elle ne fût reçue en audience, il semble selon le témoignage d'un de ses disciples, Stefano Maconi, que le pape et son entourage aient voulu vérifier par un examen la réalité des qualités exceptionnelles dont la renommée la parait. Cet examen fut positif puisque, dix jours plus tard, Catherine était reçue au palais. Raymond de Capoue devait l'accompagner, car elle ne parlait que le toscan et Grégoire seulement le latin et la langue d'oc. Nous ne savons ce qui se dit au cours de cette entrevue que par une lettre de Catherine adressée aux « Huit de la Guerre ». Elle aurait plaidé pour le pardon, la paix, le retour à Rome et la croisade. « Ayant longuement discuté

(1) Une lance comprenait quatre à dix personnes environ.
(2) *Lettre* 88.

avec lui, à la fin de mon discours, il me dit qu'étant donné ce que je lui rapportais de vous, il était prêt à vous recevoir comme des fils et à faire ce qu'il me semblait. Je n'en dis pas plus à présent (1). »

Il ne reste nulle autre trace de cet entretien, ni de ce qui en résulta, comme si, à Florence ou ailleurs, on avait tout ignoré de la démarche de Catherine. Il est donc probable qu'elle a tenté de jouer un rôle de médiatrice que personne ne lui demandait. Quant à Grégoire, s'il accepta de la voir, ce fut surtout parce qu'elle paraissait inspirée par le ciel. Bartolomeo Dominici, autre membre de la « Famille », rappela au procès canonique cette phrase du pape : « Je ne te demande pas de me conseiller, mais de me faire connaître, à ce sujet (2), la volonté de Dieu. » Elle aurait répondu : « Qui le sait mieux que Votre Sainteté, vous qui avez fait vœu à Dieu d'accomplir ce voyage. »

Grégoire fut-il déçu ? Toujours est-il qu'il ne la revit point, malgré les lettres qu'elle continua à lui envoyer. A la curie, il semble qu'on n'ait pas eu entière confiance en elle si l'on en croit l'anecdote rapportée par les deux disciples, Dominici et Maconi.

Marie de Boulogne, la femme du neveu de Grégoire, Raymond de Turenne, l'aurait, un jour que Catherine se trouvait en extase, piquée jusqu'au sang, pour s'assurer que ce n'était point une simulatrice.

Ses meilleurs rapports furent avec Louis d'Anjou. Il est vrai que celui-ci, désireux de s'illustrer, manifestait l'intention de prendre la tête d'une croisade. C'était suffisant pour plaire à Catherine. Prenant prétexte d'un accident survenu au cours d'un dîner chez le duc, elle lui écrivit, demandant qu'il ne s'oppose plus au départ du pape, offrant en échange de l'aider

(1) *Lettre* 197.
(2) Son départ pour Rome.

à obtenir la direction de la croisade. Intéressé par la proposition, Louis d'Anjou l'accueillit au château de Roquemaure où il résidait. Catherine y resta trois jours. Ce fut vraisemblablement de ce petit château qu'elle écrivit à Charles V pour l'engager à diriger ses forces armées, non plus contre les Anglais, mais contre les infidèles, puisque son frère voulait bien en prendre la tête. Dans le même temps, elle prévint le pape des bonnes intentions du duc. « Voici le chef, père saint : le duc d'Anjou veut, par la mort du Christ et respect de la Sainte Croix, avec amour et saint désir de prendre cette peine, laquelle par l'amour qu'il a du saint voyage, lui paraît légère (1). »

Catherine put croire un instant que tous ses vœux allaient bientôt être exaucés, car la date du 1er septembre, fixée pour le rassemblement des navires, approchait. Grégoire persévérait malgré les cardinaux, familiers et parents qui s'employaient à le retenir, lui montrant les dangers du voyage, certains affirmant qu'il ne pourrait le supporter et mourrait en arrivant à Rome. De santé fragile, Grégoire s'inquiéta malgré tout, écrivant à Catherine pour lui demander son avis. Celle-ci répondit qu'ayant prié pour lui après avoir communié, elle ne voyait ni péril ni mort.

Un dernier obstacle qui gênait le départ, l'argent, fut levé au mois d'août. Le roi de Navarre et le duc d'Anjou acceptèrent de prêter la forte somme de 90 000 florins.

Le 23 août, Grégoire confirma Avignon dans ses privilèges et nomma comme recteur son neveu le vicomte de Turenne et le cardinal Jean de Blauzac assistés de cinq cardinaux. Au début de septembre, les galères étaient venues mouiller dans le port de Marseille. Profondément ému, ferme, Grégoire était

(1) *Lettre* 9.

résolu à accomplir son destin. Le 13 septembre 1375, par un beau jour qui sentait encore l'été, il quitta son palais, traversa la ville au milieu des regards atterrés qui lui firent cortège jusqu'au bord du Rhône où une petite flottille attendait. Lorsqu'on largua les amarres et que le bateau se mit à glisser doucement avec les eaux du fleuve, il regarda le haut rocher, la cathédrale et les puissants remparts du palais qui flambaient au soleil. Son cœur se déchira. S'il était sûr d'accomplir une tâche qui le dépassait, l'avenir demeurait incertain.

Le confesseur de Grégoire, Pierre Ameilh de Brenac, a parfaitement traduit la tristesse et la douleur ressenties par tous dans cette sorte d'élégie à Notre-Dame-des-Doms :

« O toi, qui es la beauté de la fleur, sourire de douceur pour les pauvres, consolatrice des affligés, toi qui as l'éclat de l'ivoire, lys de chasteté, protectrice de la pudeur, exemple et honneur des vierges, étoile de la mer, guide de ceux qui partent en voyage, reine des Avignonnais, Notre-Dame-des-Doms, de ta ville comblée de tes présents, depuis les temps les plus reculés, vient de sortir une perle rare, douée de qualités célestes, issue d'une noble race, apparentée à des races royales, chérie de Dieu et des hommes. Grégoire le prêtre du Très-Haut... Et toi cité splendide, on a dit de toi des merveilles et maintenant tu gis prostrée dans la poussière et la cendre ! Te voilà veuve de ton époux, sans qu'il y ait de ta faute et tu restes là, méprisée de tous, telle une pécheresse qui n'aurait point connu les amours légitimes ! »

Le voyage jusqu'à Marseille se fit lentement, rappelant les déplacements de Clément V loin de Bordeaux. Le cœur manquait, chacun semblait escompter quelque signe, quelque miracle, qui eût retenu le pape. La flottille ayant descendu le Rhône, puis remonté la Durance, arriva le 14 septembre à Noves. Elle s'y arrêta deux jours, puis deux jours à Salon, deux à Saint-Maximin, deux à Auriol et entra enfin au bout de dix jours à Marseille. Comme Urbain V, le souverain pontife descendit à l'abbaye de Saint-Victor, où il résida une dizaine de jours, en attendant que tout fût prêt. Le 2 octobre, rien ne paraissant plus s'opposer au départ, l'embarquement fut décidé.

L'heure n'est pas des mieux choisies. Un vent puissant, messager des premiers jours d'automne, s'est levé. Au large, la mer se couvre d'une inquiétante écume. Sur les galères, les bannières et les gonfalons claquent avec violence. Les draperies précieuses volent en tous sens. Les nuages qui glissent sans relâche projettent une ombre lugubre. Sur terre, la scène n'est pas plus gaie. La foule s'est massée tout le long du chemin que va parcourir le cortège depuis Saint-Victor. Les quais sont envahis. L'émotion est intense lorsqu'on voit la pâle et mince silhouette de Grégoire monter sur sa galère. « Jamais on ne vit tant de larmes et de pleurs et de gémissements », s'écrie Pierre Ameilh. Un léger bruissement parcourt la foule au moment où les voiles sont hissées. Elles se gonflent brusquement, prêtes à craquer sous la poussée du vent. Debout sur le château arrière, Grégoire voit le port s'éloigner, la foule qui agite les mains et sa patrie qui s'en va. Jamais plus il ne la reverra et des larmes coulent sur ses maigres joues, tandis que la houle impétueuse s'empare du navire. « O cœur triste, pourquoi es-tu consumé de douleur au partir de la douce Provence ? Jamais l'amour de la patrie ne t'abandonnera, ô mon cœur, en quelque lieu du monde que tu ailles. Adieu, terre qui es la beauté du monde, prie pour moi ! »

Tel fut le lyrique adieu de Pierre Ameilh résumant si bien la pensée de tous ceux qui s'éloignaient.

Le ciel ne voulait pas de ce départ. La mer était forte et dangereuse. A peine le cap de la Croisette fut-il doublé que la flotte dut se réfugier dans la calanque de Port-Miou, près de Cassis. Ensuite, ce ne fut que très lentement qu'elle longea les côtes. Entre Villefranche et Monaco, elle était stoppée par une véritable tempête. Les avaries furent nombreuses, voiles déchirées, mâts et cordages brisés. Il fallut réparer, en espérant une accalmie. Ayant atteint Gênes le 18 octobre, un repos parut indispensable à tous. Après dix jours, la flotte repartit, mais les vents, toujours hostiles, permirent tout juste de relâcher à Portofino. Le 15 novembre, un effroyable ouragan se déchaînait devant Piombino, dispersant les navires, dont plusieurs couleront. Cette sombre animosité céleste n'empêcha pas Grégoire de poursuivre sa marche sur Rome. La flotte pontificale, ayant quitté Piombino le 29 novembre, accosta enfin le 6 décembre à Corneto.

Fatigué par ce pénible voyage en mer, incertain de la tournure de la guerre, Grégoire fit un long séjour à Corneto, attendant que les préparatifs pour son installation au Vatican fussent terminés. Sainte Catherine de Sienne, qui était retournée à Pise par la route terrestre, le croyant hésitant, lui écrivit encore pour l'engager à se montrer patient et miséricordieux avec les révoltés et à partir pour Rome : « Je vous prie, pour l'amour du Christ crucifié, que le plus tôt que vous pourrez, vous alliez au lieu qui est vôtre, celui des glorieux apôtres Pierre et Paul (1). »

Le grand jour fut le 17 janvier 1377. Délaissant le chemin habituel, peut-être jugé dangereux à cause de la révolte des villes, Grégoire reprit la mer, remonta le Tibre et aborda près de Saint-Paul-hors-les-Murs

(1) *Lettre* 11.

le 16 janvier au soir. La population, accourue sur les rives, vint l'y acclamer à la lueur des torches. Le lendemain, après avoir célébré la messe sur son bateau, il débarqua pour assister à celle d'action de grâces dite solennellement par Pierre Ameilh.

La joie délirante des Romains dut lui faire oublier sa tristesse. Toutes les autorités étaient là pour l'accueillir, nobles romains, banneret, Juan de Heredia portant la bannière pontificale et son neveu Raymond de Turenne qui commandait les troupes de son escorte. Par toute la ville, ce n'étaient que chants et danses, sur son passage les enfants jetaient des fleurs, Rome triomphait bruyamment.

.*.

Ce retour de la papauté n'empêcha pas la guerre des « Huit Saints » de continuer. Celle-ci, jusqu'alors, n'avait pas dépassé le stade d'escarmouches plus ou moins sanglantes. Or un événement tragique allait tout changer. Les Compagnies bretonnes qui avaient pénétré sans difficulté en Italie, mais n'avaient pu obtenir de résultats définitifs, faute de l'appui de John Hawkwood, occupaient la petite ville de Césène près de Rimini. Leurs habitudes peu courtoises provoquèrent une rixe avec les bouchers de la ville, dégénérant en bataille, puis en massacre. Quatre cents Bretons furent tués, tandis que les autres se mettaient à l'abri dans la citadelle avec le légat Robert de Genève. Un siège en règle y était mis par les Césènois et leurs amis. Manquant de vivres, la garnison allait succomber lorsque John Hawkwood, quittant Faenza, se résolut d'accourir à leur secours. Grâce à cette aide providentielle, les assiégés purent sortir, animés cette fois par une aveugle vengeance. Bientôt, ce ne fut plus une lutte contre les Césènois, pris entre deux adversaires, ce fut une tuerie. Sylvestre Budes encourageait les siens aux cris de « Ferez ! ferez ! tuez ! tuez ! » sans que le légat Robert de Genève intervînt. Quatre mille personnes expièrent la mort de quatre cents Bretons.

Ce massacre du 1er février 1377 répandit la terreur parmi les membres de la ligue florentine. Florence eut beau tenter d'exploiter l'indignation générale, elle ne vit autour d'elle que des alliés prêts à l'abandonner. La Romagne et les marches se soumirent, Bologne signa la paix le 4 juillet. Grégoire aurait voulu, pour amener Florence à la raison, former une seule armée avec les différents contingents qui travaillaient pour lui. Seulement, il manquait d'argent pour payer les Compagnies et, de plus, les chefs, Sylvestre Budes, Malestroit, Raymond de Turenne, refusaient de s'entendre pour une action commune.

Florence ne succomba qu'à la lassitude, acceptant un jour la médiation de Bernabo Visconti. Aidé des principaux princes chrétiens, celui-ci ramena la paix. Cette paix était une victoire de Grégoire XI, dont il ne put profiter.

Sa santé délicate, grandement ébranlée par le long et fatigant voyage de retour, minée par les soucis de la guerre, ne put résister à une crise de gravelle. Il mourut dans la nuit du 26 au 27 mars 1378. Ainsi s'éteignait le dernier pape incontesté d'Avignon, celui qui semblait avoir ramené pour toujours la papauté près du tombeau de saint Pierre.

LE SCHISME

Eɴ quittant Avignon pour s'établir au Vatican, Grégoire XI n'aurait jamais pu s'imaginer qu'il serait, indirectement, la cause du drame qui devait désoler pendant presque un demi-siècle la chrétienté. Pourtant, il était inquiet. Avant de mourir, répondant à un vague pressentiment, il tint à préciser que, dans le cas où le Sacré Collège serait obligé de quitter Rome et ne pourrait s'enfermer régulièrement en conclave, toute élection faite avec une majorité des deux tiers serait valable. D'autre part, il donna l'ordre exprès au défenseur du château de Saint-Ange, Pierre Gandelin, de ne remettre les clefs de la forteresse à qui que ce soit, sans un ordre des six cardinaux, demeurés en Avignon. C'était de sages précautions, bien qu'insuffisantes pour les événements qui allaient survenir.

Le corps de Grégoire avait été déposé dans l'église dédiée aujourd'hui à sainte Françoise Romaine. C'est là que chaque jour, pendant la neuvaine, les cardinaux vinrent assister aux offices en l'honneur du défunt. Or à Rome, dès l'annonce de la mort du pape, l'atmosphère avait curieusement changé. A tous les niveaux de la population, on sentait une grande excitation, voisine de l'anxiété. Quel allait être le nouveau pape ? C'était la question.

Le cardinal Pierre de Cros, un parent de Grégoire,

a raconté comment il fut apostrophé, un jour qu'il revenait de Sainte-Françoise-Romaine : « Vous nous donnerez un pape italien ou romain, sinon tous les cardinaux français seront écharpés. » Tel était le climat.

Si les Romains désiraient un pape de chez eux, ce n'était pas par esprit chrétien, mais pour le garder près d'eux, afin de participer plus directement aux bénéfices. Un témoin oculaire, chanoine de Tolède, a rapporté cette anecdote significative, survenue au cardinal Lagier, évêque de Glandèves. Sortant de l'église Sainte-Cécile, il fut pris à partie par la foule qui le somma de faire élire un pape romain, puisque le pape était aussi l'évêque de Rome. Bertrand Lagier fit remarquer justement que le pape, étant celui de tous les chrétiens, n'avait pas besoin d'être romain pour résider à Rome. Tel n'était point l'esprit qui animait ses interlocuteurs, car s'échauffant, l'un d'eux finit par avouer : « Depuis la mort du pape Boniface, la France se gorge de l'or romain. Notre tour est venu, à présent nous voulons nous gorger de l'or français ! »

C'était bien là le véritable motif bien que des personnes désintéressées, comme Raymond de Capoue, aient soutenu la même opinion. L'effervescence qui en résulta n'était pas propice à des élections libres et sereines.

Tant que dura la neuvaine, les cardinaux furent assaillis jusque chez eux par des démarches diverses, paisibles ou violentes, afin qu'ils élisent un pape romain ou italien.

A mesure que la date du conclave approchait, l'atmosphère s'alourdissait. Le bruit courut qu'une révolte populaire était possible. On avait vu des gens de la campagne entrer dans la ville avec des armes. Quoique les bannerets romains se soient engagés à ce que nul ne troublerait l'élection, la plupart des cardinaux n'étaient guère rassurés et certains s'apprêtaient, comme s'ils ne devaient pas en ressortir vivants.

Suivant le principe établi, le conclave devait se réunir après la neuvaine, soit le 6 avril. Or, ce jour-là, un orage d'une extrême violence éclata. La foudre s'abattit sur le Vatican, juste au-dessus de la cellule du cardinal Pierre de Luna. Certains y virent aussitôt un signe du ciel pour désigner le futur pape. Le résultat de cet orage fut, surtout, d'obliger le Sacré Collège à reporter au lendemain l'ouverture du conclave. Ce fut donc le mercredi 7 avril, une heure après vêpres, qu'il se réunit. Une foule évaluée à vingt mille personnes s'était rassemblée sur la place Saint-Pierre. Foule mouvante, anxieuse, vindicative, qui à chaque cardinal qu'elle voyait passer criait : « Un pape romain ou au moins italien ! »

Dans le Vatican même, l'agitation était grande, des troupes romaines s'étant répandues un peu partout. Les cardinaux étaient déjà tous entrés lorsque les treize chefs de quartiers pénétrèrent à grand bruit dans le conclave. S'adressant aux cardinaux, accourus au tumulte : « Nommez-nous, s'écrient-ils, un pape romain ou italien, sinon votre vie et la nôtre seront en danger, tellement ce peuple s'est mis en tête d'obtenir ce qu'il souhaite. Evitez ainsi un grand et irréparable scandale ! »

Le cardinal d'Aigrefeuille tenta de leur faire entendre raison. « Seigneurs romains, vous nous prenez d'étrange façon. Comprenez donc, je vous prie, que moi, par exemple, je ne puis engager la conscience de mes seigneurs et que, de leur côté, ils ne sauraient disposer de ma voix. Vous réussirez tout au plus à vicier l'élection. » Le cardinal Jacques Orsini, à son tour, dit plus clairement encore : « Mes enfants, vous voulez donc faire un schisme ? Relisez vos anciennes chroniques, vous y verrez ce qui est arrivé jadis par votre faute. Nous voici réunis pour l'élection d'un pape : ne dirait-on pas qu'il s'agit d'élire un maître de cabaret ? » Ce n'était que trop vrai. Malheureusement, cet appel à la décence ne fut pas entendu de la rue où l'on continuait à brailler la même ritournelle en faveur d'un Italien. Ainsi les portes se fermèrent sans la sérénité requise.

Le Sacré Collège était alors composé de vingt-trois cardinaux, parmi lesquels quatre Italiens, un Aragonais et un Genevois, tous les autres étant Français. Ces Français se divisaient eux-mêmes en deux clans, d'un côté les Limousins et, de l'autre, les Français, où les Méridionaux étaient majoritaires. Ce jour-là, sept des cardinaux français étaient absents, dont les six demeurés en Avignon.

Lorsqu'ils arrivèrent, aucun n'avait une idée précise sur le candidat à élire. Il semble cependant que les Limousins auraient aimé désigner Pierre de Sortenac, les Français Pierre Flandrin, quant aux Italiens, ils hésitaient entre Pierre Corsini et Simon de Brossano. Toutes ces possibilités se trouvaient compromises par la fièvre qui saisissait la ville. Toute la nuit, la foule resta aux alentours à boire, à chanter, à danser, criant toujours le même refrain : « Romain ! Romain ! Romain, nous le voulons ou Italien ! » Le vieux cardinal Tebadelschi devait avoir l'oreille très dure ou l'âme en paix, car tout ce tintamarre ne l'empêcha pas, paraît-il, de ronfler.

Le lendemain, tandis que les membres du Sacré Collège commençaient leurs travaux, un nouveau bruit vint les troubler. C'étaient les cloches, le tocsin qui retentit d'abord du côté du Capitole, puis peu à peu traversa la ville pour se terminer dans le clocher de Saint-Pierre. Que se passait-il ? Au conclave, certains cardinaux pâlirent en disant : Nous sommes perdus. C'était encore exagéré. Les Romains se rassemblaient sur la place comme la veille et reprenaient leurs cris. Froissart a noté cette apostrophe : « Avisez-vous, avisez-vous, seigneurs cardinaux, et nous baillez un pape romain, qui nous demeure ou, autrement, nous vous ferons les têtes plus rouges que vos chapeaux ne sont ! »

Bientôt, on entendit frapper au guichet qui faisait communiquer le conclave avec l'extérieur. C'était l'évêque de Marseille, Guillaume de la Voute, qui demandait à parler aux prieurs. « Seigneurs ! Seigneurs ! s'écria-t-il, dépêchez-vous, vous risquez d'être mis en pièces, si vous ne vous hâtez pas d'élire un pape italien ou romain ! Nous qui sommes au-dehors nous jugeons bien mieux du péril que vous-mêmes ! » Le cardinal d'Aigrefeuille, s'adressant alors aux Romains répondit : « Tenez-vous en paix, je vous promets qu'avant la fin du jour vous aurez un pape romain ou italien. » Puis tandis qu'il s'éloignait avec Orsini, il lui glissa assez lâchement : « Plutôt élire le diable que mourir ! »

Pendant ce temps, le Sacré Collège discutait. Devant la fureur populaire il ne sembla plus être question d'élire quelqu'un qui ne fût pas Italien. Probablement, sur la proposition de Pierre de Luna qui le connaissait bien, un accord se fit sur l'archevêque de Bari, Barthélemy Prignano. Seul Orsini, qui avait plus de scrupules que Guillaume d'Aigrefeuille, refusa de s'associer à ce choix qu'il ne trouvait pas établi avec assez de liberté. L'agitation au-dehors, en effet, ne faisait que croître. L'évêque de Marseille vint une seconde fois frapper au guichet pour supplier les cardinaux de se dépêcher. Alors Orsini, exaspéré par tout ce qu'il voyait et entendait, s'écria avec son franc-parler : « Allez, cochons de Romains, vous nous assommez ! », puis s'adressant aux soldats qui se trouvaient près du guichet : « Vous autres, faites retirer la foule ! Ah ! si je sortais d'ici avec un bâton, comme je vous jetterais dehors ! »

Confiant ensuite à l'évêque de Marseille une liste de sept prélats italiens où figurait Barthélemy Prignano, il le pria de les faire chercher le plus vite possible, car avant de désigner le futur pape, il fallait son assentiment. Ce n'est pas sans mal que l'on put les faire venir jusqu'au Conclave.

L'archevêque de Bari accepta l'offre qui ne lui était plus faite que par treize cardinaux. Que se passa-t-il à partir de ce moment ? Pourquoi les cardinaux ne proclamèrent-ils pas le nouvel élu pour en finir ? Hésitaient-ils toujours à nommer un Italien, espéraient-ils voir la situation évoluer autrement ? Toujours est-il que rien n'avait été publié lorsque le tumulte, qui s'était apaisé un instant, reprit de plus belle. Orsini, qui était un des rares à n'avoir pas perdu la tête, ouvrit la fenêtre et cria à la foule : « Taisez-vous ! Vous avez un pape ! — Qui est-ce ? — Allez à Saint-Pierre. » Les gens crurent qu'il voulait parler du cardinal de Saint-Pierre, Tebadelschi. L'effet produit ne fut pas celui que l'on escomptait. La populace qui avait beaucoup bu atteignait un degré d'excitation incontrôlable. Ne comprenant pas pourquoi on n'ouvrait pas les portes, quelques individus se précipitèrent sur celle du Conclave et s'employèrent à la défoncer. Chez les cardinaux, ce fut l'affolement. Certains tentèrent d'arrêter les envahisseurs, tandis que d'autres essayaient de fuir. Le cardinal de Luna fut un des rares à demeurer calme. « Si je dois mourir, c'est ici que je veux tomber », disait-il. La porte ayant cédé, ce fut la pagaille la plus complète. Le cardinal Hugues de Montalais, croyant sauver la situation, voulut présenter le vieux Tebadelschi comme étant l'élu. Il se joua alors une scène où le grotesque le disputait au tragique. Tebadelschi indigné du rôle qu'on voulait lui faire jouer essaya de partir. Montalais lui mit de force la mître pontificale qu'il tenta de faire tomber en secouant la tête. Finalement, profitant de la confusion, le malheureux vieillard parvint à se soustraire à ce rôle déplaisant.

Par ailleurs, la désignation de l'archevêque de Bari commençait à se savoir. Les cardinaux, dont quelques-uns avaient été malmenés, s'éclipsèrent les uns après les autres, laissant seul Barthélemy Prignano au milieu du désordre le plus total. Si Pierre de Luna put rentrer dignement et sans encombre chez lui, les autres cardinaux durent renoncer à rejoindre leurs domiciles que les émeutiers livraient au pillage. Quelques-uns se réfugièrent au château Saint-Ange, parfois même sous un déguisement. D'autres quittèrent carrément Rome, comme Orsini ou Robert de Genève qui, par prudence, s'était armé en guerre.

Jamais on n'avait vu une pareille journée, ni pareille élection et les cardinaux pouvaient regretter, avec quelque raison, le calme et l'ordre d'Avignon.

Le lendemain de cette folle journée, la chrétienté se retrouvait avec un pape désigné, mais pas encore intronisé, c'est-à-dire que rien de définitif n'était fait. Barthélemy Prignano le savait mieux qu'un autre. « Si vous n'obligez les cardinaux à venir m'introniser, c'est comme si vous n'aviez rien fait », déclara-t-il aux bannerets de Rome. C'est sans doute la peur qui décida douze d'entre eux à venir ce 9 avril, pour l'intronisation de Barthélemy Prignano, qui de ce jour prit le nom d'Urbain VI.

Il est hors de doute que cette élection s'est déroulée dans des conditions anormales. C'est sous la pression et la menace que les cardinaux, trop hâtivement, se sont vus contraints de choisir un Italien. Sans doute l'archevêque de Bari n'avait-il pas été désigné au hasard. Faute de mieux, il convenait à la plupart des cardinaux. Leur résignation temporaire fut la cause de tout le mal. Rien ne les empêchait, quand la fièvre fut tombée, de s'éloigner rapidement de

Rome et, là, de dénoncer cette élection extorquée sous la menace. Or au lieu de manifester un peu de courage, beaucoup se dirent : Après tout notre nouvel élu est peut-être bien, pourquoi soulever une autre tempête ! Et ils laissèrent aller les événements. Le couronnement d'Urbain VI eut lieu le jour de Pâques, 18 avril 1378. Le cardinal Orsini lui posa la tiare sur le front. Ensuite, apparemment, tout se passa normalement. Tous les souverains furent avertis de l'élection et les cardinaux demeurés en Avignon envoyèrent leurs félicitations. Urbain VI était considéré par tous comme le véritable pape, lorsque deux faits allaient déclencher un revirement complet.

Tant qu'il fut archevêque de Bari, Barthelemy Prignano paraît avoir eu bon caractère. Il passait même pour un saint homme. Son élévation sur le trône de saint Pierre semble l'avoir brusquement modifié. Tout d'abord, avec une excellente intention, mais un sens peu politique, il décréta la réforme du train de vie des cardinaux. Ce petit acte d'agressivité à leur égard allait donner plus d'importance encore aux attaques dirigées contre leur personne même. Le brave Orsini fut traité de fou. Robert de Genève, à cause de certaines de ses activités militaires, fut taxé de ribaud. Si le cardinal de Glandèves fut pris à partie publiquement, la scène fut bien pire avec Jean de Cros qui évita de peu une gifle en plein consistoire.

Ce fut dans ce climat tendu qu'arriva le cardinal Jean de la Grange, un familier de Charles V. N'ayant pu prendre part à l'élection d'Urbain VI, il fut mis au courant de ce qui se passait, par ses confrères. Intelligent et dynamique, il releva leur courage et leur indiqua la voie qui, selon lui, devait les tirer de ce mauvais pas ; l'élection d'Urbain VI n'était pas valable, il fallait recommencer. Pour cela, la première chose à faire était de se mettre hors d'atteinte des Romains. Dès le mois de mai, prétextant de la chaleur, les cardinaux se rendirent par petits groupes dans la cité d'Anagni, de fâcheuse mémoire. Là, très vite, ils manifestèrent leur hostilité à Urbain VI.

Le camérier Pierre de Cros, frère de celui qui faillit être giflé, appela, par mesure de sécurité, les routiers du Gascon Bernardon de la Salle venus pour lutter contre Florence. Les Romains, qui voulurent s'opposer à son passage, furent écrasés le 16 juillet, à Ponte Salaro. Le 20 juillet, les membres du Sacré Collège, réunis à Anagni, invitèrent les quatre cardinaux italiens à venir les rejoindre, demandant en même temps à Urbain VI de bien vouloir abdiquer. Celui-ci n'ayant manifesté aucune intention d'obéir, une lettre solennelle, signée le 9 août par les treize cardinaux non italiens, déclara nulle et sans valeur son élection et jeta sur lui l'anathème. S'étant ainsi affirmés, les cardinaux jugèrent plus prudent de quitter Anagni, trop proche de Rome, pour se mettre à Fondi sous la protection du comte Onorato Caetani qui venait, lui aussi, de se brouiller avec Urbain VI.

Dans le milieu de septembre, les trois cardinaux (1) italiens vinrent les y rejoindre. Urbain VI, se voyant abandonné de tous ses cardinaux, se vengea en jetant l'anathème contre eux et en désigna vingt-neuf nouveaux, le 18 septembre. Deux jours plus tard, le 20 septembre 1378, les treize cardinaux, c'est-à-dire tous sauf les Italiens et ceux restés en Avignon, nommèrent, comme nouveau pape, Robert de Genève (2). Les Italiens, sans prendre part au vote, avaient donné leur accord tacite. Le lendemain, la nouvelle fut proclamée officiellement et le nouvel élu intronisé sous le nom de Clément VII. Le couronnement n'eut lieu qu'un mois plus tard, en présence de nombreux prin-

---

(1) Le quatrième, le vieux Tebadelschi, venait de mourir.
(2) A l'unanimité moins une voix.

ces et seigneurs venus de Naples, car la reine Jeanne, après s'être réjouie de l'élection de l'archevêque de Bari, s'était, elle aussi, fâchée avec lui.

Il est inutile de préciser combien cette nomination laissa les pays chrétiens perplexes. Il leur fallait, en effet, se décider pour l'un ou l'autre pape. La France, qui jusqu'au mois de juillet avait reconnu Urbain VI, se donna quelque temps de réflexion. Après l'assemblée de Vincennes où le roi (1) demanda l'avis des principaux personnages du royaume, le 16 novembre 1378, elle se décida à reconnaître Clément VII. Le duc d'Anjou, qui sera amené à jouer un rôle important, l'avait déjà fait et soutenait son action en lui prêtant de l'argent. La reine de Naples de son côté le reconnut officiellement le 20 novembre.

Cependant toute la chrétienté ne fut pas unanime à l'égard du pape de Fondi et se partagea bientôt en urbanistes et en clémentistes. La Savoie, Chypre, l'Ecosse, la Bavière, le Luxembourg, la Hollande, l'Autriche, l'Alsace, le Brabant, entre autres, se joignirent à la France, tandis que l'Angleterre, la Flandre, la Hongrie et l'empereur demeuraient fidèles à Urbain VI. (Il est curieux de constater au passage que ce sont ces pays qui embrasseront la Réforme et briseront avec Rome.) Les trois royaumes d'Espagne : l'Aragon, la Castille et le Portugal resteront neutres quelque temps avant de rejoindre les rangs des clémentistes.

Cette division est, bien sûr, assez schématique, car en réalité la situation était beaucoup plus complexe. Ainsi, on comptait en France des points de résistance urbanistes et en Allemagne, où la majorité était urbaniste, le partage entre les deux tendances était

(1) On a dit que Charles V avait voulu soutenir en Clément VII un parent. Certes ils étaient parents par les femmes, mais très éloignés.

fort difficile. L'Italie aussi était divisée et changea souvent d'opinion. Catherine de Sienne, quant à elle, prit vigoureusement parti pour Urbain VI. A nouveau, elle écrivit aux princes pour les adjurer de garder leur confiance au pape de Rome et c'est en vain qu'elle s'adressa à Charles V et à Jeanne de Naples. Seul Louis de Hongrie était entré dans ses vues.

A Fondi, Clément VII comprit que s'il voulait s'imposer à l'ensemble du monde chrétien, il lui fallait pouvoir s'installer à Rome et en chasser ce que lui et le Sacré Collège considéraient comme l'usurpateur. Devant l'opposition des Romains, il n'y avait guère d'autres moyens pour y réussir que la manière forte. Dans la ville, il tenait déjà un bastion, avec le château Saint-Ange commandé toujours par Pierre Gandelin qui avait suivi les instructions de Grégoire XI, en refusant de rendre le château aux urbanistes. Au-dehors, le préfet de Rome, François de Vico, lui était tout acquis. Il pouvait aussi compter sur les Bretons de Sylvestre Budes et Jean de Malestroit et sur les Gascons de Bernardon de la Salle.

Les clémentistes ne voulant point perdre de temps ordonnèrent au neveu de Clément VII, Louis de Montjoie, de marcher sur Rome. Mais tandis que celui-ci se mettait en route, le comte de Fondi se faisait battre avec les routiers Gascons près de Carpineto. Clément, malade de la fièvre tierce, préféra quitter Fondi pour le château de Sperlonga près de Gaete, en raison de l'air vivifiant de la mer.

Pendant ce temps, Louis de Montjoie et ses troupes étaient parvenus à Marino, à quelques lieues de Rome. Au lieu de continuer sa marche en avant, pour délivrer le château Saint-Ange, il s'arrêta pour attendre l'attaque des routiers italiens commandés par Alberigo de Barbiano. Cette inactivité lui fut néfaste, car Pierre Gandelin, affamé, à bout de ressources, dut capituler le 27 avril 1379. Barbiano, libre de ce côté, put se retourner contre lui avec tous les contingents romains, lui infligeant une grave défaite, le 30 avril. Louis de Montjoie, Sylvestre Budes, Bernardon de la Salle y furent faits prisonniers. C'était un rude coup pour les clémentistes sans être toutefois une véritable catastrophe.

Clément VII désireux de s'éloigner des combats quitta Gaète pour Naples, où il espérait recevoir un accueil triomphal. Son inspiration ne fut pas bonne, car si la reine et sa cour le reconnaissaient, dans la ville et le pays, l'ancien archevêque de Bari avait gardé par chauvinisme beaucoup de partisans. Le séjour de Clément n'y fut d'ailleurs pas bien long. A peine arrivé, une simple querelle, entre un seigneur et un bourgeois, mit le feu aux poudres, déclenchant la fureur populaire qui se dirigea contre Clément. Dans les rues, les Napolitains se mirent à hurler : « A mort l'antéchrist ! Mort à Clément ! Mort à la reine qui le défend ! Vive le pape Urbain ! »

Devant ces violentes manifestations, Clément comprit qu'il s'était trompé sur le choix de son asile. Trois jours plus tard, le 13 mai, il repartait pour Sperlonga. Le 18, il y apprit que, sous la pression populaire, la reine avait été contrainte de reconnaître à nouveau son adversaire. Sperlonga étant dans le royaume de Naples, il s'y sentit prisonnier. Cherchant où se réfugier, il pensa à Avignon, redevenue paisible et où l'attendaient les six cardinaux laissés par Grégoire XI. Le 22 mai, il s'embarqua avec tous les membres du Sacré Collège, sauf les Italiens qui restèrent. Il fit voile vers Marseille par Nice et Toulon. Le 5 juin 1379, il entrait dans le Vieux-Port.

Les clémentistes avaient quelques inquiétudes sur l'état d'esprit de Marseille et des Provençaux, dont la comtesse, la reine Jeanne, venait de reconnaître Urbain. Une agréable surprise leur était réservée.

La réception fut chaleureuse et, contrairement à Naples, l'enthousiasme alla grandissant. Il est vrai que voyant revenir un pape chez eux, c'était, pour les Provençaux et les Avignonnais, la manne qui descendait du ciel. Savoir si Clément VII était ou non le vrai pape n'était pas ce qui les inquiétait le plus. L'important était sa présence.

Clément ne put progresser que par petites étapes tant, à chaque fois, l'empressement des populations était grand. A chaque arrêt, il lui fallait recevoir, au milieu des acclamations, l'hommage des notables. Le 20 juin, malgré une chaleur caniculaire, l'entrée dans Avignon se fit dans la liesse la plus totale. C'était un grand jour. Les cardinaux demeurés dans la ville vinrent le recevoir, lui témoignant publiquement leur soumission. Puis ils le conduisirent au palais, qu'ils avaient pris soin de remettre en état. Partout la joie était grande, le bon vieux temps semblait revenu.

Ainsi, il y avait deux papes, l'un à Rome et l'autre en Avignon. Celui-ci, réinstallé dans le palais des Doms, voulut, autant par goût que pour renouer avec une certaine tradition, faire revivre les fastes d'autrefois.

L'Italien Ciacconio, qui lui était à vrai dire peu favorable, a fait de lui ce portrait sans concessions : « C'était un homme ambitieux, dissipateur, toujours à court d'argent, cherchant les occasions de dépenser, s'occupant peu des affaires ecclésiastiques, entouré d'une foule de parents nobles à l'élévation desquels il prodiguait ses trésors, maniant avec une égale facilité le latin, l'italien, le français, l'allemand, boitant légèrement d'un pied, défaut qu'il dissimulait avec un soin extrême ; il avait la taille moyenne et était légèrement corpulent ; élégant et libéral, il recevait avec la plus grande courtoisie, dans son palais et à sa table, les nobles et les souverains qui venaient le visiter. » L'auteur de la *Vita prima* en a fait quant à lui une description plus flatteuse : De haute stature, avec un beau visage et une voix sonore, il écrivait fort bien et chantait élégamment. Enfin, il était patient, sage et affable.

En somme, par bien des traits de son caractère, il ressemblait à Clément VI. Malheureusement, les dépenses qu'il faisait n'étaient pas toujours de mise, car les temps avaient changé. La France était pratiquement sa seule source de revenus. Aussi, pour subvenir à ses besoins, il fallut fortement augmenter les impôts, ce qui fit baisser grandement sa cote dans l'esprit public. Pour atténuer cette défaveur, Clément octroya de nombreux avantages au roi, sans toutefois que ceci puisse compenser cela.

Devant le schisme qui s'enracinait, la chrétienté commençait à s'impatienter. Les Castillans furent les premiers à vouloir confier le sort de l'Eglise à un concile général. L'idée était excellente, bien que pour la réunion d'un concile il faille l'approbation d'un pape. La question se posait à nouveau : Lequel fallait-il choisir ? On pensa demander leur accord aux deux papes. Comme ils ne pouvaient s'entendre, on posa la question à chacun d'eux. Tous deux malheureusement trouvèrent de bonnes raisons pour refuser, laissant le schisme se poursuivre. Tout le monde n'attendit plus qu'une occasion exceptionnelle.

Clément VII avait, en la personne du frère du roi, Louis d'Anjou, un défenseur des premiers jours, un allié fidèle. Peu auparavant, il lui avait fait don du royaume d'Adria (1), à charge pour lui de le conquérir sur les urbanistes. Voyant que, faute de moyens, Louis d'Anjou ne pourrait conquérir ce royaume, Clément eut l'idée de réunir leurs intérêts d'une autre

_____

(1) Ce royaume aurait été formé d'un certain nombre d'Etats de l'Eglise proches de l'Adriatique.

façon. La reine Jeanne, qui avait rejoint encore une fois le parti clémentiste, se trouvait sans héritiers directs. Il s'agissait donc de faire reconnaître par la reine, Louis d'Anjou, son lointain parent comme seul héritier, et pour cela, il lui suffisait de l'adopter. Dès la fin du mois de juin 1380, le principe en était admis. Ceci n'était pas pour plaire à sa nièce, Marguerite de Duras (1), et surtout à son mari, Charles de Duras, qui se voyait évincer d'une succession qu'il désirait avec impatience.

Profitant de l'éloignement du duc d'Anjou retenu en France par la mort de Charles V, il passa à l'attaque sans plus attendre. Il avait trouvé en son parent, le roi Louis de Hongrie, un allié puissant et sûr, car celui-ci ne pardonnait toujours pas à Jeanne la mort de son frère et soutenait de plus la cause d'Urbain VI. Ce fut donc à la tête d'une armée hongroise que Charles de Duras se rendit en Italie. Il fut reçu triomphalement à Rome, où Urbain VI le fortifia dans son entreprise et après avoir déchu Jeanne de Naples, l'investit officiellement du royaume, le 1er juin 1381.

Se voyant dangereusement menacée, la reine lança un pressant appel au duc d'Anjou qu'elle venait d'adopter. Celui-ci, ne trouvant pas les moyens de monter une importante expédition, hésita. Charles de Duras, au contraire, ne perdit pas de temps. Ayant reçu la bénédiction du pape, il quitta Rome le 8 juin et marcha sur Naples. Le quatrième époux de Jeanne, Otto de Brunswick, tenta en vain de l'arrêter. Charles entra le 16 juin dans Naples où la reine était demeurée, retranchée dans le Castel Nuevo. Comme sœur Anne, du haut des tours crénelées, elle attendit une petite flotte qu'on lui avait promise. En vain, son mari essaya-t-il de lui porter secours. Vaincu, blessé, il fut fait prisonnier. Après plus de deux mois

(1) Voir tableau généalogique p. 172.

de siège, deux mois où l'horizon demeura désespérément vide, à bout de force et de ressources, Jeanne se rendit. Pour comble de malchance, quelques jours après, les galères envoyées à son secours arrivaient. C'était trop tard.

Avec son nouveau maître, le royaume de Naples reconnaissait derechef Urbain VI. C'était une sévère défaite. Pour en diminuer les conséquences, Clément VII pressa le duc d'Anjou de faire quelque chose, de se manifester de façon éclatante et d'aller délivrer sa bienfaitrice. Retenu par les uns, poussé par les autres, il fallut quelque temps au duc pour se décider. Ce n'est qu'au début de l'année suivante que l'expédition fut enfin engagée.

Louis d'Anjou arriva en Avignon le 22 février 1382. On l'y reçut royalement, la reine étant prisonnière, c'était à lui, selon les clémentistes, que revenait la régence. D'ailleurs, dès le 1er mars, le pape lui conférait le titre de duc de Calabre, titre réservé aux héritiers du trône de Naples. Quelques jours plus tard, Charles de Duras fut solennellement condamné dans la salle du Consistoire et la bulle affichée à la porte de Notre-Dame-des-Doms. Toutefois une incertitude demeurait quant à l'attitude qu'allaient adopter les Provençaux. Reconnaîtraient-ils Louis d'Anjou ou Charles de Duras ? D'habiles pourparlers apportèrent l'adhésion de Marseille à la cause angevine. Clément VII y fut acclamé avec la reine et son « fils », le duc de Calabre. Cet exemple fut bientôt suivi par toute la Provence. De toutes parts, les seigneurs se proposaient pour aider à la délivrance de la reine. L'expédition prenait corps. Le comte de Savoie s'y montrait favorable, les Milanais aussi.

Le 29 mai, l'on vit sortir en cortège du palais, par la porte Notre-Dame, Clément VII accompagné du duc de Berry et du comte de Savoie, suivis de tous les cardinaux et de tous les évêques présents en Avignon, revêtus de leurs plus somptueux ornements sacerdotaux. A pied, ils gravirent le chemin qui menait à Notre-Dame-des-Doms. Ils y firent oraison pour demander au ciel de bien vouloir bénir l'entreprise du duc d'Anjou. Ensuite, traversant toute la ville, ils entrèrent aux Cordeliers pour renouveler leurs prières, avant de remonter au palais. Le lendemain, ce fut dans la salle du Consistoire que se déroula une grandiose cérémonie. Louis d'Anjou se tenait debout au milieu. Clément VII s'approcha pour lui remettre la bannière de Naples, portant les armes de Sicile et de Jérusalem. Le prince, en tant qu'héritier de la reine Jeanne, fut admis à devenir vassal du Saint-Siège. Il rendit hommage à Clément et, s'inclinant, lui baisa le pied, puis la main et le visage. Allant à chacun des cardinaux, il les accolla. Enfin, le pape bénit les armes et les bannières du nouveau duc de Calabre. Une bulle vint confirmer la reconnaissance de la reine Jeanne et de son héritier, le prince Louis, par Avignon.

Le départ tant attendu fut donné le 31 mai. Au début de la soirée, à l'heure où la chaleur décline et le soleil teinte le palais de sa pourpre, précédé des bannières d'Anjou et de Calabre, accompagné par le son aigre des trompettes et suivi par tout le Sacré Collège, Louis d'Anjou se mit en route sous l'œil admiratif des Avignonnais, répondant à leurs vivats par un geste de la main. A la porte Imbert-neuve, on se sépara dans l'émotion. L'armée libératrice alla coucher à Sorgues et les cardinaux comme les Avignonnais chez eux.

Louis d'Anjou passant par Gap et le mont Genèvre fut bien accueilli en Italie. Son armée était imposante et bien disciplinée. Il avait à ses côtés le comte de Savoie et le comte de Genevois, frère de Clément. Fort malencontreusement, il n'entreprit aucune action décisive, ni contre Rome, où Urbain se trouvait presque seul, ni contre Naples. Sa campagne fut marquée par de longs atermoiements qui seront fatals à la reine infortunée.

Celle-ci avait été conduite au château de Muro, au cœur d'une montagne sauvage près de Naples. C'est là qu'elle périt, ignominieusement assassinée. De sa mort, on ne sut rien de précis, ni quand ni comment on la tua. Tout ce que l'on peut dire, c'est qu'elle mourut entre le 12 mai et le 27 juillet 1383. Quant au moyen choisi par les assassins, on a le choix, suivant les chroniqueurs, entre la pendaison, l'empoisonnement, la strangulation, l'égorgement ou l'étouffement. C'est cette dernière formule qui a reçu le plus de suffrages, bien que rien ne soit certain, puisque l'on ne reparlera d'elle que le 31 juillet 1383, lorsque son bourreau, Charles de Duras, lui fit célébrer un service solennel.

Le duc d'Anjou attendit jusqu'au 30 août 1383 avant de se proclamer roi de Naples. Quoique ne possédant pas cette ville, il avait réussi à s'emparer de Tarente et de toute une partie du royaume. Malheureusement, son armée fut alors gravement éprouvée par la maladie. Lui-même atteint, devait mourir d'une angine, le 21 septembre 1384.

La grande entreprise sur laquelle Clément VII avait tant compté pour sauver Jeanne, et par voie de conséquence régler le schisme, avait échoué. C'était d'autant plus regrettable que le pape Urbain VI traversait une mauvaise période.

Brouillé avec son principal soutien, Charles de Duras, il fut menacé par un complot de ses cardinaux qui, las de ses sautes d'humeur, hésitaient entre le mettre en tutelle, ou le livrer à Charles de Duras. A cette occasion, Urbain VI allait faire preuve d'un bien inquiétant caractère. Ayant découvert le plan de ses cardinaux, il les fit mettre aux fers dans les cachots du château de Nocera. Leur ayant adjoint l'évêque d'Aquila par prudence, il ne se gêna pas pour leur faire subir la question.

Pour punir Duras, il frappa d'interdit la ville de Naples. Sans se laisser impressionner, celui-ci vint mettre le siège devant Nocera. Urbain de son côté parvint à convaincre, moyennant 42 000 florins, des seigneurs provençaux et napolitains, ennemis de Duras, de venir à son aide. Aussi, le 7 juillet 1385, il réussit à s'échapper, mais en ayant bien soin d'emmener ses cardinaux indociles. Pendant quelque temps, il erra entre Salerne, Bénévent et Minervino. L'évêque d'Aquila étant vieux et ne pouvant suivre cette marche forcée, Urbain ne trouva d'autre moyen que de le faire poignarder. Pourchassée sur les terres napolitaines, la petite troupe parvint à s'embarquer sur des bateaux génois venus à son secours (1). Après un long périple, ils parviendront à Gênes le 23 septembre 1385.

Devant ces événements, Avignon avait repris quelque espoir. Pour Clément VII, le successeur de Louis d'Anjou demeurait son fils Louis, un tout jeune garçon sous la tutelle de sa mère. Il fut décidé de l'introniser. Le jour de la Pentecôte 1385, Louis II se rendit dans la chapelle Clémentine où il rendit hommage au pape pour son nouveau fief et prêta serment de fidélité. En échange, Clément VII lui remit les bannières de Naples et de l'Eglise. Tout ceci n'avait qu'un inconvénient : la jeunesse du roi. Il y a d'ailleurs une image charmante qui montre Louis II à Sorgues, tenant par la bride la mule du pape, mais il est si petit que le sire de Vinay est obligé de le tenir dans ses bras. Il avait huit ans.

Ce fut fort dommage qu'il n'y eût personne de capable pour prendre à ce moment les intérêts de Naples et de Clément, car la situation se détériorait de plus en plus, chez les urbanistes. Urbain VI

---

(1) Sur l'Adriatique.

continuait ses sanglantes fantaisies. Obligé de quitter Gênes le 16 décembre 1386, on s'étonna que sur les six cardinaux enchaînés de sa suite, il n'en restât plus qu'un seul. Qu'étaient devenus les autres, on ne le saura jamais ! L'imagination populaire racontait cette extraordinaire légende : après avoir été tués, on les aurait salés, séchés, passés au four, puis ainsi réduits et désinfectés, enfermés dans une malle. De cette façon Urbain VI pouvait toujours avoir ses cardinaux sous la main.

Il va sans dire qu'après cela, les partisans d'Urbain diminuèrent rapidement. Tous condamnaient son orgueil, sa violence et son entêtement. Des villes comme Florence se rapprochèrent de Clément VII. Allait-on vers la fin du schisme ? Une autre circonstance pouvait le laisser espérer. Charles de Duras qui, malgré ses engagements à l'égard de Louis de Hongrie (1), avait voulu s'emparer du trône de sa fille, fut assassiné le 27 février 1386. Cette mort donnait au jeune Louis II et aux clémentistes la possibilité de récupérer Naples, d'autant plus qu'Otto de Brunswick libéré se mettait au service du jeune prince. D'autre part, l'alliance contractée par le frère de Charles VI, Louis d'Orléans, avec la fille de Galeas de Visconti, fit encore progresser l'influence de Clément en Italie, où la Toscane et Bologne étaient prêtes à changer de camp. Une seule fausse note, parmi ces heureuses prémices, Otto de Brunswick, qui s'étant emparé de Naples, y laissa acclamer Urbain VI.

La cour de France qui avait un peu boudé la papauté d'Avignon, à cause des dépenses excessives, pensa que le moment était venu de soutenir hardiment son pontife. Charles VI décida de venir en personne s'entretenir avec lui. Il s'en vint avec une suite nom-

(1) Mort en 1382.

breuse, où l'on remarquait Louis d'Orléans, ses oncles, le duc de Bourbon et Henri de Bretagne. Avant de faire son entrée dans Avignon, il fit une halte au château royal de Roquemaure, où naguère mourut le premier pape d'Avignon.

Le 30 octobre 1389, au matin, vêtu d'écarlate et d'hermine, il quitta Roquemaure avec toute sa suite. A neuf heures du matin, le splendide cortège traversa le pont Saint-Bénezet, sous lequel le Rhône poussait furieusement ses eaux grises. Au milieu d'une presse admirative et enthousiaste, il gravit le rocher jusqu'aux Champeaux. Le roi fut alors conduit dans la salle du Consistoire, où l'attendaient Clément VII avec ses vingt-six cardinaux. Très humblement, comme devant le seul et véritable représentant du Christ sur terre, il s'inclina par trois fois en pliant le genou. S'étant redressé, il baisa la main que lui tendait le pape. Celui-ci se leva à son tour pour l'embrasser et lui souhaiter la bienvenue. La réception se poursuivit ensuite au grand Tinel où un festin digne des grands jours attendait. Pour marquer la solennité de cette rencontre, Charles VI avait revêtu une chape de velours bleu, brodée de perles et ornée de fleurs de lys avec des figures d'anges et des étoiles !

« Vous devez savoir que le pape et tous les cardinaux furent moult réjouis en ces jours de la venue du jeune roi de France ; et bien y avoir raison que ils le fussent, car sans l'amour du roi leur affaire était petite. » C'est tout au moins ce que nous dit Froissart, qui ajoute que les fêtes et les danses furent nombreuses et que le roi fit largesses aux dames et aux demoiselles d'Avignon.

Pour donner plus d'importance à cette visite, il avait été décidé de couronner le jeune Louis II d'Anjou. Cette cérémonie devait prendre d'autant plus de relief que l'annonce de la mort d'Urbain VI, survenue le 15 octobre 1389, était parvenue à Avignon. C'était la fin du schisme en vue et la fin du conflit pour le royaume de Naples. Donc, le jour de la Toussaint, deux trônes avaient été dressés dans la chapelle Clémentine, l'un pour le jeune Louis, l'autre pour sa mère, Marie de Blois, qui gouvernait en son nom. Sur l'autel, avaient été placés d'un côté la tiare pontificale, et de l'autre les attributs royaux : la couronne, l'épée, le globe et le sceptre. Le jeune prince, vêtu d'un samit dont la blancheur s'alliait avec bonheur aux ornements pontificaux, vint vers l'autel rendre hommage à Clément, pour son nouveau royaume. Ensuite, escorté de Charles VI et des princes, il entra dans la salle du revestiaire de la tour Saint-Laurent, où un cardinal lui fit les onctions saintes sur les mains, la poitrine et le dos. Reconduit à son trône, il y fut revêtu du grand manteau fleurdelisé. Clément VII lui remit à son tour les insignes de sa royauté, sauf la couronne que Charles VI tint à poser lui-même. L'enfant-roi brandit alors par trois fois son épée, puis donna le baiser de paix au pape et aux cardinaux, avant de communier sous les deux espèces.

Lors du repas, le nouveau roi, assis à côté de Charles VI, fut servi par les principaux barons, le sire d'Albret, le sire de Coucy, Henri de Bretagne et le comte de Genevois. L'atmosphère était joyeuse, car tous pensaient que le schisme était fini et que le pape avait retrouvé son fidèle soutien, le roi de Naples.

Il fallut, hélas ! déchanter rapidement. Sans attendre, sans réfléchir, quatorze cardinaux urbanistes s'étaient réunis à Rome et avaient désigné, le 2 novembre, un successeur à Urbain VI. Pierre Tomacelli, le nouveau pontife qui avait pris le nom de Boniface IX, était grand et de belle prestance, affable, peu instruit, mais ne manquant pas de diplomatie. Son premier geste fut de se réconcilier avec les cardinaux dépouillés par son prédécesseur. Par malheur, il n'entendait nullement s'incliner devant Clément VII. Pour contrecarrer les projets de celui-ci sur Naples, il ordonnera à cette ville de reconnaître le fils de Charles de Duras, Ladislas, et le fera couronner à Gaète. Ainsi la chrétienté se retrouvait avec deux papes et le royaume de Naples avec deux rois.

L'habileté dont fit preuve Boniface lui permit de retourner facilement la situation en Italie en sa faveur. Après avoir beaucoup espéré, Clément se retrouvait dans une position délicate. Son principal soutien demeurait Charles VI qui paraissait décidé à en finir, quitte à monter une expédition pour imposer sa volonté. D'après Froissart, ce furent La Tremoille et Jean le Mercier, deux amis de Clément VII, qui suggérèrent au roi cette entreprise. « Sire, répondirent-ils, pour le présent vous n'êtes de rien chargé ; vous êtes à trèves aux Anglais pour un grand temps. Si pouvez faire, si vous voulez, la trève durant, un beau voyage, et nous ne verrons plus bel ni plus raisonnable pour que vous alliez vers Rome, à puissance de gens d'armes et détruisiez cet antipape Boniface, que les Romains ont de force et par erreur créé et mis au siège cathédral Saint-Pierre. Si vous voulez, vous accomplirez trop bien tout ce fait ; et mieux vous ne pouvez employer ni plus honorablement votre saison. Et espoir (1) si cet antipape et ses cardinaux savent que vous veuilliez aller sur eux à main armée, ils se mettront et rendront tous à merci. » Le roi pensa sur cette parole et dit que il y entendroit, car voirement, tout considéré, il se tenait grandement tenu au pape Clément, car l'année passée il avait été en Avignon, où le pape et les cardinaux très excellentement l'avoient honoré et donné plus qu'il n'eût demandé à lui, à son frère et à ses oncles. Si s'ensuivait bien

(1) Peut-être.

qu'il eut remerist le guerdon (1). Et aussi au départ-
tement d'Avignon, il avait dit et promis au pape que
il pourverrait à ses besognes, en entendroit tellement
que on s'en apercevroit ; car il s'y sentait tenu et
vouloit l'être. »

Il fut entendu que le roi viendrait chercher Clément,
le 26 mars 1391, pour le mener à Rome. Dans ce but,
on fit des deux côtés des préparatifs. Les Français
commençaient à rassembler leurs troupes dont le
rendez-vous avait été fixé au 15 mars. Des archers
d'Ecosse devaient même les y rejoindre. En Avignon
tout le monde préparait ses bagages. A la curie, les
moindres détails étaient réglés en vue du départ.
L'arrivée du duc de Berry ajouta à l'euphorie générale. Ayant acheté le château et la ville d'Usson, il
venait, par considération pour le Saint-Siège d'Avignon, en rendre hommage, désirant ne le tenir que
de lui. Cette visite fut encore la raison de fêtes et de
cavalcades à travers la ville. Comme on était à l'époque de Lætare, le duc eut droit à la rose d'or que
Clément lui décerna avec joie. Ceci se passait le
5 mars. Le 11 mars, une lettre du roi arriva. A la
liesse succéda l'accablement, tout était décommandé.
Charles VI faisait savoir qu'une importante entrevue
avec l'Angleterre, devant avoir lieu prochainement,
il ne pouvait plus être question de partir. Cette entrevue subite était, en fait, une habile manœuvre de
Boniface qui, pour empêcher l'expédition d'Italie,
s'était tourné vers ses amis anglais, pour leur demander de faire miroiter cette rencontre aux Français.

Le piège avait réussi, laissant Clément VII sans
grand espoir de rassembler un jour toute la chrétienté sous son nom.

Durant ce temps sa résidence d'Avignon avait encore
une fois perdu sa quiétude avec les déprédations des

(1) Mérita le prix.

Compagnies. Cette fois leur employeur était le propre neveu de Grégoire XI, Raymond de Turenne. Raymond-Guillaume Roger, comte de Beaufort, vicomte de Turenne, était devenu par héritage un puissant seigneur provençal. Il possédait Eguilles, Pélissane, les Pennes, Meyrargues, Saint-Rémy et surtout la forteresse des Baux qu'il tenait de sa sœur Jeanne, épouse de Raymond II des Baux. Jusqu'alors, il s'était montré fidèle serviteur de l'Eglise et fidèle vassal, reconnaissant Clément pour pape et Louis d'Anjou comme suzerain. Le trône de Naples, rendu quasi vacant par la mort de Charles de Duras et la minorité de Louis II, allait lui donner des velléités d'indépendance, tout au moins se croira-t-il assez fort pour tout se permettre. Il entra en campagne à propos d'un différend avec la mère du jeune Louis, concernant la petite localité d'Aureille. Le conflit atteignit bientôt la papauté à cause d'un familier de Clément VII, Eudes de Villars, qui avait épousé la nièce de Raymond, Alix des Baux et, ainsi, avait des prétentions sur l'héritage des Baux.

Raymond de Turenne, qui avait à sa solde quantité de routiers, se mit à battre la campagne, rançonnant, pillant aussi bien pèlerins et voyageurs que paysans. Clément VII, qui se trouvait dans sa résidence favorite de Châteauneuf-du-Pape, ne s'y sentit plus en sûreté et vint se mettre à l'abri du solide palais des Doms. Le 3 septembre 1386, les troupes pontificales étaient en effet battues à Eyrargues. Eudes de Villars eut beau contre-attaquer, on trouva plus prudent de traiter avec Turenne. Le 7 janvier 1387, l'arrêt des combats était obtenu moyennant 500 francs par an.

Cette victoire et cette récompense, loin de contenter le turbulent baron, allaient l'enhardir et l'inciter à recommencer, ce qu'il fit l'année suivante en prenant comme prétexte la querelle de sa tante Elise, comtesse de Valentinois. Tout le pays fut une nouvelle fois mis en coupe réglée. Il était devenu impossible d'y circuler librement. Raymond s'était emparé, en outre, du château de Roquemartine, des villes de Vaison, Beaumes-de-Venise, Oppèdes. Par contre, Menerbes, Robion, Pierrelatte résistèrent victorieusement. Devant la désolation du pays, on ne vit d'autre remède que de payer pour que Raymond de Turenne se tienne tranquille : 6 000 florins à régler en six mois. Ce fut la période où le roi vint en Avignon. En 1390, une tentative de médiation fut faite par le comte d'Armagnac. Celui-ci, partant guerroyer contre les Milanais, voulut entraîner avec lui le terrible vicomte. Froissart raconte que Jean d'Armagnac dit à son frère : « Vous retournerez devers notre cousin Raymond de Touraine (1) qui se tient ici en la comté de Venesse (2), terre du pape et la guerroye ; et si à sa cousine épousée, la fille au prince d'Orange. Si lui priez de par moi, et de par vous, car j'en suis prié du pape, que il s'ordonne à venir en ce voyage avecques moi et je le ferai mon compagnon en toutes choses et le surattendrai en la cité de Gap, séant entre les montagnes. »

Raymond refusa cette offre, dont il n'avait que faire et donna comme excuse qu'il le rejoindrait plus tard. En fait, dès que Jean d'Armagnac se fut éloigné, il reprit les armes, s'emparant du château du Caire qu'il se fit racheter 1 000 florins, selon le procédé qui lui convenait parfaitement. Le 22 juillet 1391, les états de Provence lui donnèrent même 20 000 florins pour prix de la tranquillité. Au mois d'octobre, ce fut avec Louis II et sa mère qu'il traita et réussit à toucher 14 000 florins de dédommagement pour les places qu'on lui avait prises. Ce ne fut qu'au printemps suivant que l'on crut entrevoir la fin de toutes

(1) Turenne.
(2) Comtat Venaissin.

ces actions, plus proches du brigandage que de la guerre. Le 5 mai 1392, une paix perpétuelle fut signée à Saint-Rémy entre les trois parties : le pape, Turenne et la reine de Naples, Marie de Blois. Raymond devait renvoyer ses routiers et rendre les châteaux qu'il avait pris aux gens du roi. Clément VII devait aussi livrer au roi les places dont il s'était emparé. En revanche, Raymond de Turenne voyait son chantage à la guerre récompensé, puisqu'on lui versait 10 000 francs plus 20 000 pour ses hommes, plus 20 000 francs qu'on lui versa plus tard. En outre, il gardait le droit de se promener dans le comtat avec cent hommes d'armes.

La paix « perpétuelle » dura quatre mois. Ce fut Eudes de Villars qui, en revendiquant l'héritage des Baux, donna l'occasion de la reprise des hostilités. Turenne, qui n'avait pas renvoyé ses compagnies selon l'accord, s'empara aussitôt de plusieurs places. Seulement, tout le monde commençait à être las de cet infatigable batailleur. Les commissaires royaux vinrent le prier de se défaire, au plus vite, de ses routiers. Un peu plus tard, en novembre, les seigneurs du Dauphiné se mobilisaient et, en avril, c'était au tour du sénéchal de Beaucaire de le menacer. Voyant que cela risquait de tourner mal, il consentit à se séparer de ses routiers qui partirent pour l'Italie.

Cherchant un moyen de neutraliser définitivement leur encombrant vassal et voisin, Marie de Blois et Clément VII imaginèrent de marier sa fille Antonia avec le frère de Louis II d'Anjou qui portait alors le titre de prince de Tarente. Ainsi on espérait que toutes les terres provençales de Raymond reviendraient un jour à la couronne de Naples. Loin d'être flatté par cette alliance royale, Raymond de Turenne en fut effrayé. Avoir un gendre devant lequel il serait obligé de plier le genou n'était pas du tout à sa convenance. Son refus catégorique fut reçu comme une insulte par Marie de Blois, ravivant d'autant plus les hostilités que Raymond avait fait afficher à la porte des Baux, par vengeance et par provocation, la proclamation de sa reconnaissance du pape Boniface et de celle de Ladislas, roi de Naples.

L'amiral Jean de Vienne qui s'était érigé en défenseur de la reine offensée vint mettre le siège devant les Baux, tandis qu'en Avignon on entamait un procès contre l'irréductible vicomte. Une bulle du 15 décembre 1393 citait à comparaître ce « fils ingrat qui crache à la figure de l'Eglise », en tant que larron, incendiaire, bandit, dévastateur public. Triste destin pour un neveu et petit-neveu de pape.

De tout cela, Raymond ne s'en souciait nullement. Il s'occupait de marier sa fille. Aux trop belles propositions de la reine Marie, il préféra l'offre de la cour française, qui, elle aussi, s'intéressait à ses nombreuses terres. Le prétendant était un simple gentilhomme, mais la fleur de la chevalerie, le maréchal Jean le Meingre dit Boucicaut. Le mariage eut lieu aux Baux pendant les fêtes de Noël. Raymond comptait beaucoup sur son gendre pour obtenir des secours en hommes. Boucicaut, à cette occasion, ne paraît pas s'être montré à la hauteur de sa réputation. Après avoir promis beaucoup, il abandonna son beau-père, gardant la dot, formée de nombreuses terres. Ce fut le commencement du déclin de celui-ci. Le 16 avril 1394, une bulle associait dans la même condamnation Boniface IX, Ladislas et sa mère, et Raymond de Turenne. De tous, il était le plus directement visé. On proclamait la confiscation de ses biens, on lui ôtait le droit de tester et l'interdit était jeté sur les lieux où il résidait. Quelque temps plus tard, il se voyait déchu de la chevalerie, avec ses compagnons Gantonet d'Abzac et Guillaume Pot, et sa personne mise à prix.

Vers la fin de l'été 1394, Clément VII fatigué par toutes ces luttes fut pris d'indispositions. Le matin du 16 septembre, alors qu'il revenait de dire la messe, il fut atteint par une soudaine défaillance au moment de pénétrer dans sa chambre. On le soutint jusqu'à un siège. Il réclama un peu de vin, mais avant que l'on ait pu lui porter, il succombait à une attaque d'apoplexie foudroyante. Il était six heures du matin.

Ainsi mourut, à l'âge de cinquante-deux ans, ce pape que l'Eglise ne voulut point reconnaître, lui préférant le curieux Urbain VI. Malgré tout, les discussions ne sont pas closes pour savoir où se situait la légitimité. Les arguments ne manquent pas dans les deux camps et si les Italiens restent fermement attachés à leur pape de Rome, les Français conservent une affectueuse sympathie pour celui d'Avignon.

UN PAPE OBSTINÉ

On aurait pu croire que rien n'avait changé depuis les premiers temps d'Avignon. Le corps de Clément VII, après un service dans la chapelle Clémentine, fut déposé dans Notre-Dame-des-Doms où le cardinal de Giffon prononça l'oraison funèbre. Selon la coutume, le conclave avait été prévu pour le dernier jour de la neuvaine, soit le 26 septembre 1394. A l'heure de vêpres, les cardinaux avaient déjà rejoint leurs appartements dans les salles du Conclave lorsque arriva, tout fourbu, un messager porteur d'une lettre du roi, demandant aux cardinaux de bien vouloir surseoir à toute élection, jusqu'à la venue d'une ambassade. Le roi déclarait, en outre, ne vouloir imposer aucun candidat, mais simplement examiner posément la possibilité de faire cesser le schisme. Le chevaucheur avait mis quatre jours pour porter sa missive de Paris à Avignon. Malgré sa célérité, il venait trop tard. Certes, les portes du Conclave n'étaient pas closes et il put remettre son message au cardinal de Florence, Pierre Corsini. Cependant, les règles canoniques s'opposaient à ce qu'on l'ouvrît. En effet, cette lettre, dont on ignorait la teneur, pouvait être une pression exercée par le roi. Ce fut d'ailleurs ce que fit remarquer quelqu'un, lorsque Pierre Corsini voulut la lire. Le cardinal de Saluces proposa d'ajourner le Conclave pour pouvoir en prendre tranquillement connaissance. Toutefois, la majorité se prononça pour refuser cette lecture. Les travaux purent alors commencer.

La situation était délicate. Les vingt et un cardinaux présents devaient désigner un successeur à Clément VII, un successeur capable de terminer ce malheureux schisme. Le cardinal de Saluces suggéra que l'on élise tout simplement Boniface IX. C'était un moyen auquel on opposa qu'en agissant de la sorte les cardinaux avaient l'air de le reconnaître comme le véritable pape et qu'ainsi c'était se déclarer dans l'erreur. Pourtant, avant de procéder au vote, ils trouvèrent nécessaire de rédiger le serment suivant : « Nous promettons sur l'Evangile de travailler de toutes nos forces à l'union, de ne rien faire, de ne rien dire qui soit de nature à l'empêcher ou simplement à la retarder. Nous suivrons loyalement, si nous devenons pape, toutes les voies profitables conduisant à l'union y compris la voie de cession (1), au cas où la majorité des cardinaux actuels le jugerait à propos. » Trois cardinaux, Aigrefeuille, Hugues de Saint-Martial et Pierre Corsini, refusèrent d'y souscrire. Pierre de Luna, qui avait trouvé ce texte inutile, voire dangereux, finit par se ranger à l'avis de la majorité en déclarant : « Je ne prétends pas me charger d'un fardeau que je trouve au-dessus de mes forces, pourtant, afin de démentir les bruits que l'on fait courir, je prêterai ce serment. »

Le 28 septembre 1394, à neuf heures du matin, les cardinaux élisaient, à l'unanimité moins une voix, Pierre de Luna. Celui-ci, avant d'accepter, se fit longuement prier. Lorsque enfin, il accepta, il renouvela son serment. Le soir même, il couchait au palais dans une petite pièce de la Roma.

Le nouvel élu qui avait soixante-dix ans environ,

(1) C'est-à-dire la démission.

appartenait à une grande famille aragonaise, alliée à la famille royale d'Aragon. Il était petit, mince, intelligent, énergique et foncièrement religieux. Son attitude, depuis le début du schisme, avait été digne et prudente. Longtemps il avait hésité à rejeter Urbain VI, mais une fois qu'il s'y était déterminé, il avait embrassé totalement la cause de Clément VII, la jugeant seule légitime. Il était, à coup sûr, la personnalité la plus marquante du Sacré Collège d'Avignon.

S'il était docteur en droit canon de l'université de Montpellier (1), le cardinal Pierre de Luna, comme son prédécesseur Grégoire XI, n'était pas prêtre. Quelques jours après son élection, le 3 octobre, il fut donc ordonné par le cardinal Guy de Malesset. Le 11 octobre, il célébra sa première messe dans la grande chapelle Clémentine, puis fut consacré par Jean de Neufchâtel et enfin couronné par Hugues de Saint-Martial, sous le nom de Benoît XIII.

Une dernière fois la ville d'Avignon connut les fastes du couronnement, avec sa cavalcade parmi les rues pavoisées. Sans attendre, les cardinaux avaient avec ménagement écrit à Charles VI pour lui faire part de l'élection de Benoît XIII, lui déclarant : « A voulu être appelé Benoît, et en vérité nostre très redouté seigneur, selond la nature et propriété dudit nom, nous tenons et espérons fermement à Nostre Seigneur que, moyennant vostre bonne ayde, faveur et conseil, la venue de nostre dit saint père Benoît sera benoîte et pronfitable pour toute crestienté à l'union de Sainte Eglise et sédacion du schisme. »

La cour de France fit à l'élection de Benoît XIII un accueil très favorable et l'université, dont l'opinion était très importante, manifesta également son approbation. Tous les pays clémentistes y souscrivirent à

---

(1) Montpellier dépendait alors de la couronne d'Aragon.

leur tour et,.en Espagne, il va sans dire, ce fut plus que de la joie. Benoît fit d'ailleurs preuve de son désir de mettre fin au schisme, en écrivant à Boniface IX pour lui proposer une conférence, concluant : « Si, à l'issue de cette conférence, Boniface triomphe, je me prosternerai à ses pieds et je remettrai mon sort entre ses mains. Si je l'emporte moi-même, j'accueillerai avec faveur l'intrus et ses anticardinaux. » Certes, si les termes n'étaient pas des plus propres à une conciliation, la porte était ouverte à des pourparlers. Les deux papes échangèrent alors des ambassadeurs pour tenter de se convaincre. Cette méthode, peut-être par manque de contacts directs, demeura inefficace.

En France, on se préoccupait beaucoup de ce qui se passait dans l'Eglise. Le roi se montrait décidé à résoudre le schisme. Pour lui, la seule voie susceptible d'aboutir était la voie de cession, c'est-à-dire le désistement, la démission. Sans en avertir Avignon, il convoqua pour la chandeleur, le 2 février 1395, une assemblée générale du clergé de France pour lui demander son avis. Cette réunion, assez habituelle, allait avoir des conséquences déplorables, provoquées par l'incompréhension entre Paris et Avignon. Benoît était sans doute d'accord pour ne rien décider sans le conseil du roi, mais il désirait la réciproque, que l'on ne décide rien sans son conseil. Paris, à qui la forte personnalité du nouveau pape échappait, pensait avec une certaine présomption que l'avis donné par toutes les sommités françaises devait lui suffire. Ce fut la grande erreur.

Après avoir délibéré pendant quinze jours, l'assemblée termina ses travaux, le 18 février, concluant, avec une majorité des trois quarts, que la seule voie efficace était la voie de cession. Ayant ainsi décidé, le problème se posait encore de savoir comment on allait présenter à Benoît XIII cette résolution. Deux possibilités s'offraient : la première consistait à demander au pape la solution qu'il préconisait. Au cas où celle-ci serait inacceptable, lui proposer la voie choisie par le roi et l'assemblée. Cette façon tout à fait raisonnable de procéder ne fut pas retenue. On lui préféra une seconde possibilité, qui consistait à proposer tout d'abord au pape le système adopté par l'assemblée et lui demander ensuite son avis auquel on ne se rallierait que s'il était foncièrement meilleur. C'était considérer l'opinion de Benoît pour négligeable, érigeant l'ambassade française en véritable tribunal. Penser que tout irait bien, c'était se tromper grossièrement et les Français devaient en faire la triste expérience.

La délégation, envoyée par le roi et l'Eglise de France qui paraissaient vouloir prendre en main les destinées de l'Eglise, comprenait les trois ducs, c'est-à-dire Orléans, le frère du roi, et ses deux oncles, Berry et Bourgogne, sept conseillers du roi, dix membres de l'Université et toutes leurs suites. Au mois de mai 1395, une flottille de neuf bâteaux descendit le Rhône pour aborder, le 22, vers quatre heures du soir, au pied du rocher des Doms. Le somptueux cortège monta jusqu'au palais, où Benoît reçut séparément, mais non moins gracieusement, princes, conseillers, membres de l'Université. Chacun fit devant le pape « autant de révérences comme ils deussent faire au Dieu du ciel ».

Le 24 mai, une audience solennelle ne servit qu'à développer de vagues généralités. A la demande des Français, Benoît remit à contrecœur le compte rendu du conclave où se trouvait inscrit le fameux serment prêté par les cardinaux. Trois jours plus tard, devinant l'état d'esprit de la délégation française, Benoît attaqua le premier, en développant son point de vue. Selon lui, la solution était dans une convention. Il s'agissait de rassembler les deux papes et les deux

Sacrés Collèges dans une ville située entre la France et l'Italie. Les deux parties y organiseraient des réunions contradictoires où chacun exposerait ses droits. De ces discussions devait jaillir la lumière.

Cette conclusion un peu trop optimiste n'était pas du tout celle des Français qui, le 1er juin, avançaient à leur tour les arguments pour la cession. Le duc de Berry voulant impressionner le pape lui fit savoir que cette voie était celle du roi. Benoît n'était pas du tout sensible à ce genre de pression. Bien au contraire, raidissant un peu plus son attitude, il rappela que le roi s'était engagé uniquement à lui faire connaître sa position. Il voulait bien examiner celle-ci et réclamait un mémoire. Les ducs s'impatientant de cette résistance imprévue dirent qu'ils n'avaient que faire d'en rédiger un et que, pour l'heure, une seule chose comptait, le désistement. Benoît refusa de trancher de cette façon.

Pour venir à bout de cette opposition, les ducs décidèrent de frapper un grand coup. Le duc de Berry étant l'aîné prit la direction des événements. Convoquant dans une maison de Villeneuve les vingt cardinaux présents, il les invita à choisir entre la proposition du roi et celle du pape. Fort ennuyés devant ce choix, certains d'entre eux demandèrent à réfléchir. Le duc les mit alors en demeure d'opter immédiatement pour l'une ou pour l'autre formule, celle qu'il suggérait étant évidemment la cession. Un seul cardinal se montra vigoureusement contre, c'était le cardinal de Pampelune, Martin Salva, le rédacteur du serment prêté au Conclave. Pour lui, toute décision prise par les cardinaux sans en avoir délibéré avec le pape était nulle.

La délégation française, ravie de ce vote obtenu à la quasi-unanimité, pensait tenir enfin la pièce capable de faire capituler Benoît. Or celui-ci ne se laissait pas manipuler aussi facilement. Prenant tout le monde de vitesse, il demanda à s'entretenir séparément avec les trois ducs qu'il invita durant trois jours dans son palais. Le 9 juin, il reçut le duc de Bourgogne qui lui était le plus hostile. Il lui fit un long et habile plaidoyer, dans lequel il se plaignit de l'indigne façon dont on le traitait. Il montra tout ce qu'il y avait d'injurieux et d'injuste dans l'attitude de la France. Quant aux cardinaux, comment le duc pouvait-il s'appuyer sur eux ? Ne voyait-il pas combien ils étaient versatiles ! De l'entretien avec le duc de Berry on ignore tout. En revanche l'entrevue avec le duc d'Orléans qui lui était favorable fut des plus cordiales. Le duc demanda à se confesser et à communier de la main du pape. En manifestant ses bonnes dispositions, il espérait obtenir ce royaume d'Adria dont Louis d'Anjou ne s'était point occupé.

Si Benoît ne réussit pas à convaincre ses interlocuteurs, il parvint à gagner du temps. Il proposa encore d'exposer aux ducs son plan par voie de convention. Ceux-ci acceptèrent sous réserve que les cardinaux fussent présents. Précaution qui fit repousser l'exposé indéfiniment.

Les rapports entre les deux partis dont les relations extérieures restaient aimables s'aigrissaient peu à peu. Du côté français, on ne se gênait pas pour dire aux gens du pape qu'on allait bientôt le déposer. De l'autre, un dominicain anglais, John Hayton, pénitencier du pape, publiait un libelle où le roi et les princes de France n'étaient pas ménagés. L'ambassade cria à l'injure, à la provocation et réclama l'arrestation du coupable. Un autre sujet de discorde se produisit dans la nuit du 20 juin, au cours de laquelle deux arches de bois du pont Saint-Bénezet prenaient feu, coupant brusquement toute relation entre Villeneuve et Avignon. Chacun s'accusa d'y avoir bouté le feu. Benoît fit rétablir rapidement la liaison par un pont de bateaux. Las ! le mistral se mit de la partie et rompit le nouvel ouvrage. Il fallut convier les princes à venir s'installer dans les livrées cardinalices. L'église des Cordeliers devint leur lieu de réunion quotidienne.

Benoît, de son côté, tentait de persuader séparément les conseillers royaux et proposait un amendement : nommer des arbitres en nombre égal qui se prononceraient à la majorité des deux tiers et, si rien n'en advenait, il accepterait une troisième voie conforme à la raison. C'était, il faut bien le dire, assez imprécis. En réponse, les princes, qui tenaient sous leur coupe les cardinaux, les envoyèrent en corps constitué pour réclamer la démission. Benoît, sans se démonter, répondit qu'il ne ferait rien sans l'avis des princes... On tournait en rond, c'était presque la rupture. Ce fut surtout visible le 26 juin, lors de la cérémonie pour la pose de la première pierre de l'église des Célestins où devait être déposé le corps du bienheureux Pierre de Luxembourg (1). Princes et cardinaux étaient présents, seul le pape n'avait pas été convié. Celui-ci désirant apaiser les esprits fit de nouvelles ouvertures. Les ducs sceptiques réclamèrent la présence des cardinaux et des membres de l'Université. Le 28 juin, Benoît recommença son exposé sur la convention, laissant toutefois entendre que, s'il était nécessaire, il tiendrait son serment du Conclave. Personne n'ayant été vraiment convaincu, les cardinaux revinrent à la charge réclamant la voie de cession. Le pape cette fois se fâcha et leur donna l'ordre de se rallier à ses idées sous menace de sanctions pour désobéissance, déclarant enfin qu'il n'avait de compte à rendre qu'à Dieu.

Le 8 juillet fut la tentative de la dernière chance. Princes et cardinaux furent reçus en audience. Les

(1) Ce jeune cardinal mort à dix-neuf ans en odeur de sainteté avait fait la gloire du règne de Clément VII.

trois ducs s'agenouillèrent devant le pape, le suppliant de bien vouloir écouter les cardinaux. A leur tour ceux-ci, sauf le cardinal de Pampelune, se mirent à genoux. Le doyen ayant rappelé à Benoît son élection et son serment, ils adressèrent leur requête. Elle comprenait trois points : accepter la démission, révoquer les défenses faites aux cardinaux, rendre l'original du serment du Conclave que les princes lui avaient rendu. Inflexible, Benoît répondit qu'en ce qui concernait le premier point, ses déclarations précédentes devaient suffire, qu'il ne se reprochait rien à l'égard des cardinaux, quant à l'original du serment, il ne le voyait pas en meilleures mains qu'entre les siennes.

C'était fini. Tout le monde était furieux. Benoît crut faire plaisir en invitant les princes à dîner. « Assez de repas, répondirent-ils, vous avez eu tout le loisir de nous entretenir. »

Pour bien marquer leur mécontentement, les Français se réunirent le lendemain aux Cordeliers où, devant les cardinaux, les prélats et le peuple assemblés, ils démontrèrent les bienfaits de la démission prônée par le roi, flétrissant toute autre attitude. Après cette manifestation, la délégation française se retira à Villeneuve, avant de regagner Paris, les mains vides, humiliée par un intraitable vieillard.

La France ne voulut pas rester sur cet échec. L'Université se remua beaucoup et même trop, à tel point que le célèbre Gerson lui reprochait son impertinence. L'opinion publique de son côté était sensibilisée par les discours de l'ermite de Saint-Dié, Jean de Varennes, qui tonnait contre la mollesse de l'Eglise et ses deux papes. « Vous vous dorlotez, vous et votre adversaire, dans des chambres bien chaudes, sans voir le mal qui se fait à cause de vous... Si vous étiez ce que vous devriez être, vous ne dormiriez pas tranquilles une seule nuit, avant d'avoir donné la paix au monde. »

En somme, toute la chrétienté voulait en finir, c'est pourquoi le roi ordonna la convocation d'un concile national pour le 15 août 1396. Par prudence, les prélats du Midi n'y vinrent pas. La conclusion du concile fut dure : c'était la soustraction d'obédience envers Benoît XIII. Heureusement, grâce au duc d'Orléans qui présidait, la mesure n'était pas applicable avant que le pape n'ait été sommé d'adopter la voie de démission.

Comme il était difficile à la France de présenter seule cette requête, elle s'efforça d'amener à ses vues les pays voisins. Non sans difficultés elle parvint à entraîner les Castillans et les Anglais. Il faudra près d'une année pour constituer une triple ambassade franco-anglo-castillane, qui se rendit en Avignon le 13 juin 1397. Le moment n'était peut-être pas des mieux choisis, car le nouveau roi d'Aragon, Martin 1er, venait tout juste d'en partir après avoir assuré Benoît de tout son appui. Ce fut le délégué français, Gilles des Champs, qui exposa les vues des trois nations suppliant le pontife d'accepter la voie de démission. Celui-ci, désireux de gagner du temps, eut l'air de découvrir ce qu'on lui proposait. Il demanda à consulter ses cardinaux et mit vingt jours à le faire, obtenant un avis favorable, qu'il connaissait fort bien. Le 7 juillet, il fit savoir qu'il allait réfléchir et donnerait bientôt une réponse.

Devant cette attitude, on serait tenté de parler d'obstination néfaste. Pourtant il ne faut pas oublier que Benoît se considérait sincèrement comme le seul pape légitime et, en conséquence, il ne pouvait admettre qu'on lui imposât sa conduite. Depuis le concile de Paris, la France cherchait à lui forcer la main, la fierté de son caractère, la dignité de sa fonction lui faisaient un devoir de ne pas se laisser manœuvrer.

Les envoyés des trois nations quittèrent donc Avignon le 10 juillet, sans avoir rien obtenu, mais laissant entendre que le pape pourrait être privé de ses revenus si l'union n'était pas réalisée le 2 février 1398. La triple délégation voulut ensuite tenter sa chance auprès de Boniface IX. L'accueil n'y fut pas plus favorable. Boniface, un moment évasif, fit comprendre qu'il n'était ni pour un concile général, ni pour un compromis, ni pour la voie de démission. Paris ne pouvait donc reprocher à Avignon seule son obstination. Or ce fut entre ces deux villes que la tension monta. Le roi et l'Université allaient tout faire pour amener Benoît à céder à leurs idées. Dès le 28 octobre 1397, le roi, répondant au vœu de l'Université, prenait des mesures pour soustraire au pape toute nomination sans son contrôle. De son côté, celui-ci restait ferme, animé d'une tranquille assurance. A ses cardinaux inquiets des menaces proférées par la triple ambassade, il répondait : « Saint Pierre ne fut pas moins pape parce qu'on ne lui obéissait pas en France. » Bien plus, pour prouver que sa volonté restait intacte, il confirma un certain nombre de ces bénéfices qu'on voulait lui retirer. Le roi ayant déclaré qu'il ne laisserait pas nommer de nouveaux cardinaux, tant que durerait le schisme, il éleva à cette dignité un parent du roi, Louis de Bar. C'était presque de la provocation.

Dans Avignon même, l'agitation régnait. Les cardinaux, tout en soutenant la position française, restaient soumis, n'osant rien dire. Par contre un dominicain, Jean le Gay, se permit un jour de faire en chaire des reproches au pape, célébrant la voie de cession. Aussitôt, il fut destitué et alla même tâter quelques jours de la prison. Une autre fois, pendant que le pape séjournait à Sorgues, un chevalier français, le sire de Tignouville, entra dans Avignon, soidisant pour protéger les « anciens » cardinaux, en réalité pour inviter les habitants à organiser le gouvernement de la ville. C'était une véritable immixtion dans les affaires privées de la papauté. Les Avignonnais ne bougèrent pas. Pourtant Benoît, sentant que la situation n'était plus sûre, quitta Sorgues pour s'enfermer dans le palais des Doms où, par précaution, il avait fait entrer de nouvelles troupes. Il ne devait plus en sortir avant cinq ans !

Les menaces proférées par la triple ambassade étant demeurées sans effet, la France attendit encore le 7 mars avant de convoquer, deux mois plus tard, un nouveau concile français où serait examinée la soustraction d'obédience du royaume. En l'apprenant, Benoît, loin de chercher l'apaisement, franchit encore un degré dans les hostilités. Le 1er avril, il refusa de renouveler l'autorisation au clergé de contribuer aux aides du royaume. En privant brusquement les finances royales d'une source importante de revenus, il portait un coup très dur à ses adversaires, et précipitait les événements qui devaient consommer la rupture avec Paris.

Le concile réunissait deux cents ecclésiastiques, des membres des différentes universités du royaume et les princes, Orléans, Berry, Bourgogne, Bourbon... A part Gerson, Benoît n'y comptait plus que des ennemis déclarés. Le patriarche d'Alexandrie, Pierre de Cramaud, prenant la parole au nom du roi, n'allait pas s'embarrasser de phrases : « Le roi vous a convoqués pour voir s'il convient de poursuivre la cession en recourant à la soustraction d'obédience, ou par quelque autre mode. Bien qu'il pût décider la chose lui-même, il a voulu vous consulter. Pour Dieu soyez diligents ! car en cas de négligence, il saurait aviser. Défense de remettre en discussion la voie de cession dont le principe a été adopté de façon irrévocable. »

Ainsi ce qu'il demandait à l'assemblée était simplement un aval de la politique royale. Les inspirateurs de celle-ci croyaient qu'en privant le pape de ses revenus, en lui ôtant la possibilité de donner des bénéfices par la soustraction d'obédience, ils avaient un moyen de pression efficace : sans argent, privé d'influence, Benoît allait s'incliner. Ses quelques défenseurs firent remarquer que les revenus seraient touchés par d'autres qui à leur tour auraient intérêt à faire durer le schisme. Ils ajoutaient que l'on se trompait lourdement sur le caractère du pape et demandaient enfin s'il était possible de lui désobéir, car c'était le pape reconnu par le royaume.

Cette défense n'empêcha point les attaques de redoubler. Elles devenaient personnelles. Certains ne craignaient pas de le traiter de parjure et d'hérétique. Après de longues palabres, le scrutin eut lieu. Devant les princes réunis, chacun prêtait serment, exposait son opinion, puis votait à bulletin secret. Le vote dura dix jours et l'on attendit un mois avant de publier le résultat. On voulait, en effet, que le roi prît à charge cette grave décision. Or, il était malade, il fallut attendre un mieux. Lorsqu'il eut donné son accord, dès le lendemain, le 28 juillet 1398, au palais royal de la cité, devant une foule évaluée à dix mille personnes, les résultats furent proclamés. Sur 300 votants, 247 se prononçaient en faveur de la soustraction d'obédience.

Il y aurait beaucoup à dire sur ce vote qui comblait un peu trop la thèse officielle. De toute façon il faut reconnaître qu'une majorité lui était tout de même favorable. Quoi qu'il en soit, désormais interdiction était faite à tous les sujets, clercs et laïques, d'obéir en aucune façon à Benoît, s'ils ne voulaient encourir des peines exemplaires infligées au nom de l'Eglise et du roi de France. Les bénéfices de ses partisans étaient mis sous séquestre et administrés au nom du roi.

Vers la fin de l'été, deux commissaires royaux arrivèrent à Villeneuve, où ils firent placarder l'ordonnance royale. Les clercs français et même étrangers étaient avertis de devoir quitter la cité pontificale au plus vite, s'ils ne voulaient perdre leurs bénéfices. Familiers, officiers pontificaux, employés de la curie ne firent pas preuve d'un grand courage, ni d'une grande fidélité ; sans attendre et dans le plus grand désordre, ils quittèrent la ville. Dix-huit cardinaux vinrent s'établir à Villeneuve. De ses fenêtres, Benoît XIII contemplait cet affligeant sauve-qui-peut. Il vit même le 8 septembre des hommes d'armes occuper le palais épiscopal où, quelques jours plus tard, le cardinal de Neufchâtel s'installait au nom du Sacré Collège, se proclamant capitaine d'Avignon. On ne sait comment, Neufchâtel parviendra à s'emparer aussi du sceau pontifical. Malgré cela, les cardinaux avaient mauvaise conscience. Ils envoyèrent une députation de quatre d'entre eux auprès de Benoît pour lui demander d'accepter la cession. Il ne les jeta point dehors et prit trois jours pour réfléchir. Sa réponse fut : plutôt mourir que la cession. Tandis que cinq cardinaux, dont celui de Pampelune, restaient fidèlement auprès du pape, les autres, réfugiés à Villeneuve, faisaient connaître à Charles VI leur adhésion à la soustraction d'obédience. Certains en profitèrent même pour se lancer dans de basses attaques contre celui devant lequel ils se prosternaient la veille.

Autour d'Avignon s'installa vite une atmosphère de guerre. Dès le 4 septembre 1398, on vit Geoffroy le Meingre dit Boucicaut, le frère du maréchal, prendre la campagne avec deux cents cavaliers. Boucicaut, qui avait des amitiés parmi les cardinaux, se mit à razzier la campagne avignonnaise, soi-disant au nom du roi. Ses hommes clamant qu'ils agissaient contre l'hérétique, le patarin, ce Pierre de la Lune et du Soleil ! Une vieille connaissance se joignit bientôt à eux : Raymond de Turenne, qui n'avait guère cessé ses rapines et que Benoît XIII avait dû excommunier. Ce furent ses derniers exploits.

Les deux commissaires royaux installés à Villeneuve, non content d'exercer leur action en territoire français, essayèrent de soustraire les Avignonnais à l'autorité pontificale, leur déclarant que le pont allait être coupé et la ville affamée. Après un sursaut populaire en faveur de Benoît, la peur fut la plus forte. Les partisans du pape eurent trois jours pour quitter la ville. Beaucoup, loin de partir, vinrent se réfugier au palais. Pendant ce temps, dans l'église Saint-Didier, de nombreux habitants se réunirent pour jurer de prendre le parti des cardinaux. Le 15 septembre, les révoltés s'emparèrent des clefs de la ville. Le lendemain, vêtu de pourpre, mais l'épée au côté, le cardinal de Neufchâtel, prenant le titre de gouverneur au nom du Sacré Collège, traversa la ville à cheval, tandis que les cris de « Vive Avignon ! Vive le Sacré Collège ! » montaient jusqu'aux oreilles de l'infortuné Benoît. Celui-ci se rappelait, non sans amertume, que le même Neufchâtel, quelques années pluts tôt, l'avait ordonné prêtre.

Le gouvernement de Jean de Neufchâtel ne dura pas longtemps. Les cardinaux lui substituèrent un homme qu'ils jugeaient plus efficace, Geoffroy Boucicaut. L'emploi de la force semblait effectivement devenu inévitable. Les troupes pontificales qui occupaient plusieurs tours de l'enceinte et le châtelet du pont se virent encerclées par les hommes de Boucicaut. La livrée du cardinal Perez fut tour à tour occupée et réoccupée, sans qu'il y ait eu toutefois effusion de sang. Ce furent les troupes pontificales, rendues nerveuses, qui déclenchèrent, sans le vouloir, les hostilités. Du haut d'une tour du palais, un coup de bombarde parti accidentellement donna le signal de l'attaque aux gens de Boucicaut. Le châtelet de Saint-Bénezet fut aussitôt assailli. Ses défenseurs, pour se protéger, avaient mis le feu au pont. Leur situation était des plus précaires, car leurs adversaires tenaient en plus de l'hôpital Saint-Bénezet, tout proche, le palais épiscopal d'où ils pouvaient les écraser. Le 27 septembre, la petite garnison dut capituler et livrer le châtelet aux troupes adverses qui, pour narguer ceux du palais, y plantèrent les bannières de la ville, de Boucicaut et du Sacré Collège.

Il ne resta bientôt plus au pape que son palais, dont le siège fut immédiatement commencé. Boucicaut établit son quartier général dans une livrée toute proche, la livrée du cardinal de Murol ou de Mirault (1). Sur la petite place qui se trouvait à côté, il fit monter une machine de guerre. Dans Notre-Dame-des-Doms même, il installa des troupes, plaçant au sommet de sa tour une bombarde, dont le tir plongeant accablait les assiégés. Une forte garnison était retranchée dans le palais épiscopal, tandis qu'à l'ouest des engins de siège étaient dressés dans le cimetière Saint-Symphorien.

Les bâtisseurs du palais n'avaient certes pas prévu que les hauts murs et les grosses tours qu'ils avaient édifiés avec soin serviraient un jour contre l'assaut des Avignonnais et des cardinaux. D'ailleurs, dans cette triste circonstance, leurs plans allaient se révéler d'une efficacité parfaite.

Très vite les assiégés avaient organisé la résistance. Une discipline rigoureuse avait été établie parmi les troupes. Sur les points les plus menacés, des petits postes de garde veillaient jour et nuit. Régulièrement, toutes les huit heures, ils étaient relevés. Les cardinaux eux-mêmes s'y rendaient souvent pour

---

(1) Cette livrée avait été celle du cardinal Elie de Talleyrand-Périgord et de Raymond de Canilhac. Sa vieille tour existe encore.

entretenir leur moral et se rendre compte de la situation.

Tout le jour on entendait le sourd battement des balistes ou des mangonneaux, les sifflements des carreaux et des flèches, le brusque éclatement d'une bombarde, le bruit mat des boulets (1) s'écrasant sur la muraille. Comme les positions étaient peu éloignées on s'injuriait copieusement. Les gens de Boucicaut criaient qu'ils amèneraient le pape à Paris, la corde au cou. Et comme celui-ci, depuis le début du siège, s'était laissé pousser la barbe, certains, des Normands, dit-on, juraient qu'ils viendraient la lui raser ! Un matin, le 20 septembre, se trouvant près d'une fenêtre, Benoît fut blessé à l'épaule par un éclat de pierre. Etant fête de la Saint-Michel, il refusa tout tir de représailles. Les assiégés avaient à leur disposition des feux grégeois, avec lesquels ils auraient pu faire flamber la ville. Heureusement, ils étaient vieux et il n'y en avait qu'un sur vingt qui prenait. Avec l'un d'eux, ils parvinrent, malgré tout, à faire brûler la tour de Notre-Dame-des-Doms d'où partaient les tirs meurtriers.

De petites trêves, souvent mal respectées, venaient, de temps à autre, briser la guerre. Les deux armées sortaient de leurs retranchements et en profitaient parfois pour espionner l'adversaire. Un jour, trois hommes d'armes appartenant à Boucicaut pénétrèrent dans le palais et, sous prétexte d'en admirer l'architecture, notèrent soigneusement tout le dispositif défensif. Aussi, à la reprise des hostilités, leurs coups purent être dirigés avec plus d'efficacité. Une autre fois, ce furent les gens du pape que l'on trouva dans la tour de Notre-Dame-des-Doms, où les assiégeants tentèrent de les enfumer.

Les semaines passaient. Boucicaut, qui avait pro-

---

(1) Certains de ces boulets pesaient dix quintaux.

mis aux Avignonnaises de les faire danser avant peu dans le palais du pape, n'avait en rien progressé.

A l'intérieur c'était du blocus dont on souffrait le plus. Si le blé ne manquait pas, il en allait autrement pour la viande. Quelques réserves mises en saloir s'étant vite avariées, il fallut se résoudre, pour l'ordinaire, à faire la chasse à deux ennemis irréconciliables, les chats et les rats. Beaucoup de traits destinés à l'adversaire étaient détournés contre les oiseaux de toute espèce qui avaient le malheur de passer près du palais. Benoît XIII appréciait particulièrement les moineaux, ce qui était évidemment préférable aux rats... Le vin ayant tourné au vinaigre, on dut se contenter d'un peu d'eau additionnée de celui-ci.

Un autre problème vint s'ajouter au cours de ce long siège, celui du bois nécessaire pour la cuisine. Boucicaut était parvenu à mettre le feu à la réserve située contre la tour de Trouillas. L'alerte fut grande car le feu menaçait non seulement la tour, mais tout le palais. Tout le monde sans distinction s'activa pour l'éteindre et colmater les brèches avec de l'eau, de la terre et des pierres. Pour compenser la perte de ce bois, on prit celui des toitures qui se réduisaient peu à peu.

Au milieu de ce siège assez scandaleux, un semblant de bon sens se fit voir un jour. Profitant d'une trêve, trois cardinaux de Villeneuve demandèrent à rencontrer trois cardinaux fidèles. Une conférence réunissant les cardinaux Guy de Malesset, Pierre de Thury et Amédée de Saluces, pour le Sacré Collège et d'autre part le cardinal de Pampelune, Martin Salva, Geoffroy Buyl et Boniface Ammanati se tint le 24 octobre 1398 dans la livrée de Saluces (1). Ayant conféré toute la journée, les trois cardinaux fidèles regagnaient le palais lorsque, soudain, ils furent

(1) Elle était située dans la rue de Saluces.

agressés, arrêtés par les hommes de Boucicaut. La raison invoquée était que le palais aurait tiré sur eux pendant la trêve. Accusation que les pontificaux leur retournaient, du reste. Après les avoir fait conduire à Villeneuve, Boucicaut renvoya le cardinal Buyl pour faire connaître ses conditions au pape. Que se passat-il exactement ? Toujours est-il que Geoffroy Buyl, se trouvant plus en sûreté derrière les murs du palais, y resta, échappant ainsi au triste sort réservé aux deux prisonniers. En effet, Martin Salva et Ammanati, après avoir été dépouillés de leurs vêtements de pourpre, furent jetés dans une barque, emmenés sur le Rhône — ils crurent qu'on allait les noyer — débarqués au château de Boulbon puis enfermés dans un cul-de-basse-fosse.

A la décharge du Sacré Collège, il faut dire qu'il protesta immédiatement contre cette façon d'agir. En vain car Boucicaut préparait un coup de main qu'il pensait devoir être décisif. Profitant d'une trêve, il avait fait dégager la sortie du collecteur aboutissant à la Durançole. Dans la nuit du 26 octobre, un de ses parents, nommé Hardoin, se glissa dans ce grand égout, dans lequel un homme pouvait tenir debout, suivi de deux chevaliers, quatre capitaines, un Avignonnais et cinquante-trois hommes. Sûrs de la réussite, ils amenaient avec eux des cordes pour ficeler les prisonniers et un drapeau fleurdelisé pour marquer leur victoire. Remontant l'égout, ils parvinrent à pénétrer dans les cuisines hautes. A peine sortis des profondeurs, la chute inopportune d'une échelle les fit surprendre par un maître huissier.

Il crie : « Alarme ! alarme ! » Avec une étonnante rapidité, la garnison accourt et cerne les envahisseurs qui résistent comme ils peuvent aux attaques qui leurs viennent de partout. Benoît XIII, à qui on est venu annoncer l'incident, répond tranquillement : « Retournez vite et combattez courageusement, ils sont à vous. »

Effectivement, voyant leur résistance inutile, ils se rendent peu après. Cinq ont pu s'échapper, tous les autres sont faits, peu glorieusement, prisonniers. Les chefs sont envoyés à la trésorerie, les hommes dans la tour de Trouillas.

Irrité, Boucicaut redoubla d'efforts pour venir à bout de ce palais trop fortifié. Il se lança dans la guerre des mines, faisant creuser des galeries sous la tour Saint-Laurent, sous celle de la Gache et la tour d'Angle. Les assiégés répondirent aux mines par des contre-mines, faisant même des sorties, pour les mieux détruire, mettant le feu aux appentis et aux maisons trop proches des murailles. Boucicaut n'ayant rien pu obtenir, son caractère déjà peu commode s'était encore aigri. Le Sacré Collège décida de le remplacer par le sénéchal de Provence, Georges de Marle.

Enfin, le 24 novembre, une trêve arrêta provisoirement les hostilités. Cette résistance opiniâtre avait ébranlé les esprits. La mort brutale, au début d'octobre, du cardinal de Neufchâtel, ennemi déclaré de Benoît qui avait osé se proclamer gouverneur d'Avignon, avait été interprétée par beaucoup comme un signe du ciel. De ces signes, on en voyait de plus en plus. Des gens disaient avoir vu des langues de feu s'épandre sur le rocher des Doms. D'autres juraient avoir remarqué la nuit des formes blanches au milieu d'une lumière étincelante, se posant sur les toits du palais. N'étaient-ce pas les anges du ciel descendus pour protéger le pape ? Et puis un peu partout on commençait à se scandaliser de cette guerre fratricide.

Martin d'Aragon fut des premiers à s'en émouvoir. Au lendemain de la trêve, il envoyait des délégués pour demander à Benoît d'accepter l'arbitrage des rois d'Aragon, de France et des ducs français. Louis d'Orléans était prêt à venir, tandis que le 27 décembre, le seigneur de Sault tentait avec cinquante hommes de soulever le pays. Plus sérieuse était l'expédition que préparait en Catalogne Pierre de Luna (1). Le 10 janvier 1399, on le vit remonter le petit Rhône avec 18 galères et 8 petits bateaux à rames et s'installer en face d'Arles à Trinquetaille. Aux Arlésiens alarmés, il déclara qu'il ne venait faire la guerre ni au roi de France ni au comte de Provence, mais délivrer le souverain pontife. En apprenant la nouvelle, les cardinaux affolés firent fortifier en hâte le pont Saint-Bénezet et barrer le Rhône avec une chaîne. De son côté le sénéchal de Beaucaire dut rassembler des troupes pour lutter contre les Catalans répandus sur la rive droite du Rhône. Le 25 janvier, Pierre de Luna commença à remonter sur Avignon, or les eaux étaient si basses qu'il ne put atteindre Tarascon. Pendant vingt jours il resta près de Lansac. Puis le contrat de ses matelots ayant expiré, il dut s'en retourner.

Si l'expédition était manquée, elle avait montré que Benoît n'était plus seul. D'ailleurs, même à Paris, l'on vit une délégation de cardinaux se faire huer par le peuple !

Les propositions aragonaises ayant été bien accueillies par le pape, acceptées par le gouvernement royal, une délégation de trois membres se rendit au bord du Rhône pour y normaliser la situation. Bien que les questions touchant le problème de l'unité de l'Eglise fussent inscrites au programme, on les laissa de côté pour ne rien envenimer. On préféra rétablir simplement la paix. Pour commencer, il fut procédé à un échange de prisonniers tout à la faveur des assiégeants puisque contre les cinquante-six prisonniers du grand collecteur, ils échangèrent les deux cardinaux, Salva et Ammanati, et encore fallut-il payer 12 000 écus à Boucicaut. A partir du 24 avril, tout acte d'hostilité à l'égard du palais cessa. Les vivres purent enfin y entrer librement. En revanche, il fut convenu que la petite garnison, une centaine d'hom-

(1) Neveu du pape et portant le même prénom que lui.

mes, évacuerait le palais. Avant de partir ils jurèrent d'écarter toute idée de vengeance. Le 4 mai, Benoît XIII restait seul avec une centaine de clercs.

Un mieux certain se manifestait entre le pape d'Avignon et ses anciens partisans, malgré de petits problèmes locaux, contrecoups de la terrible querelle des ducs d'Orléans et de Bourgogne. En Avignon, Orléans protégeait Benoît, tandis que Bourgogne suscitait la révolte. Ainsi les deux cardinaux libérés par l'accord du 10 avril ne purent rester dans la cité. Le cardinal de Pampelune, Martin Salva, préféra se réfugier en Arles, quant à Boniface degli Ammanati auquel on refusait le port du chapeau cardinalice, parce qu'il avait été nommé par Benoît XIII, il voulut retourner chez lui. Il partit le 7 mai, ayant pris soin de se déguiser. Or au moment où il allait embarquer, il fut reconnu par les gens du sénéchal de Beaucaire, arrêté, interné dans une tour d'Aigues-Mortes. Cette captivité venant après celle de Boulbon fut si dure qu'il en mourut peu après.

Dans son palais le pape demeurait lui-même enfermé sans pouvoir sortir librement. Pour veiller à ce que sa réclusion soit moins dure, le duc d'Orléans lui avait envoyé un homme de confiance, Robinet de Braquemont. Bien qu'il n'eût cédé en rien, l'odieux de son état lui ramenait bien des esprits. Son attitude restait digne et les procédés qu'on employait contre lui assez vils. Beaucoup parlaient de se soumettre à nouveau, à son autorité. Ce fut en Provence que le mouvement en sa faveur prit le plus vite de l'ampleur. Au mois de mai 1401, les états de Provence lui restitueront l'obédience, tandis qu'Avignon, travaillée par le parti bourguignon, restait vigoureusement opposée à tout rapprochement. Voici un petit fait symptomatique du climat qui régnait. Des enfants ayant crié : « Vive le pape au nom du roi ! » furent fouettés publiquement. De même, lors du transfert des cendres de Clément VII aux Célestins, dans un magnifique mausolée de marbre blanc embelli de statuettes, le décorum déployé, l'absence de toute personne du palais furent une manifestation d'hostilité. La ville voulait montrer la différence qu'elle établissait entre les deux derniers pontifes, l'un honoré, respecté, l'autre, qui lui était de beaucoup supérieur, retenu captif. Un événement atroce marquera l'obstination d'Avignon dans sa ligne de conduite. Le 4 octobre on crut découvrir un affreux complot, qui n'aurait tendu rien de moins qu'à restaurer l'autorité du pape. Horreur ! Un assesseur de la ville, l'infortuné François de Cario était arrêté comme étant, soi-disant, le principal auteur de ce forfait. Il fut décapité et ses membres, coupés en morceaux, suspendus aux portes de la cité. Ce complot fit encore une victime, le procureur Varrat, qui fut pendu le 7 décembre. Avant de mourir, il dit en baisant l'échafaud sur lequel il allait périr : « Dieu soit béni ! Je jure que je n'ai travaillé qu'en vue de l'union de l'Eglise. »

Cependant à l'extérieur le mouvement favorable à Benoît ne cessait de grandir. Les chartreux revenaient dans son obédience, les différentes universités réclamaient la fin de la soustraction. Fait plus remarquable, les cardinaux Guy de Malesset et Amédée de Saluces montèrent jusqu'au palais et vinrent s'incliner devant Benoît, baisant rituellement ses pieds, ses mains, son visage, offrant ainsi la réconciliation. L'inflexible vieillard, que ces marques extérieures ne pouvaient plus toucher, leur rappela qu'ils étaient toujours excommuniés *ipso facto*. Mieux reçu fut Louis II d'Anjou, qui avait déjà reconnu l'obédience, lorsqu'il vint offrir ses services et renouveler l'hommage au souverain pontife. Le cardinal de Pampelune réfugié en Arles n'était pas étranger à ce rapprochement. Ce fut lui également qui, avec le concours de Robinet de Braquemont, l'agent du duc d'Orléans, et le connétable d'Aragon, Jacques de Prades, mit au point une entreprise hardie pour faire évader le pape.

La décision fut prise pour la nuit du 11 mars 1403. Benoît confia la garde du palais à deux chevaliers aragonais, un évêque et deux abbés. Puis ayant revêtu un habit monacal pour se dissimuler, il plaça sur sa poitrine une hostie consacrée, sans oublier une lettre de Charles VI désavouant la guerre qui lui était faite. Vers trois heures du matin il sortit par la porte Notre-Dame, gagna la maison du doyen, située juste en face de la tour de la Campane et séparée du palais par une rue étroite. Traversant la maison, il put déjouer les gardes qui surveillaient les alentours et atteindre l'auberge Saint-Antoine près de la Grande Fusterie, où l'attendait Jacques de Prades. Il y demeura le reste de la nuit, attendant l'ouverture des portes de la ville. Au matin, il parvint à sortir sans encombre par la porte Saint-Jacques (1) et rejoignit une grande barque de quatorze rameurs, envoyée par le cardinal de Pampelune. Au moment où le bateau s'éloignait du rivage le chevalier de Pace ne put se retenir de crier aux badauds qui s'étonnaient : « Allez raconter au cardinal d'Albano le départ du grand chapelain pour qu'il fasse avec les autres un mauvais déjeuner ! » La barque descendit le Rhône puis remonta un peu la Durance jusqu'au point où Braquemont attendait les fugitifs avec cinq cents cavaliers. Bientôt rejoints par le cardinal de Pampelune, ils entrèrent vers neuf heures du matin dans Châteaurenard.

C'est de cette façon romanesque que le dernier pape quitta sa cité d'Avignon. Depuis l'entrée discrète de Clément V jusqu'au départ furtif de Benoît XIII, près d'un siècle s'était écoulé. Lorsque Clément arriva,

(1) Aujourd'hui porte de l'Oulle.

l'Eglise traversait une crise grave, quand Benoît se retira, le drame qui l'ébranlait demeurait sans issue. Cette singulière évasion allait toutefois avoir des conséquences inattendues.

Le premier soin de Benoît en arrivant à Châteaurenard fut de rendre grâces au ciel et remercier saint Grégoire que l'on fêtait ce jour-là. En témoignage de reconnaissance, il lui fera édifier une chapelle dans le château. Il demanda aussi au barbier de lui couper la longue barbe grise qu'il s'était laissé pousser. « De quel pays es-tu ? lui demanda-t-il. — Je suis Picard. — Picard ? Les Normands sont donc des menteurs puisqu'ils se vantaient de me faire la barbe ! » répliqua-t-il avec bonne humeur, en songeant aux cris des soldats de Boucicaut. En récompense il lui donna une masse d'argent et cent francs. Le lendemain Louis d'Anjou vint s'incliner devant ce noble vieillard que l'infortune n'avait pas affecté. Il se mit tout entier à la disposition de sa cause et réclama comme un honneur de garder les poils argentés de la vénérable barbe.

Devant une telle réussite, le prestige de Benoît grandit. Le 28 mars, le comtat lui fit sa soumission. Trois jours plus tard, les notables d'Avignon, qui un an plus tôt pendaient les papistes, vinrent très humblement lui rendre les clefs de la ville. Dans celle-ci même on célébrait à nouveau sa gloire. Toutes les barricades qui barraient l'accès au palais furent brûlées, les maisons illuminées et partout l'on criait : « Vive le pape ! » Les bannières pontificales furent de nouveau hissées sur les tours du palais et le 5 avril une grande procession d'action de grâces déambulait à travers les rues, précédée par deux enfants portant des panneaux où étaient dessinées les armes de Benoît XIII. L'allégresse la plus totale régnait, comme si rien ne s'était passé.

La plus grande joie du pape fut sans doute sa victoire sur les cardinaux. Le premier, le cardinal de Viviers, vint rendre le sceau bassement dérobé et les clefs du château de Sorgues. Et lorsque le 29 avril tout le Sacré Collège vint s'agenouiller devant lui, le suppliant de leur pardonner et promettant d'obéir, ce fut un triomphe. Selon Boniface Ferrer, le cardinal de Giffon alla jusqu'à se prosterner en pleine rue dans la boue, s'accusant publiquement de ses fautes. Le strict Benoît n'eut certainement pas une haute idée de ses cardinaux après cette plate soumission. Il pardonna pourtant et leva la censure. Le religieux de Saint-Denis nous dit que sa seule vengeance fut, lors du repas, de faire asseoir à côté de chaque cardinal un homme d'armes. La première crainte passée, ils apprirent que c'était seulement l'application d'un nouveau règlement.

Quittant Châteaurenard, le pape se rendit pour la première fois dans le comtat pacifié et fit une entrée solennelle dans Carpentras en fête. Ce ne fut que pleurs de repentir et battements de coulpes. Benoît pardonna encore et demanda en échange que l'on répare les dégâts causés au palais. Cette visite dans la capitale du Venaissin ne dura que quelques jours. Un peu par prudence, il préféra s'installer à l'abbaye Saint-Victor de Marseille.

En y parvenant, il apprit une autre bonne nouvelle, la France, sous l'action du duc d'Orléans, lui redonnait l'obédience. Heureux de son prestige retrouvé et pour prouver sa bonne volonté, il proposa une entrevue à Boniface IX. Pour mener à bien cette entreprise, il envoya des ambassadeurs à Rome. Boniface, croyant sa position renforcée par toutes les tribulations d'Avignon, se permit de déclarer que Pierre de Luna, prétendu pape, méritait tout juste la prison perpétuelle. Choqué par cette insulte gratuite, les envoyés répliquèrent que Benoît XIII, au moins, n'était pas un simoniaque.

Ces discussions sans résultat précédèrent de peu la mort de Boniface IX, survenue le 1ᵉʳ octobre 1404. Encore une fois le monde chrétien se prit à espérer. On conjura les cardinaux romains de ne point se précipiter et d'attendre avant d'élire un nouveau pape. Les neuf cardinaux romains, après avoir réclamé l'abdication sans conditions de Benoît XIII, élevèrent au pontificat le 17 octobre le cardinal de Bologne, Côme Megliorato, sous le nom d'Innocent VII.

Devant la réprobation soulevée par cette nomination, Benoît décida de tenter sa chance en Italie. S'il parvenait à convaincre les Italiens, tout pourrait s'arranger rapidement. Pour entrer en contact avec les Pisans et les Florentins, il se dirigea sur Nice, passa à Monaco, puis à Savone et entra le 16 mai à Gênes dans la joie générale. Il faut dire que la ville était alors française et que le maréchal Jean Boucicaut y représentait le roi. Avec son aide, le pape espérait pouvoir entrer dans Rome où la position de son compétiteur, Innocent, n'était pas enviable, complots et révoltes l'ayant obligé de fuir à Viterbe. Par malchance, la France trop déchirée par les querelles d'Orléans et de Bourgogne ne put donner à Boucicaut l'ordre d'intervenir. Une épidémie de dysenterie obligea même Benoît à quitter Gênes pour Savone, puis à se replier vers Marseille, après avoir renoncé provisoirement à son entreprise. En chemin, à Toulon, il apprit le 24 novembre 1406 la mort d'Innocent VII survenue au début du mois.

Nouvel espoir, nouvelle intervention des chancelleries, suppliant les cardinaux de ne pas nommer un successeur à Innocent ! Peine perdue. Sans rien vouloir entendre, ils désignaient Angelo Correr qui prit le nom de Grégoire XII. Il était âgé de quatre-vingts ans. Ses intentions étaient bonnes. Il s'était engagé à tout faire pour réaliser l'union. Pour témoigner de sa bonne foi, il écrivit à Benoît : « Notre dessein n'est pas de perdre de temps, mais plus nos droits sont sûrs, plus nous jugeons glorieux d'en faire le sacrifice dans l'intérêt de l'union. » A la suite de cette lettre, chacun se déclara prêt pour une rencontre. Grégoire envoya des représentants à Marseille pour mettre au point cette entrevue. Le plus difficile fut le choix du lieu. Les Romains proposèrent Rome, Viterbe, Sienne, Florence. Les Avignonnais Nice, Fréjus, Gênes. Après de longues contestations l'on se mit d'accord le 21 avril 1407 sur Savone, où l'on devait se rencontrer avant le 29 septembre. Chaque pape devait avoir, avec lui, exactement le même nombre de personnes dans chaque catégorie de sa suite.

Grégoire n'avait qu'à ratifier ce que ses envoyés avaient accepté. Cette simple signature mit, hélas ! en évidence l'esprit sénile de ce malheureux pontife. Pendant plusieurs mois, il donna le spectacle lamentable de changer d'avis tous les deux jours, sinon tous les jours.

Benoît au contraire paraissait disposé à aboutir. Sans se préoccuper davantage des refus ou des acceptations venant d'Italie, il quitta Marseille pour Nice. Aux îles de Lérins, il adressa ce mot à son compétiteur : « Nous sommes tous les deux vieux. Dieu nous fournit l'occasion d'acquérir la gloire. Hâtons-nous d'en profiter, si nous tardons, la mort viendra et cette gloire sera le partage de quelque autre. »

Benoît arriva exact au rendez-vous de Savone, le 24 septembre. Devant l'indécision de Grégoire, il lui demanda de venir au moins jusqu'à Pietrasanta, lui-même se rendant à Porto-Venere, les deux villes étant toutes proches. Nouveaux atermoiements de Grégoire.

A Paris on se lassait de ce petit ballet, de cette valse hésitation. Un concile national déclara le 12 juin 1408 que si rien n'avait été réalisé à l'As-

cension, la France ne reconnaîtrait plus personne.
Benoît qui n'aimait pas les ultimatums répliqua par
une bulle d'excommunication. L'Université risposta
à son tour en déchirant publiquement la bulle.

Décidément tout allait mal. En Italie Grégoire XII
n'avait pas voulu dépasser la ville de Lucques. Ses
cardinaux découragés l'avaient même quitté et
avaient demandé à Benoît XIII de venir à Livourne.
Celui-ci, déjà prêt au départ, ne put obtenir les sauf-
conduits nécessaires que devait lui octroyer le seigneur de Lucques. Seuls ses cardinaux purent rejoindre leurs homologues romains, avec lesquels ils
entamèrent des pourparlers. Benoît apprit alors que
sa sécurité était gravement compromise en Italie. La
France, qui contrôlait Gênes et la côte Ligure, était
très menaçante à son égard, depuis l'excommunication. Il décida donc de repartir, non sans avoir écrit
à Grégoire XII pour lui reprocher sa faiblesse et à
ses cardinaux pour les mettre en garde sur tout ce
qu'ils pourraient entreprendre en son absence. Il leur
fit savoir également qu'il avait l'intention de convoquer prochainement un concile à Perpignan. Le
16 juin 1408, il embarqua avec ses quatre cardinaux
fidèles, sur une petite flotte de six galères.

Son voyage de retour allait tristement contraster
avec son arrivée triomphale. Toute la côte Ligure,
tenue par Boucicaut, lui était fermée. Il put tout juste
faire escale à Noli près de Savone, par une faveur
du maréchal. A Villefranche, terre du comte de
Savoie, il relâcha plus paisiblement. L'entrée de Marseille lui étant refusée, la flotte jeta l'ancre à l'île
Pomègues. De là, grâce à des vents favorables, il
parvint en une journée à Perpignan, où il arriva
le 1er juillet.

En sûreté au milieu d'une population amie et fidèle
il compta ses partisans. Il avait pour lui toute l'Espagne, la Navarre, le comté de Foix, l'Armagnac,

l'Ecosse, la Sicile, la Sardaigne et la Corse. Ce n'était pas beaucoup, mais sa position avait été pire. Autour de lui, il reforma sa petite cour, nomma de nouveaux cardinaux.

Les nouvelles qui lui parvenaient d'Italie reflétaient une grande effervescence. Grégoire XII voulait lui aussi réunir un concile et les cardinaux des deux obédiences manifestaient les mêmes intentions. Benoît fut de tous le plus rapide. Son concile aurait lieu le 21 novembre 1408. Il écrivit aux cardinaux restés à Livourne pour les y inviter. Ceux-ci refusèrent et lui demandèrent de venir comparaître à leur concile, fixé à Pise le 25 mars 1409. Sa réponse fut que seul le pape pouvait convoquer un concile.

A Perpignan, trois cents clercs et prélats se rassemblèrent sous la présidence de Benoît. Les travaux se poursuivirent jusqu'en février 1409. Les résultats n'en furent pas très décisifs : la voie de cession était reconnue comme une solution valable, des ambassadeurs devaient être envoyés tant auprès de Grégoire que des cardinaux.

Le concile de Pise s'ouvrit, en effet, peu après. Il réunissait cinq cents personnes représentant des pays plus nombreux qu'à Perpignan. Il commençait, malgré tout, grevé d'une lourde hypothèque : le droit contestable des cardinaux de convoquer un concile. Les membres conciliaires n'en étaient pas moins résolus. Cette résolution se manifesta dans le procès qu'ils firent aux deux papes, bien décidés à les déposer. Sans difficulté on put montrer les différentes manifestations de leur mauvaise volonté. Mais c'était insuffisant pour déposer un pape, il fallait au moins qu'il fût hérétique. On les accusa donc de sorcellerie. L'énergie et l'autorité de Benoît XIII furent mises sur le compte de la magie. Le 5 juin 1409, lecture fut faite de la sentence condamnant les deux papes à la déchéance. Dix jours plus tard, les vingt-quatre cardinaux de Pise se réunissaient en conclave et le 26 juin désignaient Pierre Philargès, cardinal de Milan, pour être pape sous le nom d'Alexandre V.

Au lieu de deux papes, il y en avait trois, car si Grégoire et Benoît avaient été déposés, ils avaient excommunié avec un même cœur les cardinaux et le nouveau pape. En somme chacun pouvait choisir son pape. La France quant à elle reconnut dans l'allégresse Alexandre V. Allégresse de courte durée, car dix mois après son avènement Alexandre V mourait. Un nouveau conclave s'ouvrit à Pise, nommant Baltazar Cossa, qui devint pape sous le nom de Jean XXIII.

La France le reconnut à son tour et songea même à l'installer dans Avignon, toujours aux mains des partisans de Benoît XIII. Le recteur du comtat était un de ses parents, Rodrigue de Luna. Malgré une tranquillité apparente, celui-ci se méfiait du développement des événements. Dans Avignon, il avait renforcé les défenses du palais. Déjà il avait fait construire un mur pour relier le palais épiscopal et Notre-Dame-des-Doms aux murailles du palais. Tout fut tranquille jusqu'à ce jour de mars 1410, où la garde vigilante du palais vit poindre, de l'autre côté du pont, une petite troupe précédée d'un trompette. C'était le vicomte de Joyeuse venant lire une ordonnance royale, défendant d'obéir à Benoît XIII. Cette démonstration déplut à Rodrigue de Luna qui fit charger la petite troupe qui se débanda et rentra au galop à Villeneuve. Seul le pauvre trompette tomba aux mains des Catalans. Il fut roué de coups et surtout, comble de l'humiliation, sa trompette fut brisée et jetée dans le Rhône.

Ceci n'empêcha pas les Avignonnais d'être pressés par les Français pour qu'ils abandonnent de nouveau Benoît. Méfiant, Luna fit arrêter douze notables. Les habitants n'en laissèrent pas moins entrer un jour une petite armée de mille hommes, dirigée par le sénéchal de Beaucaire, le vicomte de Joyeuse et Philippe de Thury, le parent du cardinal. La ville se déclara en même temps pour Alexandre V (1).

Le palais des papes allait donc subir un nouveau siège. Les assiégeants pour grossir leurs effectifs prêchèrent la croisade dans la région. Le gouverneur du Dauphiné, Renier Pot, vint en personne y participer. Carpentras envoya des contingents. D'Aix-en-Provence arriva une grosse bombarde, tirée par trente-six chevaux. La ville elle-même fut organisée comme un camp retranché. Les livrées cardinalices avec leurs tours servirent de bastions. Ainsi la vieille livrée (2) du cardinal Jean de Brogny, évêque de Viviers, fut transformée en forteresse, le cardinal ayant prudemment changé d'habitation. Celle du cardinal de Thury, ennemi décidé de Benoît XIII, eut sa tour armée de catapultes, comme celle de Murol où Geoffroy Boucicaut s'était installé lors du premier siège. La livrée d'Amiens (3), plus éloignée du palais, servait d'arsenal.

Toute cette mobilisation se heurta à la défense résolue de Rodrigue de Luna qui tout au long du siège se montra habile et ferme. Loin de rester enfermé derrière ses remparts, il entreprenait parfois d'audacieux coups de main. S'étant embusqué dans une île du Rhône avec ses hommes, ils surprirent et s'emparèrent d'un important convoi de bateaux. Une autre fois ils allèrent jusqu'à Villeneuve pour enlever le jardinier du cardinal de Saluces ! Le 6 septembre 1410, pour mieux se protéger, ils incendièrent une arche du pont Saint-Bénezet, s'écriant par bravade : « Hé ! vous autres Français, apportez donc de

(1) La nouvelle de sa mort n'était pas encore parvenue en Avignon.
(2) Située entre la rue de la Banastèrie et des Trois-Pilats.
(3) Près de la rue de la Callade.

l'eau pour éteindre le feu ! Allez dire à votre roi enragé et aux traitres d'Avignon qu'ils viennent l'éteindre !» Un autre jour ce fut la vieille livrée de Viviers, dangereuse pour leurs défenses de l'est, qui fut la proie des flammes.

Les assiégeants faisaient tout ce qu'ils pouvaient pour réduire cette âpre résistance. Le 15 février 1411, un assaut général fut lancé contre le palais. Au terme d'un long combat, les assaillants durent se retirer avec des pertes considérables. Tour à tour, tous les moyens furent essayés sans plus de résultat. Les mines, les bombardements intensifs, les attaques surprises, rien n'y fit : la garnison de Rodrigue de Luna, à l'abri de l'œuvre de Benoît XII et de Clément VI, résistait à tout.

Devant tous ces échecs, ils eurent recours à un terrible moyen, préfigurant la guerre bactériologique. Sachant que dans le palais les vivres commençaient à être rares et que l'hygiène devait être difficile, ils tentèrent d'y introduire la maladie. Avec des catapultes, ils projetèrent des tonnelets, des barils pleins d'ordures et d'immondices. Un juif toucha six florins pour avoir procuré 79 tonnelets pleins de détritus.

Il faut croire que l'hygiène n'était pas si mauvaise, car aucune épidémie, aucune maladie, ne se déclara, et le siège continua.

Rodrigue de Luna ne pouvait cependant résister indéfiniment sans recevoir de secours. Aussi Benoît XIII, de sa résidence de Catalogne, organisait-il des expéditions pour le dégager. Au printemps 1411, quelques troupes catalanes furent déposées sur la côte provençale. Le sénéchal de Provence parvint à les arrêter et à les battre avant qu'elles soient parvenues très avant dans le pays. Une autre tentative fut faite avec une flottille de vingt-deux navires qui remontèrent le Rhône. Les chaînes, tendues au travers du fleuve par les Arlésiens, les empêchèrent d'aller plus loin. D'autres projets élaborés pour venir en aide à la courageuse garnison ne purent se réaliser.

Vers le mois de septembre 1411, après deux pénibles étés passés à rejeter les attaques, réduit à la famine, Rodrigue de Luna songea à traiter. Son désir était de se rendre à Louis d'Anjou pour éviter de donner Avignon à Jean XXIII. Charles VI s'y opposa et envoya Philippe de Poitiers pour négocier. Le 30 septembre, il fut décrété qu'on accordait cinquante jours à Luna pour recevoir du secours. Si au bout de ce laps de temps rien ne s'était produit, il se rendrait. L'horizon resta désert et, le 22 novembre, après dix-sept mois de siège, Rodrigue de Luna suivi de ses gens d'armes sortit le front haut du palais des Papes. Oppèdes, où resistait une autre garnison, se rendit à son tour. Quant à Malaucène tenu par Bernardon de Serres, sa capitulation n'eut lieu qu'en 1414.

Après la reddition, le roi fit remettre Avignon au camérier de Jean XXIII, François de Conzié. Celui-ci s'efforça de panser les plaies laissées par les combats. Il fit entreprendre d'importants travaux, comme la remise en état de la charpente pour permettre à Jean XXIII de venir s'y installer. Les événements n'allaient pas le permettre.

La prise d'Avignon n'avait fait qu'en chasser les partisans de Benoît XIII. Celui-ci prolongeait le schisme en Catalogne. Il s'était replié à Barcelone où il demeura malgré une grave épidémie. La fin subite de celle-ci fut attribuée à sa présence et à celle d'un saint conseiller, Vincent Ferrier. En Espagne, son prestige ne diminuait pas.

Cependant pour ceux qui espéraient la fin du schisme, rien n'allait très bien. Benoît XIII s'était fait trop d'ennemis par son intransigeance, Grégoire XII ne représentait plus grand-chose et Jean XXIII était devenu impopulaire.

Ce fut l'empereur Sigismond, récemment élu, qui remit tout en question. Il voulait que son couronnement comme roi des Romains soit fait par un pape, un seul et un vrai. Il prit donc l'initiative de convoquer un concile. Mais pour ne pas recommencer l'erreur de celui de Pise, il fallait qu'un pape en demandât la réunion. Il avait le choix entre trois papes. S'il préféra Jean XXIII c'était probablement parce qu'il était le plus récent, d'un caractère facile et qu'il était reconnu par un grand nombre de pays. Jean XXIII accepta pensant que l'on reconnaissait ainsi sa légitimité.

Ce concile général s'ouvrit le 1er novembre 1414 à Constance en présence des représentants des Eglises de presque tous les pays chrétiens. Jean XXIII présida la cérémonie d'ouverture. Ce faisant, il ne soupçonnait pas qu'il allait être la première victime. Comprenant trop tard son véritable rôle, il s'enfuit par deux fois et par deux fois fut ramené à Constance, où son procès commença le premier. Suspendu de ses fonctions le 14 mai 1415, il fut officiellement déposé le 29 mai. Comble de l'infortune, il fut mis en prison pendant trois ans, avant d'accepter de signer la sentence de sa propre déchéance.

Le concile s'était donc séparé d'un pape, peu glorieusement peut-être, mais définitivement. Le suivant fut Grégoire XII. Sigismond voulut se montrer plus aimable et Grégoire s'empressa d'en profiter en envoyant, comme on le lui demandait, sa démission. En échange, il reçut l'évêché de Porto et la légation de la marche d'Ancône. Tous les cardinaux de son obédience étaient maintenus. Il ne restait plus qu'un seul pape, Benoît XIII. Peut-être aurait-on pu s'en contenter, si les esprits n'avaient pas été tellement montés contre lui, ni si bien décidés à faire table rase. La question qui se posait était de savoir comment attaquer ce vieillard tant redouté.

Jean XXIII avait été déposé honteusement, pour Grégoire on y avait mis les formes, pour Benoît XIII, l'empereur se déplaça. C'était montrer dans quelle estime secrète on tenait encore le dernier pape d'Avignon.

Le 18 juillet 1415, Sigismond se rendit à Perpignan où Benoît l'attendait. L'empereur, se prosternant à ses pieds, le supplia d'abdiquer pour permettre un nouveau conclave. Ce n'est pas à quatre-vingt-sept ans que l'on change de caractère, encore moins de convictions. Ses seules paroles furent pour déclarer qu'il était le seul vrai pape, que les cardinaux n'avaient aucun pouvoir, car il était le seul cardinal authentique, ce qui était vrai (1). Les pourparlers durèrent jusqu'au 12 novembre. Déçu, navré, Sigismond repartit vers Constance.

Benoît XIII, inquiet malgré tout des suites de son obstination, crut prudent de quitter Perpignan pour Collioure avant de rejoindre la vieille citadelle de Peñiscola. Ses fidèles alliés à leur tour comprirent que c'était terminé, que plus jamais on ne pourrait le fléchir, ni le faire renoncer. Peu à peu ils se retirèrent de son obédience. Seul l'Armagnac lui resta attaché, encore était-ce plus par respect pour sa fierté que par profonde conviction.

A Constance le concile avait décidé d'en finir. Par deux fois Benoît XIII fut cité à comparaître. Non seulement il refusa, mais il jeta l'anathème sur tous. On lui proposa des compensations matérielles en échange de sa renonciation. Il n'écouta même pas cette insulte. Son procès fut alors introduit le 8 mars 1417 et clos le 8 juillet. Ce jour-là, il fut

(1) Il était le seul dont la nomination remontait avant le schisme.

solennellement déposé comme parjure, schismatique invétéré, hérétique.

Sur son rocher, Benoît XIII demeurait inébranlable, indifférent. Lorsqu'on annonça la venue des messagers chargés de lui notifier la décision conciliaire, il aurait, dit-on, murmuré : « Voici les corbeaux du concile. » Après la lecture de la longue sentence, il s'approcha de la fenêtre d'où l'on découvrait le roc tranchant l'immensité d'une mer, d'un bleu rendu plus intense par l'éclat du soleil. Un instant son regard contempla ce grandiose spectacle, puis se retournant vers ses visiteurs : « Ici, c'est l'arche de Noé ! »

Ainsi se considérant comme le dernier et unique représentant de la véritable Eglise, il continua à naviguer seul sur son arche. Tandis qu'à Constance un conclave désignait le 11 novembre Otto Colonna, sous le nom de Martin V, imperturbable, il administrait sa squelettique Eglise.

Toutes les cours reconnurent Martin V qui s'installa à Rome. La chrétienté était sortie de l'ornière.

Seul sur son rocher, se croyant toujours le vrai pape, il s'éteignit lentement, non sans avoir pourvu à la nomination d'un successeur (1). On ne sait pas au juste la date de sa mort. Selon le chroniqueur aragonais, Martin Alpartil, le 23 mai 1423, selon d'autres le 29 novembre 1422. Il avait quatre-vingt-quinze ans.

Sans vouloir entrer dans les querelles byzantines de ce schisme pour déterminer de quel côté était l'exacte vérité, on peut se livrer à quelques réflexions. Si Urbain VI était le pape véritable, ses cardinaux n'avaient pas le droit de le déposer à Fondi et de désigner quelqu'un d'autre. Par voie de conséquence

(1) Ce pape fantomatique avait pris le nom de Clément VIII.

les cardinaux de Pise n'avaient pas le droit de déposer Grégoire XI et Benoît XIII, ni de nommer Jean XXIII. Donc Jean XXIII ne pouvait être considéré comme pape et ne pouvait réunir le concile de Constance. Celui-ci ne peut donc être reconnu comme valable, et Martin V ne pouvait être pape... Inversement si les cardinaux avaient le droit d'élire Clément VII, les conciles de Pise et de Constance étaient valables. Donc Clément VII et Benoît XIII, jusqu'en 1409, peuvent être comptés parmi les vrais papes. Après 1409, date de la déposition de Benoît XIII, il faut reconnaître Alexandre V, Jean XXIII et Martin V...

Quoi qu'il en soit, Benoît XIII, de par sa haute personnalité, son puissant caractère, sa grande culture et sa profonde piété, terminait avec dignité la lignée des papes d'Avignon, fermant la parenthèse ouverte quelque cent ans plus tôt par Clément V. L'exil de Babylone était définitivement terminé.

L'exil de Babylone ! La captivité de Babylone ! Lorsqu'on se promène à travers l'histoire d'Avignon, on est frappé par ces grands mots, lâchés contre elle. Certes la papauté s'y trouve en exil, mais il convient d'en mesurer l'exacte importance. Quand Clément V resta loin de Rome, nul ne s'en formalisa réellement car ce n'était pas la première fois qu'un pape résidait loin de la Ville éternelle. Ce séjour fut considéré comme un simple accroc. Les dissensions survenues entre Jean XXII et Louis de Bavière rendirent impossible toute idée de retour. Au contraire, on peut reprocher à Benoît XII et surtout à Clément VI de s'être installés dans cet exil. Quant à leurs successeurs ils ne cessèrent d'œuvrer pour y mettre fin. En tout cas aucun d'eux ne songea substituer Avignon à Rome.

Une autre question se pose en même temps : Avignon fut-elle la Babylone que l'on a dit ? Il est inévitable qu'une grande ville ait ses coins sombres.

Bien sûr, les affairistes étaient tentés d'y venir à cause des possibilités qu'on y trouvait. Bien sûr, la présence et le passage de nombreuses personnes riches favorisaient le commerce des charmes. Mais sans aucun doute ce ne fut pas pire qu'ailleurs. Pétrarque, dont la vie ne fut pas toujours exemplaire puisqu'il eut deux enfants bâtards, s'est choqué d'un certain dévergondage. Ce n'était que la rançon de toute grande ville où séjourne une importante administration. Si le siège naturel de la papauté avait été Avignon, sans doute n'aurait-il rien dit. Les Romains allaient d'ailleurs montrer de quoi ils étaient capables.

Considérée dans son ensemble, la marche de l'Eglise n'en fut pas affectée. Si l'on excepte Clément VI, les autres papes se révélèrent de zélés réformateurs, dont la tâche ne fut pas toujours aisée. Certains luttèrent avec bonheur contre de violentes tempêtes. Les franciscains, dont les dangereuses idées amenèrent le protestantisme, furent fermement contenus. En fait le schisme provoqué par un malencontreux retour eut des conséquences autrement plus graves que l'exil d'Avignon. Un Jean XXII, un Benoît XII ont fait honneur à la papauté. Si des personnes peu scrupuleuses naviguèrent dans les eaux incertaines de la curie, Avignon peut s'enorgueillir de la présence du bienheureux Pierre de Luxembourg, de saint Vincent Ferrier et surtout du bienheureux Urbain V.

On a reproché également aux papes d'Avignon leur trop grand attachement à la couronne de France. Mis à part Clément V, écrasé par Philippe le Bel, tous manifestèrent une certaine indépendance à l'égard des princes. Leurs liens étaient amicaux et non point serviles. Nos rois n'usaient de leur influence que pour avoir des papes qui ne soient pas leurs ennemis. Si les finances pontificales furent parfois généreuses à leur égard, ils furent rarement avantagés diplomatiquement. Le seul véritable profit était peut-être une certaine gloire qui rejaillissait sur le royaume. Le roi pouvait se dire protecteur des papes. Cette entente amicale entre les rois de France et les papes, qui nous paraît toute naturelle, était à l'époque assez remarquable, car la papauté était avant tout une papauté méridionale. En effet, tous les papes, sauf les deux derniers, venant de pays voisins, furent des Méridionaux, dont les plus nordistes étaient Limousins. En outre les cardinaux et les curialistes qui contribuaient à la marche de l'Eglise appartinrent en grande majorité à ces mêmes provinces dont beaucoup avaient été récemment rattachées à la couronne. Il est d'ailleurs symptomatique de noter qu'au palais, comme à la ville, on ne parlait, en dehors du latin, que la langue d'oc. Cette papauté, que Guillaume de Nogaret avait tenté d'abattre, était devenue essentiellement méridionale. Ses éclats comme ses ombres rejaillirent sur tout le Midi.

Les splendeurs pontificales, parfois contestables, contribuèrent par ailleurs à élever Avignon au rang des grandes capitales. Non seulement la vie intense de la ville draina toutes les activités régionales, mais son rayonnement spirituel et intellectuel attira les élites de la chrétienté. Sa situation au cœur du monde chrétien facilita encore ce rendez-vous. Les rois, les princes, les empereurs y vinrent nombreux. Les universités fondées par les papes rassemblèrent une ardente jeunesse. Savants, intellectuels vinrent y travailler. Peintres, architectes, musiciens, tailleurs de pierre, verriers, lissiers contribuèrent à sa magnificence. Palais, livrées, hôtels, chapelles, églises, couvents en demeurent les témoins éloquents, bien que souvent mutilés. Par les rues tortueuses on peut toujours rêver à la grandeur passée de cette époque où l'on pouvait dire : Avignon est une reine dont le miroir est le Rhône.

Les heures d'abandon n'ont pas effacé les grands moments de son histoire et, en contemplant cette barque de pierre échouée sur le rocher des Doms, comme sur le mont Arara on se surprend à dire en évoquant la parole de Benoît XIII à Péñiscola : « Ici était l'arche de Noé » !

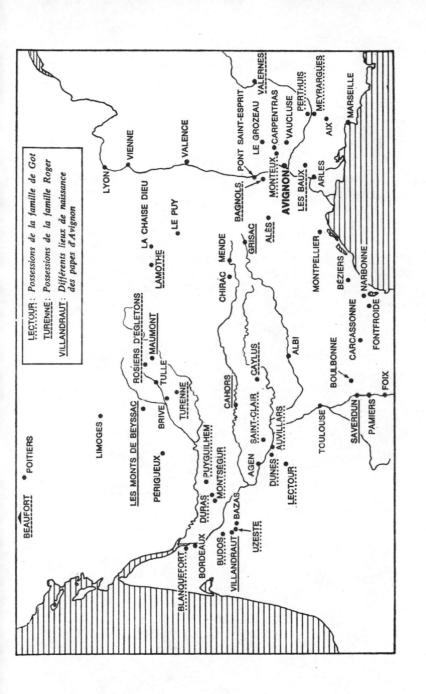

LECTOUR : *Possessions de la famille de Got*
TURENNE : *Possessions de la famille Roger*
VILLANDRAUT : *Différents lieux de naissance*
des papes d'Avignon

BEAUFORT
POITIERS

LIMOGES

LES MONTS DE BEYSSAC
ROSIERS D'EGLETONS
MAUMONT
PÉRIGUEUX
BRIVE
TULLE
TURENNE

PUYGUILHEM
CAHORS
DURAS
MONTSÉGUR
SAINT-CLAIR
CAYLUS
BAZAS
AGEN
VILLANDRAUT
DUNES
AUVILLARS
UZESTE
LECTOUR

BLANQUEFORT
BORDEAUX
BUDOS
BUDOS

LA CHAISE DIEU
LAMOTHE
LE PUY

CHIRAC MENDE
GRISAC
ALÈS
BAGNOLS

LYON
VIENNE
VALENCE

PONT SAINT-ESPRIT
LE GROZEAU
VALERNES
CARPENTRAS
MONTEUX
VAUCLUSE
PERTHUIS
MEYRARGUES
AVIGNON
LES BAUX
ARLES
AIX
MARSEILLE

ALBI
MONTPELLIER
BÉZIERS
NARBONNE
FONTFROIDE

TOULOUSE
BOULBONNE
CARCASSONNE
SAVERDUN
PAMIERS
FOIX

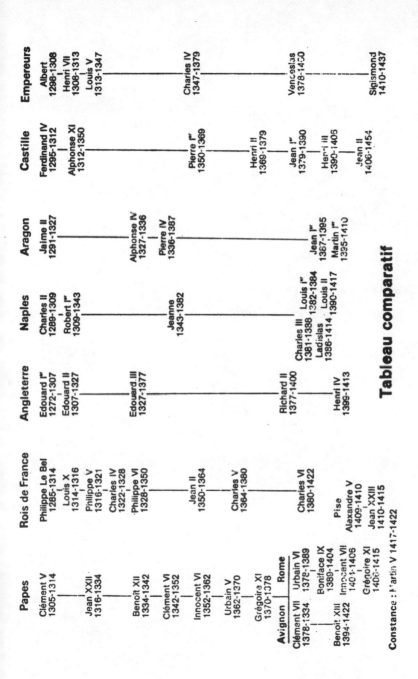

Tableau comparatif

Papes

Clément V
1305-1314

Jean XXII
1316-1334

Benoît XII
1334-1342

Clément VI
1342-1352

Innocent VI
1352-1362

Urbain V
1362-1370

Grégoire XI
1370-1378

Avignon | **Rome**

Clément VII | **Urbain VI**
1378-1394 | 1378-1389

Boniface IX
1389-1404

Benoît XIII | **Innocent VII**
1394-1422 | 1404-1406

Grégoire XI
1406-1415

Pise

Alexandre V
1409-1410

Jean XXIII
1410-1415

Constance : Martin V 1417-1422

Rois de France

Philippe Le Bel
1285-1314

Louis X
1314-1316

Philippe V
1316-1321

Charles IV
1322-1328

Philippe VI
1328-1350

Jean II
1350-1364

Charles V
1364-1380

Charles VI
1380-1422

Angleterre

Edouard Ier
1272-1307

Edouard II
1307-1327

Edouard III
1327-1377

Richard II
1377-1400

Henri IV
1399-1413

Naples

Charles II
1289-1309

Robert Ier
1309-1343

Jeanne
1343-1382

Charles III **Louis Ier**
1381-1388 1382-1384

Ladislas **Louis II**
1386-1414 1390-1417

Aragon

Jaime II
1291-1327

Alphonse IV
1327-1336

Pierre IV
1336-1387

Jean Ier
1367-1395

Martin Ier
1395-1410

Castille

Ferdinand IV
1295-1312

Alphonse XI
1312-1350

Pierre Ier
1350-1369

Henri II
1369-1379

Jean Ier
1379-1390

Henri III
1390-1405

Jean II
1406-1454

Empereurs

Albert
1298-1308

Henri VII
1308-1313

Louis V
1313-1347

Charles IV
1347-1379

Venceslas
1378-1450

Sigismond
1410-1437

BIBLIOGRAPHIE SUCCINCTE

JEAN XXII

Lettres communes, par G. Mollat. 1904-1946.
Lettres secrètes et curiales du pape Jean XXII
relatives à la France, par A. Coulon et S. Cle-
mencet. 1900-1961.

BENOIT XII

Lettres communes, par J.-M. Vidal. 1903-1911.
Lettres closes, patentes et curiales se rapportant
à la France, par G. Daumet. 1899-1920.
Lettres closes et patentes intéressant les pays
autres que la France, par J.-M. Vidal et G. Mollat.
1913-1952.

CLÉMENT VI

Lettres closes, patentes et curiales se rapportant
à la France, par E. Deprez, J. Glenisson et G. Mollat. 1901-1959.
Lettres closes, patentes et curiales intéressant
les pays autres que la France, par E. Deprez et
G. Mollat. 1960-1961.

INNOCENT VI

Lettres closes, patentes et curiales se rapportant
à la France, par E. Deprez. 1909.
Lettres secrètes et curiales, par P. Gasnault et
M.-H. Laurent. 1959-1960.

Urbain V

Lettres communes, par M.-H. Laurent et les membres de l'école française de Rome. 1926.
Lettres secrètes se rapportant à la France, par P. Lecacheux et G. Mollat. 1902-1955.

Grégoire XI

Lettres secrètes et curiales relatives à la France, par L. Mirot, H. Jassemin, J. Vielliard, G. Mollat et E.R. Labande. 1935-1957.
Lettres secrètes et curiales intéressant les pays autres que la France. 1962.

Chroniques

Grandes chroniques de France.
Chroniques des quatre premiers Valois.
Jean Lebel, Chronique.
Froissart, *Chroniques*.
Jean de Noyal, Miroir historial.
Religieux de Saint-Denis, Chronique de Charles VI.
Guillaume de Nangis (continuateurs de), Chronique.

E. Albe. — Autour de Jean XXII. La cour d'Avignon. Bulletin de la Société des Etudes littéraires du Lot (1914).
— Hugues Geraud, évêque de Cahors (1904).

J.H. Albanes. — Abrégé de la vie et des miracles du bienheureux Urbain V (1872).

R. Brun. — Avignon au temps des papes (1928).

Baluze. — *Vitae paparum avenionensium,* rééd. G. Mollat (1927).

E. Caman. — Papes et antipapes à Avignon (1926).

E. Casanova. — *Visita di un papa Avignonese. Archino storico della Sociéta Romana di storie patria* (1899).

M. Chaillan. — Le bienheureux Urbain V (1911).

G. Colombe. — Evasion de Benoît XIII. Mémoires de l'Académie du Vaucluse (1934).
— Le palais des papes d'Avignon (1939).

H. Denifle. — La désolation des églises, monastères et hôpitaux en France pendant la guerre de Cent Ans (1899).

E. Deprez. — Les funérailles de Clément VI et Innocent VI. Mélanges d'archéologie et d'histoire (1961).
— Les préliminaires de la Guerre de Cent Ans. La papauté, la France et l'Angleterre (1902).

Cl. Devic et J. Vaisset. — Histoire générale du Languedoc T. IX et T. X (1885-86).

R. Fawtier. — Sainte Catherine de Sienne, essai critique des sources (1921-1930).

R. Fawtier et L. Canet. — La double expérience de Catherine Benincasa (1948).

H. Finke. — *Acta aragonensia* (1908-1923).
— *Papsttum und untergang des Templerordens* (1907).

S. Gagniere. — Le palais des papes d'Avignon.
J. Girard. — Evocation du vieil Avignon (1958).

B. Guillemain. — La cour pontificale d'Avignon (1966).

B. Haureau. — Bernard Délicieux et l'inquisition albigeoise (1877).

L.-H. Labande. — Les manuscrits de la bibliothèque d'Avignon. Bulletin historique (1894).
— Le palais des papes et les monuments d'Avignon au xive siècle (1925).

Ch. V. Langlois. — La fin d'Hugues Geraud, évêque de Cahors. Revue de Paris (1906).
— Les papiers de Guillaume de Nogaret et de Guillaume de Plaisians (1904).
— Le procès des Templiers. Revue des Deux Mondes (1891).

E. de Lanouvelle. — Le bienheureux Urbain V et la chrétienté au milieu du xive siècle (1929).

E.-G. Léonard. — Histoire de Jeanne Ire, reine de Naples, comtesse de Provence (1932-1937).
— Introduction au cartulaire manuscrit du Temple (1930).

Levis Mirepoix, *de l'Académie française.* — Philippe le Bel (1973).

G. Lizerand. — Clément V et Philippe le Bel (1910).
— Le dossier de l'affaire des Templiers (1964).

R. Michel. — La défense d'Avignon sous Urbain V et Grégoire XI.
Mélanges d'archéologie et d'histoire (1910).

L. Mirot. — La Politique pontificale et le Retour du Saint-Siège à Rome (1899).
— Sylvestre Budes et les Bretons en Italie.
Bibliothèque de l'Ecole des chartes (1897).

G. Mollat. — Clément VI et la vicomtesse de Turenne.
Mélanges d'archéologie et d'histoire (1961).
— Grégoire XI et sa légende. Revue d'histoire ecclésiastique (1954).
— Les papes d'Avignon (1920).

E. Muntz. — L'argent et le luxe à la cour pontificale d'Avignon.
Revue des questions historiques (1899).

P. Pansier. — Les palais cardinalices d'Avignon aux xive et xve siècles - 3 fasc. (1926-1932).

— Les rues d'Avignon au Moyen Age. Mémoires de l'Académie de Vaucluse (1910-1911).

M. PROU. — Etudes sur les relations politiques du pape Urbain V avec les rois de France, Jean II et Charles V (1887).

J.-F. RABANIS. — Clément V et Philippe le Bel (1858).

E. RENAN. — Bertrand de Got. Histoire littéraire (1881).
— Guillaume de Nogaret. Histoire littéraire (1880).

J. RENOUARD. — La papauté à Avignon (1954).

P. ROUZY. — *Itinerarium Gregoru XI* de Pierre Ameilh (1952).

SADE (abbé de). — Mémoires pour la vie de François Pétrarque (1764-1767).

E. SOL. — Un des plus grands papes de l'Histoire : Jean XXII (1948).

N. VALOIS. — La France et le Grand Schisme d'Occident (1896).
— Jacques Duèse, pape sous le nom de Jean XXII. Histoire littéraire (1915).

E. VINCENT. — Les tombeaux des papes limousins d'Avignon. Bulletin de la Société archéologique et historique du Limousin (1950).

TABLE DES MATIERES

Plans, cartes et tableaux

ACHEVÉ D'IMPRIMER
LE 30 OCTOBRE 1990
DANS LES ATELIERS
DE N.I.S.A.
ALENÇON

Dépôt légal : mars 1990
N° d'impression : 902412
N° d'éditeur : 371
Imprimé en France